本书得到苏州大学"十三五"重点学科建设经费、江苏高校新型城镇化与社会治理协同创新中心资助。

东吴哲学文丛

对话儒学

朱光磊 ◎ 著

中国当代公共道德建设的
文化视野

中国社会科学出版社

图书在版编目（CIP）数据

对话儒学：中国当代公共道德建设的文化视野／朱光磊著.—北京：中国社会科学出版社，2018.12

（东吴哲学文丛）

ISBN 978-7-5203-3700-7

Ⅰ.①对…　Ⅱ.①朱…　Ⅲ.①儒家—作用—社会公德—研究—中国　Ⅳ.①D648.3

中国版本图书馆 CIP 数据核字（2018）第 284730 号

出 版 人	赵剑英
责任编辑	朱华彬
责任校对	张爱华
责任印制	郝美娜

出　　版	中国社会科学出版社
社　　址	北京鼓楼西大街甲 158 号
邮　　编	100720
网　　址	http://www.csspw.cn
发 行 部	010-84083685
门 市 部	010-84029450
经　　销	新华书店及其他书店

印刷装订	环球东方（北京）印务有限公司
版　　次	2018 年 12 月第 1 版
印　　次	2018 年 12 月第 1 次印刷

开　　本	710×1000　1/16
印　　张	15
字　　数	222 千字
定　　价	58.00 元

凡购买中国社会科学出版社图书，如有质量问题请与本社营销中心联系调换
电话：010-84083683
版权所有　侵权必究

《东吴哲学文丛》编委会

主　　编　周可真

副主编　吴忠伟

编委会（按姓氏拼音排序）

　　　　　陈进华　吴忠伟　邢冬梅

　　　　　周可真　朱光磊　庄友刚

《东吴哲学文丛》总序

苏州大学哲学系成立于1999年，迄今正好20周年。此次哲学系推出《东吴哲学文丛》5种，可谓恰逢其时：既是对哲学系建系20周年最好之献礼，又是对东吴哲学一次很好的学术总结反思。真是可喜可贺。

东吴，以地望言之，即古之浙西也。清初史学大师章实斋有言，"世推顾亭林氏为开国儒宗，然自是浙西之学。不知同时有黄梨洲氏，出于浙东"，而"浙东贵专家，浙西尚博雅"。由此可知，相对浙东"言性命者必究于史"之"广义史学"传统，吴地学风重博雅，出博学之考据家与经学家。不宁惟是，吴地自古繁庶风流，尤于明清时期多有工于艺之文人雅士；文士"游于艺"，而不耐于辨名析理，故吴地少有理学家。凡此似则足证，东吴向出文人学者而不出哲人。然或可暂置此一传统之说，更作新诠。依今人严迪昌之言，明清文人虽"游于艺"而不"耽于艺"，乃是要"以艺通道"。若作如是之解，则吴地文人实有高远之理想，其之"以艺通道"不正与戴东原之"以词通道"相映成趣，实并不津津于"艺事"，而有"道"求焉？至于东吴文人"以艺通道"不成而"耽于艺"、终未在明清哲学史上获得其相应地位，此虽是憾事，然并不否证"以艺通道"原则之合法性，而或可归于此一哲学运作模式之因缘条件之未足。

故在中国古典时代后期，东吴哲学"以艺通道"之哲学运思模式虽未能修成正果，而在全面应对现代性开展的新时代，或可迎来其重获开展的契机。故自1900年东吴大学创于古吴苏州，开中国现代私立高等教育之先河，哲学教育与研究之风即已蔚然于东吴之园，洋溢于葑溪两侧。东吴大学老校长杨永清所题之校训"养天地正气，法古今完人"正是哲学理念之贯彻落实于大学"完人"教育之明证。经历了百年沧桑，见证了数代东吴哲人之精神探索，伴随着苏州大学哲学系的成立，东吴哲学在21世纪进入了一个全新的发展时期，但也面临新的哲学主题带来的挑战。在此技术高度发展、政治格局更为复杂、时空极度压缩的新全球化时代，地球人一方面在对"物"与"身体"的控制与改造技术方面达到了前所未有的程度，另一方面则面临着来自环境、社会、人心的严重失序问题；要解决人类的困境，我们必须整合东西方文明，吸纳全球不同"部族"的智慧，给出多元但同时更具普适性的理性反思形态。故相对近现代主导的偏于"刚性"的哲学理性模式，21世纪哲学理性模式要求平衡人类不同精神维度，在心与物/身、理与情、理性思辨与实证运作等之间有一调停。对此，东吴哲学同仁实可立足吴地，放眼全球，通过"游于艺"进而"以艺通道"之哲学运思，参与到对全球哲学的建设中。自然，对于哲学人来说，21世纪新全球化时代的"艺"已非古典时代狭义"文艺"，而是广义之人文社会科学及艺术，故"游于艺"进而"以艺通道"要求基于自身既有研究领域开展"跨学科""跨教研室"的"跨界"思维与合作，东吴哲人之使命可谓重矣、大矣。

  此次出版的《东吴哲学文丛》所收5种虽非刻意规划，但一定程度上反映了东吴哲学共同体近年来"跨学科"交流、"以艺通道"的初步成果；5种书分别论及了中西哲学美学思想之比较、当代儒学对公共伦理的参与、莱布尼茨的科学观、科学哲学中的量子规范场理论以及西方逻辑思想史五个主题，涉及面非常广泛，处理角度亦独到别致，其精彩之处在此难以详述，有待读者品味体察。特别是，5种书的作者，有的是学养深厚的资深教授，有的是功力颇深的中年学者，另外3位是已在学界崭露头角的青年才俊，他们实为东吴哲学未来希望之所在。黑格尔说，密涅瓦河畔的猫头鹰要到黄昏才起飞。但哲学的未来实在青年，我们将东吴哲学的未来寄予青年一代。

2019年不仅是苏州大学哲学系成立20周年,也是作为中国现代思想启蒙的五四运动开启的100周年,我们以本套丛书的出版作为对本系成立20周年的庆祝,也以之作为对五四运动最高的礼敬。

周可真　吴忠伟

目 录

导　言 ……………………………………………………………（1）

第一章　儒家精神的现代性挑战 ……………………………（4）
　第一节　现代性的流变与特征 ………………………………（4）
　第二节　儒学面对现代性的挑战与回应 ……………………（11）
　第三节　儒学的常道与变道 …………………………………（16）
　第四节　儒学"四性"的开展 …………………………………（32）

第二章　社会公私空间的现代建构 …………………………（43）
　第一节　公私空间的中西源流 ………………………………（43）
　第二节　中西人性论与麦格雷戈 X – Y 理论 ………………（56）
　第三节　中西社会空间与巴纳德组织理论 …………………（69）
　第四节　儒家社会公私空间的理论架构 ……………………（81）

第三章　儒家空间理论建构中的普遍公民道德 ……………（95）
　第一节　公民道德中的公共性与道德性 ……………………（95）
　第二节　公民道德的西方文化源流 …………………………（102）
　第三节　公民道德的中国文化源流 …………………………（116）
　第四节　公民道德与儒家公私伦理 …………………………（128）

第四章 儒家空间理论建构中的具体伦理要求 ……………（140）
　第一节　企业生产的道德要求 ……………………………（140）
　第二节　财富分配的正义理论 ……………………………（150）
　第三节　知识精英的时代召唤 ……………………………（163）
　第四节　娱乐人物的道德信用 ……………………………（191）

余论　儒家公共道德在东亚儒家文化圈的作用 …………（203）
　第一节　现代化的思想渊源 ………………………………（204）
　第二节　理性精神的发掘 …………………………………（206）
　第三节　公共道德的塑造 …………………………………（209）
　第四节　儒家文化圈现代化的东方特征 …………………（211）

参考文献 ……………………………………………………（216）

索　引 ………………………………………………………（221）

导　言

全面现代化是中国当代社会建设的重要方向。在现代化的诸多要素中，人的现代化是其不可或缺的重要环节。人不是孤立的个体，而是具体社会关系中的存在者。人与人在不同的社会关系中会生成不同的伦理关系，塑造不同社会关系的伦理要求，从而构成了社会秩序的公共道德。因此，人的现代化必然包含公共道德的现代化。

公共道德现代化的问题处理需要三个环节的理论梳理。其一，梳理现代性与本土性两个概念，从而确立理性主导的现代性意涵与儒家底色的本土性特征。其二，梳理社会秩序与社会道德的东西方思想资源，从而在现代性的公私空间结构中论述公德、私德的公共善基础与相互关系。其三，在上述理论建构中，论述普遍的公民道德与物质文化、精神文化领域的具体伦理要求。

在第一个环节中，现代性与本土性的厘清是本书的前提。现代性是公共道德现代化建设的目标内涵，本土性是公共道德现代化建设的主体要求。在中国当下这一具体场景中，对于现代性的问题，我们需要厘清现代性与西学的关系，即如何做到既能现代化，但又具有自身的主体性，而不将现代化变成西化。对于本土性的问题，我们需要挖掘儒学的传统资源与核心精神，对儒学的伦理精神做出现代性的转化发展。本书试图给出的答案是，现代性代表了理性主导的精神，理性精神又为中西思想文化所共同蕴含。在轴心时期开创的文化源流中，理性主导的希腊哲学文化与非理性主导的希伯来宗教文化构成了西方文化的主流。西方文化史就是两希文化冲突与融合的过程。西方近代以来现代性的生发，就是理性精神的重新苏醒，理性精神主导了公共空间，而宗教精神则隐没在私人空间中。鉴于这样的分析，那么中国的现代化未必需要与传统断绝，而是要发挥传统思想中的理性要素，摆正传统思想中的非理性要素。儒家思想是中国本土性最为核心的代表，儒学思想中具有大量丰富的资源，是我们当代中国公共道德建设的对话对象。我们可以汲取儒学思想中的理性与非理性的思想资源，分析儒学在哲学、宗教、伦理、政治方面的学理诉求，以此来构建具有中国特征的现代公共道德学说。

在第二个环节中，公共道德理论架构的建设是本书的基础。如果依照西方的契约论，那么社会空间秩序则来自于原子化的自由个体的平等性的结盟。自由个体让渡个人权力而塑造公共权力，维持公共秩序，形成公共空间。而在公共空间之外的私人空间，则有较大的自由度和自主性。上述对于社会公私空间的理论解释，虽然确立了社会秩序的合法性、合理性，但却抹杀了人在公私空间中的道德性——在公共空间只要依照外在规则行事，在私人空间只要不违背公共规则（不影响他人）则可以随意行事。前者有规则，但没有自律道德；后者有自由，但也没有自律道德。本书尝试在承认公私空间的现代社会构架下，对于公私空间给予中国儒家式的解读，而不是契约论式的解读。社会公私空间之政治规范来自于道德规范，道德规范来自于人在人际关系中的道德感发，故公私空间的道德基础都源于"心同理同"的公共善。在熟人社会中，具体的情感产生主体性的、相互性的道德关系，而成为私人空间的道德准则。在陌生人社会中，具体的情感抽象出客观的、普遍的、绝对的道义，而成为公共空间的道德准则。公私空间的道德准则都以公共善作为其生发的本体论基础。

在第三个环节中，本书处理在上述理论框架下的普遍的公民道德与具体的伦理要求。普遍的公民道德处理，在公共空间的社会结构中的公共性与道德性，追溯中西思想史中的思想资源，并以中国儒家特色的义理发展来建构公民道德的理论框架，通过奠基公共善来确立公德与私德的分际与联系。具体的伦理要求则着眼于现代化建设中的物质文化与精神文化两个层面，论述物质文化在生产与分配方面的伦理要求，以及精神文化在知识精英和大众娱乐方面的伦理要求。

通过以上三个环节的处理，大致上可以勾勒出中国当代公共道德建设在汲取儒家资源上所获取的思想进展，并希望这样一种思想尝试并不仅仅是停留在书斋中的臆想，而是真正能够对实际建设产生或多或少的借鉴作用。

第一章

儒家精神的现代性挑战

儒学孕育了中国人的人生理解与文化生活，在古代中国形成了一套对于整体生活的完整的解释系统。然而近百年来，在中国遭遇西方文明的过程中，西方文化成为现代的代名词，而中国固有之文化则成为传统的代名词，中西差异转变成了传统（古）与现代（今）的差异。

第一节 现代性的流变与特征

中西古今的差异及其问题的回答，成为儒学现代化必须面对的挑战。对于此问题的梳理，需要在全球化视域下进行省思。西方文化也并非天然是现代的代名词。希腊文化和希伯来文化对于塑造西方文化具有关键性的作用。以两希文化为参照，对于深入理解现代性的本质有很大帮助。以此为基础，继而讨论儒学的现代化及其与现代性的关联，则或有异于前贤之论。

一 现代化与现代性

儒学的现代化可以视为儒学的当下开展。但是"当下"一词，似嫌宽泛。事实上，在"现代化"的论述中，更为隐秘地蕴藏着对于"现代性"的理解。现代化与现代性的差异在于："化"是动词，具有转变之义；"性"是名词，具有本质之义。现代化，即是由非现代性的文化状态转变为现代性的文化状态。现代化的概念需要由现代性的概念作为其基础支持。

儒学的现代化，从表面上看是一个古今问题，所论似乎是发生在时间域中的传统与现代的关系——由传统的非现代性的文化状态转变为现代性的文化状态。在这样的论域下，传统与现代产生了很大的断裂，这种断裂似乎也得到生活经验的支持，比如服饰、语言、生活措施等的古今差异。因此，这种时间域中的论断在很大程度上获得了大众的认可。然而，我需要指出的是，这种差异与其应该归因于时间的变化，还不如归因于观念的变化。

长时段的时间流逝在经验上或许可以得出变化的结果（也完全可以是无变化的），但评价这种变化是前进还是后退，就必然有一种观念体系作为支撑。当我们秉持一种退化论的历史观，那么经验现象中符合退化论的材料就会成为本质意义上的核心论据，相反性材料就会以现象上偶然杂余来处理。同理，当我们秉持一种进化论的历史观，那么经验现象中符合进化论的材料就会成为本质意义上的核心论据，相反性材料就会以现象上偶然杂余来处理。

西方文化中诞生的自由主义与马克思主义共同承认了进化论的历史观，这种历史观在很大程度上左右了西方人对于历史的理解。当西方文化与儒家文化产生互动的一个世纪以来，这种历史观逐渐被中国人所接受，并成为当下中国人理解历史不加质疑的背景意识。

传统与现代是在西方文化语境中产生的历史理解，它不是儒家文化自身的问题。但是，一旦进入全球化视域，在儒家文化与西方文化产生持续性联系而无法回到自我封闭的状态时，那么西方语境中的问题就成为儒家文化需要回答的问题。如果儒家文化无法应对此挑战，那么儒家文化只能偏居一隅而无法发挥世界性影响，甚至逐步被西方文化所同化；如果儒家文化对于此问题能够产生新的解释，并对西方文化的困境发挥指导性作用，那么儒家文化自身就可以得到跳跃性的发展。

在宽泛的意义上，儒学的现代化可以理解为儒学在当下的发展。其核心在于：儒学如何与当下的时代精神发生关联。然而当下的时代精神——现代性问题,又是由西方文化话语权所给予。儒学所谓的传统特征(甚至于保守的特征)也是在西方话语权下构建而出,代表着与现代性异质的前现代性的文化模式。而时下一些学者,又喜欢把从西方话语权下构建而出的后现代性与儒家文化挂钩,并认为儒家思想可以解决现代性危机。①

我们可以将儒学从西方历史观中剥离出来,作为与西方文化对等的文化形态来与西方文化进行对话。那么,古今之争就成为中西之争。因为,西方文化可以有其相应的历史观来解释儒学的文化形态,儒家文化也可以有其相应的历史观来解释西方的文化形态。在此层面上,双方是对等的。在此意义上,儒学的现代化问题,就是儒家文化如何处理西方文化中所产生的现代性问题。既可以是对西方现代性理论的一种新式解读,也可以为中西文化的相互借鉴吸收提供道路。

二 理性与非理性

何谓现代性?现代性不是一个经验的时间概念,而是从西方文化的历史观中对于当下所处时代的最为本质性的理解。这种本质在一般的理解中可以上溯到文艺复兴时期人性的觉醒,并且一直持续表现在工业文明的生产模式之中,以一切理性化的态度来奠定人的公共生活。在这样的理解中,人的生存世界被理性重新划分,除了理性的思维和产物之外,其余的事物都是经验的波动而已。事物要具有正确的发展,必须服从理性精神所指出的方向。情感、审美、直觉等都退居于次要的地位。直觉的体认显得不具备任何公共性的说服力,而需要被理性精神来说明和理解。

---

① 儒学的前现代性,儒学的现代性,儒学的后现代性都是在西方文化构建的标签中来处理儒学的理解。比如,发掘儒学的纲常观与西方中世纪比较,发掘明清之际儒者的政治思想与西方启蒙学者比较,发掘儒者的气论思想与西方存在主义比较,都是以西释中的理解模式。笔者并非完全反对这种意义上的中西比较,我们还不能认为中国文化自身发生状态完全异质于西方,而忽略东方西方人类文化的普遍性特征。笔者认为,中西比较可以进一步反思其比较的基础是否仍旧处在西方文化建立的格局之中,如果我们具有这种反思意识,就能够突破这种格局的限制而做出新的发展。

理性本质上与数学、几何、逻辑为一类，它们不需要借助具体的经验事物，只需要在其自身的规范化演绎中证成自己，并以此证成的法则来揭示经验事物存在的根本规律。正如韦伯所说："我们这个时代，因为它所独有的理性化和理智化，最主要的是因为世界已被除魅，它的命运便是，那些终极的、最高贵价值，已从公共生活中销声匿迹。"① 无论是外在的伟大神灵还是内在的高贵的灵魂，都需要被理性所奠基，都需要被理性所解释。高于理性的神灵与灵魂将被现代性所排斥，并将之掷于前现代性的泥沼之中。

理性代替了上帝、灵魂、情感的本质性地位，所有一切都将以理性的解释为基础。理性是真，其他的一切都以理性为基础而真；倘若缺乏理性的基础，其他的一切就是错误或虚假的。也就是说，除了理性具有自我确定性之外，其他的事物都不具有他之所以为他的本质，他们的存在仅仅是对于理性的偏离，是一种不定的幻觉而已。

理性能够给人以一种根本的确定性，在经验的波动后面存在着永恒。但是理性却难以给予人以价值与意义。人可以有多种选择，理性可以告诉人，这么做对人有利，那么做对人有害；或者这么做对人利多，那么做对人利少。但是利与害的标准却不在理性的自足性中，并且人的趋利避害的人性论假设也不是理性能够确证的。在人的自由选择面前，理性仍旧只具工具性，而非目的性。

人的目的，或者世界的终极关怀，这些价值性的命题，理性处理起来就有点无能为力了。有一种观点认为，理性可以直接取消价值与意义，因为追求理性给予的永恒就是价值与意义，其具体表现就是和非理性作战。然而，在几乎所有的情况下，理性只是为潜在的非理性选择作出了工具性的论证。当它忽略这种潜在的非理性选择之时，或者默认某种理性所无法证明的假设之时，就已经让非理性左右了运动的旨向，貌似严谨的层层推论只是披上了一层理性的外衣而已。如果要对所有非理性都

---

① ［德］马克斯·韦伯：《学术与政治》，冯克利译，生活·读书·新知三联书店1998年版，第48页。

套上理性的缰绳，那么将导致什么也无法做出来。因为任何一种行动的目的本身都不能被理性所证实或证伪。因此，当我们说对理性的追求成为一种价值时，只是说在理性可以作用的地方，一定要抵制非理性；而在理性已经无法作用的地方，就应该完全放弃其力量而给予非理性以自由的空间。

理性与非理性都属于人心的作用。前面已经说过，人心完全理性化是非常荒诞的设想，只能在可以理性化的地方理性化，不能理性化的地方让位于非理性。人心的非理性具有其极大的作用范围，可以表现为情感、欲望、直觉等。它们具有一些共同的非公共性的特征，又有自身的差异性。它或者是直接经验化、平面化的，可以称之为感性的非理性，如某种情绪。它或者是更为超越的、与感性经验相异的觉察。这种觉察为超越的非理性，可以理解为来自于更为根本的内心，也可以理解为来自于心之外的圣物。来自于深层内心的，可以称之为体悟的非理性，如静观内心；来自于外在超越物的，可以称之为神启的非理性，如聆听神谕。

在以理性为核心的现代性的框架下，感性、体悟、神启的非理性都被边缘化，不具有公共论说的话语权。理性具有自足性，延伸出了诸多非理性。非理性是人的偶尔虚幻的状态，理性才是永恒的状态。整体世界的圆满和谐，需要让非理性被理性所规范。而在前现代性的框架下，或者是神启的非理性高于感性的非理性和理性（比如，神性高于情感欲望与逻辑思维），或者是体悟的非理性高于感性的非理性和理性（比如，冥想高于情感欲望与逻辑思维）。① 超越的非理性（体悟或者神启）具有其自足性，是理性与感性的非理性的存在基础。理性与感性的非理性是平面的人的小智，而超越的非理性才是大智。整体世界的圆满和谐，需要让理性、感性的非理性被超越的非理性所规范。简单地说，前现代性的心灵以其超越的非理性作为认知与构建世界的基础，而现代性的心灵以其理性作为认知与构建世界的基础。

---

① 在后现代性的语境中，有如下的趋势，即：感性的非理性高于体悟的非理性和理性。

三 西方文化的两希精神

人认知其所生存之境况,这是一个联系着认识论与存在论的核心问题。认知之方式与认知之境况具有极为紧密的关联,并在此关联的生存之境中凸显出对人与世界的理解。而某种独特的认知方式的生成可以来源于此民族原初的精神意识的觉醒。

希腊精神和希伯来精神是西方文化的两大核心源头。它们的生成正如雅斯贝尔斯所说的是轴心时代的巨大突破。"这个时代的新特点是,世界上所有三个地区(笔者注:中国、印度和西方)的人类全都开始意识到整体的存在、自身和自身的限度。人类体验到世界的恐怖和自身的软弱。他探询根本性的问题。面对空无,他力求解放和拯救。通过意识上认识自己的限度,他为自己树立了最高目标。他在自我的深奥和超然存在的光辉中感受绝对。这一切皆由反思产生。意识再次意识到自身,思想成为它自己的对象。人们试图通过交流思想、理智和感受而说服别人,与此同时就产生了精神冲突。人们尝试了各种最矛盾的可能性。讨论,派别的形成,以及精神王国分裂为仍互相保持关系的对立面,造成了濒临精神混乱边缘的不宁和运动。"[1] 希腊精神的突破方向和希伯来精神的突破方向,可以代表着两种截然不同的认知模式,也开启出两种截然不同的生存境况。

研究希伯来文化的学者托利弗·伯曼认为:"以色列的精神生活属于心理理解,希腊的精神生活属于逻辑思考。"[2] 以色列的心理理解是不同于逻辑思考的心理认知模式。如果说希腊哲人是以理性论证来展开其认知世界的图景,那么以色列的先知就是以体证来领悟世界的存在。因此,在希腊哲人的理解中,最为永恒的实存是脱离感性经验的纯形式。这种纯形式世界图景与其理性论证的心理模式是一致的。而在以色列先知的

---

[1] [德]卡尔·雅斯贝尔斯:《历史的起源与目标》,魏楚雄、俞新天译,华夏出版社1989年版,第8—9页。

[2] [挪威]托利弗·伯曼:《希伯来与希腊思想比较》,吴勇立译,上海书店出版社2007年版,第265页。

理解中,最为永恒的实存是整体性动态延绵的力量。这种延绵之力包含了一切的感性存在,但又并非仅仅止于经验的感性事物,而是包含了整体性的运动和最终的目的性旨向。此延绵之力的世界图景与其非理性体证的心理模式是一致的。"在哲学和科学领域,逻辑方法是公认的思考模式,而宗教和道德领域的基地首当其冲在人的内心深处,因此在这两个领域心理方法是既定的思想方式。"① 希腊精神中的理性思考,是哲学与科学能够成立的核心要素;而希伯来精神中的神性体证,则是道德与宗教能够扎根的深层基础。这两种认知模式都来自于人的心灵,可以说是人的心灵的自我意识觉醒后所开掘出来的两条道路。

当希腊与希伯来相遇,可以说是西方文化史上一件极其重大的事件。从大时段来看,中世纪神学与哲学发生冲突与互补,哲学成为神学的婢女,便主要以希伯来精神为主而容纳希腊精神。而文艺复兴、宗教改革的发生,则意味着神性的地位开始由人性来奠定,其实质是心灵中的超越性被伦理生活的情感与理性所奠基。以情感为基础的文学创作和以理性为基础的科学发明开始繁荣起来。由科学发明而有工业革命,继而有规模化的市场。理性成为公共性的事物,愈来愈显现出重要的地位;情感反而逐渐私人化,而与同样私人化的宗教体证成为多元价值之一。

如果以两希文明的合流视作整全的西方文化的开端,那么从这个意义上说,西方文明的现代化可以从中世纪开始——即希腊的理性精神在曲折中改造希伯来的非理性精神。因此,西方文化的现代性可以说是源自于希腊的理性精神真正取得世界性的话语权,而源自于希伯来的宗教精神以及伦理情感则成为私人性的事物而被公共理性所规范。宗教与情感的私人化意味着其真实性仅仅在个人领域中有效,而无法在公共领域中发挥普遍性的作用。(如果要在公共层面讨论宗教与情感,则需要秉持着置身于宗教与情感之外的客观性态度,并给予宗教与情感以理性化的解释。这与宗教与情感本身的体证已经失之千里。)

---

① [挪威]托利弗·伯曼:《希伯来与希腊思想比较》,吴勇立译,上海书店出版社2007年版,第266页。

从心灵认知模式来看，现代性视域下的心灵则普遍以理性认知为基础，而经验的体证与超越性的体证，则不具备自足的话语权。然而，追求超越性的企盼以及追逐肉身的欲望，虽然在理性的心灵下被置于杂余而不自足的地位，但却发生着真切的作用。这种企盼与欲望被理性紧紧束缚着，而不能伸展自身。现代性的文明形态正如马克斯·韦伯所说的成为理性的牢笼。人在现代性下，欲望情感、宗教意识等被理性之对错所规范，人在此文明形态下虽然承认理性之对错，但却无法由衷地喜爱这种理性之对错。

第二节 儒学面对现代性的挑战与回应

在梳理西方文明系统中的现代性理解之后，我们可以以此为基础来审视儒学与现代性之关联。现代性的核心是源自于希腊的理性精神，它发掘了心灵中的逻辑思维。当这种思维发挥作用之时，心灵与其对象展开为主客对待的两物，并让认识对象成为一个不依止于主体的客观存在，由此而观测其一般的规律性。

一 儒学中的理性与非理性

在儒学认知模式中，孔子的仁、孟子的四端之心，都不是逻辑思维的产物，而是活泼的体证。心灵与所体证之物是一体的关系，两者恰如蜘蛛对于蛛丝之网，太阳对于万丈光芒。在此意义上，可以说儒学的核心理解与希伯来精神具有相近之处。它们都不以理性的逻辑思维为核心，而更注重人心的直接体证。同时，两种文明都反对纯粹肉身的感官欲望，因此这种体证并不是经验的非理性，而是超越的非理性。只是，希伯来精神更侧重于神启的非理性，而儒学更侧重于体悟的非理性。儒学的体悟的非理性，并非只有认知者选择的自由面向，还有一个浩大深远的普遍面向。在儒学的后期发展中，自由面向被称之为良知，普遍面向被称之为天理。固然在宋明时期一些儒者的理论阐释中，良知具有主体性的抽象化倾向，天理具有客观性的抽象化倾向。这种抽象化以及固化的表述是理性思维作用于超越的非理性的结果，但并不能表明非理性的体证就被理性化了。无论是朱子还是阳明，都不会对由逻辑思维而能体道的说法表示赞同。这些理性化的表述可以说明中国人的心灵中并不缺乏理性精神，并在一定程度上，非理性的体证可以用理性的思维和语言来加以描述。但是，儒者十分清楚，理性的描述只是体证之后的衍生物，只是后学者体证之助缘，其本身不能代替核心的体证。

儒学的核心是宗教式的体证，其与希腊理性思维的哲学不同。希腊的"物理学之后"不同于中国的"形而上学（形而上者谓之道）"，希腊的理性不同于中国的性理，希腊的存有不同于中国的本体。对于希腊，三者皆是理性思维可以企及的（即使不能完全企及，也需要理性思维进行自我认知的限定）；对于儒学，三者虽然可以通过理性来阐述，但并不是理性能够通达的，而是必须以超越性的自我体证为中心。（时下从事中国哲学者，多混淆运用，而不明其分际。）

儒学核心的宗教性体证是超越的非理性，但这并非意味着儒学排斥理性和经验的非理性。儒学在承认其核心体证的基础上，可以容纳作为衍生物的理性精神以及经验的非理性。《中庸》首章曰："喜怒哀乐之未发谓之中，发而皆中节谓之和。中也者，天下之大本也；和也者，天下之达道也。"[①] 在未发之中上，是宗教性的非理性体证，而在已发上，则可以包含理性和经验的非理性。《中庸》用至诚的超越性体证开显了一个整体性的世界意蕴。"至诚无息，不息则久，久则征，征则悠远，悠远则博厚，博厚则高明。博厚，所以载物也；高明，所以覆物也；悠久，所以成物也。博厚配地，高明配天，悠久无疆。"[②] 由至诚而展开的不是具体的主客对象，而是一种基础的存在意蕴。这种基础的存在意蕴是一切具体性存在的基础。"唯天下至诚，为能尽其性；能尽其性，则能尽人之性；能尽人之性，则能尽物之性；能尽物之性，则可以赞天地之化育；

---

① （宋）朱熹：《四书章句集注》，中华书局1983年版，第18页。
② 同上书，第34页。

可以赞天地之化育，则可以与天地参矣。"① 至诚之自觉而展现出整体性的力量，并贯彻到一切世界意蕴中使其获得根本真实的存在性。至诚力量展现的途径就是人的心灵。"诚者物之终始，不诚无物。是故君子诚之为贵。诚者非自成己而已也，所以成物也。成己，仁也；成物，知也。性之德也，合外内之道也，故时措之宜也。"② 由至诚而开显出：主体，与主体同类却独立于主体的他者，以及客观存在之物。这样，主客的世界就诞生了，与主客对待相应的理性思维也随之而出现。

现代新儒家牟宗三先生两大学术主旨为学界所热议，其一为"智的直觉"，其二为"良知坎陷"。"智的直觉"就是《中庸》所说之本、至诚，即用理性语言说明超越的非理性。"良知坎陷"就是由本达和，即超越的非理性如何容纳理性与经验的非理性，其中超越的非理性如何容纳理性则为其关键。事实上，超越的非理性无法用理性来论证，既不能证实，也不能证伪，理性在此无用武之地，故理性只能用来阐释或说明非理性而已。对于牟宗三"智的直觉"的责难等同于对于犹太教中体认上帝的责难，是误用哲学、科学的逻辑理性思维于宗教式的非理性思维上了。而对于"良知坎陷"的问题，即超越的非理性如何容纳理性，则是在承认超越的非理性的基础上继续展开的问题。牟宗三称之为自由无限心的辩证开显，亦即心灵中的超越的非理性转生出理性与经验的非理性，也可以说是心灵的一体如何转生出主客对立。③ "原始谐和的破裂是经过'反省自觉'而成。在自觉中，精神从浑然一体的精神生命中提炼出退出于'主体'的地位，而为纯精神。……精神既退处于主体的地位，则浑然一体中现实的成分，即被推出去而作为'客体'。此则属于'物'，或亦曰'自然'（对个人的道德实践言，名曰私欲，习气，或气质之私。对思想主体言，名曰自然，或知识对象）。由自觉而显出主客之对立，就是原始谐和之破裂。这破裂就表示一种否定，对于原始谐和的否定。而主

---

① （宋）朱熹：《四书章句集注》，中华书局1983年版，第32页。
② 同上书，第33—34页。
③ 心灵的一体转生出主客对立，为儒家正面扩充之义，亦为"良知坎陷"之实义。但在字面上，"坎陷"二字似显贬义，故不若称之为"良知开显"。

客之对立亦可互相表示一种否定。"① 由此主客对立，可以进而从主客的恒定性上讲理性，从主客的波动性上讲感性经验。

由上述《中庸》和牟宗三的儒家哲学作为例证，我们可以发现，如果以理性来衡量现代性与否，那么儒学在核心上并非现代性。然而，儒学之圆满证成，则必然需要展开主客对待的世界，必然产生与此相应的理性思维。如此，儒学不但不排斥理性，反而在持续发展过程中必然要生成理性。在此生成的意义上，则可以说儒学与现代性具有内在的联系。

二 全球化语境下儒家的理论挑战与回应方向

一种文化只要具有其独立的文化特性，必然具有自身内在的因素。当这种特性在遭遇异质文化之时，是被动的退让，还是创造性的回应，就决定此文化的未来命运。中国文化遭遇西方文化并与之发生持续的联系，那么中国文化变动就至少含有两种可能：被他者文化所同化的可能；回应他者文化的可能。从长时段来看，被动的退让，就趋向被同化，如南北朝时期非汉民族所建立的政权最终都同化于儒家文化之中。创造性的回应，就可能走向发展，如宋明儒者吸收佛老心性论来建构儒家性理学。

在全球化的时代，儒家文化持续遭遇到西方文化的现代性，并且面临着世界上任何文化所没有经历过的巨大挑战。这与儒家文化面临佛教文化，以及希伯来文化面临希腊文化有着巨大的差异。

在儒家文化面临佛教文化时，并没有涉及理性的问题。因为理性的永恒义在佛教缘起法则下仅仅是执着性的负面存在。佛教并不重视此一问题，而儒家在遭遇佛教时也无暇顾及此一问题。儒家急于应付佛教的空性，在核心义理上以实有反对佛教的空性，并且认为佛教之所以错误就在于认气作性。儒家从其自身的立场上给予佛教以一个合乎佛教义理的解释，并同时指出其错误之所在。

在希伯来文化面临希腊文化时，以源自于希伯来的一神教为代表的

---

① 牟宗三：《生命的学问》，广西师范大学出版社2005年，第181—182页。

神启的非理性无需考虑坎陷出理性的问题。因为神启的体证是外在于人的神的恩赐，而人自身的有限性只有理性和经验的非理性。或者说，超越的非理性来自于上帝之城，而理性与经验的非理性则来自于世俗之城。神学不需要对世俗世界予以自足性的理解。因此，神学家只需要在人的肉身性上承认世俗层面的理性即可，而不需要考虑神启的非理性如何转化为理性的问题。这是一种拼盘式的结合，而不是内在有机的结合。[①]

唯有以儒家思想为代表的中国文化，才需要面对超越的非理性如何坎陷出理性的问题，以及坎陷之后如何处理理性与非理性之间的关系。

其一，超越的非理性坎陷出理性是儒家义理必然发展之需要。儒家的体证是内在超越，它并不完全待于外在的神启，故转化的力量与自身有着不可分割的联系。这种转化不能推之于外在的神，只能归之于内在的自身。因此，当希伯来文化与希腊文化相遇时，希伯来的神启的非理性可以直接安置希腊的理性，并置于一种上下级的秩序中。但是当儒家文化遭遇西方文化的现代性时，直接的拿来主义就不能让人心安。因为如果只限于拿来主义，就会怀疑儒家文化自身对于整体性理解的圆满度不足。如果承认儒家文化的完全自足性，那就必须解释理性精神如何从儒家核心义理中获得其自身的展开。因此，儒家文化需要考虑体证的非理性（整体性的直觉）坎陷出理性（主客对立的认知）的问题。上述以《中庸》与牟宗三自由无限心的辩证开显为例，表明儒学已经对此问题有相当程度的理论说明。

其二，理性与非理性的关系的儒家化处理。"良知坎陷"仅仅解决了类似两希文明相遇时，以希伯来精神为主而容纳希腊精神的理论问题。这种类似性仅仅局限于西方中世纪的文化形态，而对于自文艺复兴之后的现代化进程的文化形态，儒家文化需要另外具有一种新的安排。文艺复兴是希腊精神的重新觉醒，代表着理性精神取代了宗教精神的基础地位。宗教性的非理性与经验的非理性都划归为私人领域，而公共领域则

---

① 经验的非理性无法坎陷出理性，这正如康德指出的那样，因果律不是从经验事物中抽取出来的，而是人的认知形式赋予感性杂多的。

完全由理性精神进行构建。因此，西方当下的现代性就会展现出意义的缺失，人的生活在去魅的情况下被理性所束缚，成为被理性捆绑的单向度的人。

这种状况从儒家立场来看是遗忘了根本性的体证，而仅仅自我约束在理性的片面的世界之中。儒家可以接受公共领域的理性规范，并且指出公共领域的理性规范正是基于超越性的体证之上的。由于个别人都处于某个共同的文化群体中，所以群体的文化认同成为潜在的基础（它或者是体证的非理性，或者是神启的非理性），并在此基础上确立公共性的理性规范。此理性规范可以对经验的非理性进行划界，并将之置于私人领域，呈现出个体性的多元价值。

在西方现代性文化立场来看，人类生活的格局分为两层：一层是公共性的理性的规范，一层是个体性的非理性的自由。后者的自由不能逾越前者的规范。而在儒学认可现代性的立场上，人类生活的格局则要分为三层：一层是整体性的文化体认（超越的非理性），一层是公共性的理性的规范，一层是个体性的经验的非理性的自由。儒者认为，正是在整体性的文化体认的基础上，才可以保持个体性的自由，如《中庸》所说："万物并育而不相害，道并行而不相悖，小德川流，大德敦化。"[①] 源于中国的传统，这种大德敦化的文化认同将是体证的非理性；源于西方的传统，则其大德敦化的文化认同将是神启的非理性。无论是体证的非理性还是神启的非理性都给予公共理性所规范的人类社会以终极价值与发展方向。儒学只有在此意义上，才可以不失其本旨地与西方现代性予以对接，同时对西方现代性作出儒家式的解释并提出纠偏的建议。

第三节　儒学的常道与变道

如果从孔子算起，儒学在中国已有二千五百多年的历史。儒学与传

[①] （宋）朱熹：《四书章句集注》，中华书局1983年版，第37页。

统中国曾经非常紧密地联系在一起。一方面，儒学就着传统中国的历史现实来展开其主张抱负；另一方面，传统中国又在儒学的影响下被重新塑造。这两者之间的互动，甚至已经很难区分出彼此，于是就有人认为儒学与传统中国是共存共亡的。

自晚清以来，中国无论在精神风貌还是在礼乐器物上都发生了极大的改变，比如帝制的废除，科举制的废除，私塾书院的废除，农村社会向城市社会的转向，道德培养向知识培养的转向等。儒学原本"学而优则仕"所依附的载体荡然无存，儒学除了高校少数学者研究之外，已经逐渐淡出中国人的公共生活，成为博物馆中的陈列品。

公元 2000 年后，儒学在中国渐有复兴之势，无论是民间还是官方，对儒学的价值都有相当程度的认可。然而，在复兴儒学的过程中，现代中国与传统中国的差异则是一个必须面对的挑战。事实上，我们不能拒绝现代事物而一味地复古。这样的复古并不能真正地复兴儒学，反而是将儒学僵化在历史的时段中。我们需要理解儒学的根本精神。精神指引具有超越性，而名物器具则会随着历史而变化。我们可以抽象继承儒学的根本精神，而不必在名物器具上泥古。

在笔者的理解中，儒学的精神指引，大致可以分为常与变两个部分。常，是永恒的，无论什么情况下都必须遵守的；变，则是在常的指引下，中间过程的致曲。凡是涉及常，主要不涉及具体的经验世界，或是人生的超越性的信仰，或是人生的形式化的范畴。凡是涉及变，则必然要考虑到具体经验的复杂性，在不能抹除具体经验的同时，又要推动经验历史向常道方向上发展，则必然要致曲、要回旋，这种致曲回旋有时能成功，有时则未免有憾。但后人正是在前人的有憾之处，继续推进，才能让具体历史不断向前发展。

因此，在现代社会复兴儒学，一方面需要理解儒学的常，另一方面也要理解儒学的变，并求其所以变之理。这样就不会刻板地去模仿儒学在传统中国历史上的各类致曲的迹象，而是能够既剥离出儒学的精神指引，又能够将儒学精神灵活运用到当下，进行新的致曲回旋。

在儒学的常与变中，最大的常有两种，一种是天道生生与天人合一的天道信仰，一种是儒学基于天道信仰的纲常伦理。而最大的变，则是儒家在天道信仰与纲常伦理的旨向下，以及大同圆善奋斗目标下的礼有损益。

一 天道生生与天人合一：中华文化族群的形而上的根本精神方向

天道信仰是对于整个宇宙与人生的基本态度。这种基本态度是价值的、意义的，并不在理性能够证实或者证伪的领域内。比如说，个体可以对人生抱有乐观的态度，也可以抱有悲观的态度。这些不同的态度就会具有相应的世界观、价值观、人生观。在此基础上，理性仅仅作为工具而被运用着。个体与个体之间，在理性的运用上可以达成公共性，但在世界观、价值观、人生观上，则难以求同，真正三观能够共通者，多可遇而不可求。对于个体如此，对于群体亦如此。一个文化族群之所以成其为这个文化族群的根本理由，就在于这个文化族群对于宇宙与人生的基本态度。这是此族群与彼族群的根本差异所在。在现代社会，不同族群可以通过公共理性进行交流，进行论辩。理性、逻辑没有民族性，它们是纯粹形式化的。然而，即使是西方民主国家，在公共生活中秉持同样的启蒙理性，但他们之间仍旧具有族群的差异，这些差异就在于每个族群对于宇宙与人生的基本态度都有区别。

雅斯贝尔斯的轴心时代理论揭示出：不同文化族群的最为伟大的哲人赋予他们所在族群对于宇宙与人生的基本认识。于是，由轴心时代肇始，人类文明从原始的莽荒状态发展为自觉到人类自我使命的状态。不同的哲人点醒了不同文化族群的文化使命，他们认识到宇宙与人生的价值与意义，人类在这样的理解中应该如何继续发展自身。

中华文化的自我觉醒，就在于以孔子为核心的先秦儒家群体。在此意义上，"天不生仲尼，万古如长夜"就不仅仅是吹捧，而是具有实然的意味。如果没有以孔子为核心的先秦儒家，中华民族的文化生命就不会朝着儒家精神所指引的方向去发展。孔子所建立的文化方向，其核心的天道信仰，就是对于宇宙整体的刚健不息以及人心与此刚健不息的天道精神绾合为一的理解。天道的生生不息、浩浩汤汤的实现，需要由人心的道德境界挺立上去。

1. 天道生生的终极方向

人处于天地之间，人未觉醒之先，天、地、人本身一片洪荒，很难有意义与价值可言。中华文化的自我觉醒，赋予天、地、人在根本上是生生不息的、不断发展的精神。于是，宇宙、世界、人生在这样的理解中生动起来，有价值，有意义起来。在《中庸》《易传》《论语》等儒家的典籍中，儒者阐述了其生生不息的宇宙观、世界观。比如：

> 一阴一阳之谓道，继之者善也，成之者性也。仁者见之谓之仁，知者见之谓之知。百姓日用而不知，故君子之道鲜矣。显诸仁，藏诸用，鼓万物而不与圣人同忧，盛德大业至矣哉。富有之谓大业，日新之谓盛德。生生之谓易，成象之谓乾，效法之谓坤，极数知来之谓占，通变之谓事，阴阳不测之谓神。（《易传·系辞上》）

> 天地之大德曰生。（《易传·系辞下》）

> 天地之道，可壹言而尽也。其为物不贰，则其生物不测。天地之道，博也厚也，高也明也，悠也久也。今夫天，斯昭昭之多，及其无穷也，日月星辰系焉，万物覆焉。今夫地，一撮土之多，及其广厚，载华岳而不重，振河海而不泄，万物载焉。今夫山，一拳石之多，及其广大，草木生之，禽兽居之，宝藏兴焉。今夫水，一勺之多，及其不测，鼋鼍、蛟龙、鱼鳖生焉，货财殖焉。（《中庸·第二十七章》）

天地万物、宇宙人生，都在元气阴阳的发展运动中获得意义。由于这样的生生之德的发展旨向，万物才有持之以恒的动力，以及成就整体的希望。道德与知识在这样的本体关怀下得以建立。百姓不能自觉这个道理，但其行动还是暗合着这层道理；圣人能够自觉到这个道理，就愈发彰显之。此道理或显或隐，一直在成就着万物的存在与发展。万事万物在这样的理解中，不断壮大，不断更新，创生着，保存着。

在这样的理解中，我们再看《论语》中的段落，则也显现出天道的意味，比如：

巍巍乎！唯天为大，唯尧则之。（《论语·泰伯》）
四时行焉，百物生焉。（《论语·阳货》）
逝者如斯夫，不舍昼夜。（《论语·子罕》）

天道之大，圣人以之为则，万物亦以之为则，故能四时行，百物生。孔子以水之流逝喻天道生生不息，无一刻不发挥着生成、保存、更新的作用。

2. 天人合一的主体境界

儒家对于天道生生的理解，并不是一个基于主体实践之外的美好愿望或者理性设定。正如在熊十力驳斥冯友兰的良知假设说的公案中所揭示的，良知的存在与否，需要呈现，需要靠主体的道德担当。人不能两手一放，寄希望天道来拯救自己，而是需要通过自身的道德实践，来彰显天道生生之力。在此意义上，人的道德心灵就是天地生生的心灵。相信天地之道的永续不灭，就是相信人的道德心灵的永续不灭。天地之道就在人心的根本处，两者绾和一体，或者说两者其实就是一，只是从客观面上称之为天道，从主体面上称之为良知而已。因而，生生不息的宇宙观、世界观、价值观的真正成立，需要落实在人的道德践履之中，若人不做道德努力，那么上述的价值世界就会落空。

人能弘道，非道弘人。（《论语·卫灵公》）
一日克己复礼，天下归仁焉。为仁由己，而由人乎哉？（《论语·颜渊》）
万物皆备于我矣。反身而诚，乐莫大焉。强恕而行，求仁莫近焉。（《孟子·尽心上》）
诚者，天之道也；诚之者，人之道也。诚者不勉而中，不思而

得，从容中道，圣人也。诚之者，择善而固执之者也。《中庸·第二十二章》

孔、孟讲仁，讲四端之心、恻隐之心，讲诚之者，都是要唤醒人的道德心灵，挺立主体的道德实践。

《诗》云："维天之命，於穆不已！"盖曰天之所以为天也。"於乎不显！文王之德之纯！"盖曰文王之所以为文也，纯亦不已。《中庸·第二十七章》

"维天之命，於穆不已"讲天道浩大、生生不息，"於乎不显！文王之德之纯！"讲文王的道德心灵、道德实践之纯正，故能光明盛大。人道没有天道的纵贯，则不能有共同的对于宇宙、人生的理解与希望；天道没有人道的努力，则不能彰显与实现出此共同的理解与希望。

天道生生、天人合一的根本信仰，是中华文化的精神方向，是炎黄子孙对于整个宇宙与人生的基本态度。这种精神方向和基本态度，不在套套逻辑的论证领域中，同时它又具有超越经济政治的特性，不会随着历史的更替而改变。[①]

相比较轴心时代其他文化族群的文化自觉，可以发现儒家对于宇宙人生的理解独具特色。希腊哲学与希伯来的宗教，虽然有很大的差异，前者是理性思辨的，后者是神性体证的，但它们与儒学相比，具有天人相分的共同特征。希腊哲学中的理型世界不是由人的道德实践挺立的，而是自足静态的存有。人的努力与否，并不能增减其一分。希伯来的上帝是超绝的，他只能降衷于某几个先知身上（即使后来发展至基督教，也仅仅是耶稣一人道成肉身、三位一体）。不是所有的人通过主体的道德

---

① 中国人接受马克思主义，马克思主义也包含了这样两个维度。马克思主义的发展观、历史进化观，与儒家的天道生生的理解相应，而马克思的劳动实践观、劳动实践创造历史，又与儒家的天人合一的道德实践的理解相应。

实践来挺立住上帝，而是寄希望于上帝，听命令于上帝，来获得人生的意义。印度的婆罗门教主张在冥想中保持与大梵的合一，而佛教的心性论也主张般若智心对于宇宙实相的领悟，可谓天人合一，但是印度宗教思想却没有儒家天道生生的刚健之德。因此，相比希腊、希伯来和印度，儒家的文化觉醒自有其独到之处，通过人的道德实践来开创宇宙与人生的全幅道德意义，这是中国文化之所以为中国文化的根本精神。

二 道德的人际引发与伦常的绝对责任：具体的形下世界的必然规范

儒家对于宇宙与人生的天道生生、天人合一的理解，具有形而上的特征，不被具体经验所囿，故而具有恒常性。形而上的精神信仰需要在形而下的经验世界中得以落实与证成。在形而下的世界中，仍旧可以做出两种划分，一种是形而下的必然性；一种是在形而下的必然性基础上的具体运动。举例而言，形而下的必然性如下棋的规则，而具体运动则是具体的下棋的实践。此实践也不是盲目的，而是参照各种棋谱进行改良的过程。对于儒学而言，形而下的必然性可谓伦理责任，具体运动可谓礼乐损益。

宇宙与人生的理解，需要人的道德实践来挺立。人不是抽象的个体，而是存活在具体生活场景中的。儒家认为，一个人通常必然逃离不了五伦的范围。比如，人具有肉身，一定为父母所生，就有父子一伦。而在平辈的血亲关系上，就有兄弟一伦。由家门之内走向家门之外，碰到志同道合的非血亲关系的人而与之结交，就有朋友一伦。若在朋友一伦中，为异性关系，而结为伉俪，重新组织家庭，就有夫妇一伦。若在朋友一伦中，继续为共同事业而并肩奋斗，建立组织，产生分工，形成科层关系，于是就有君臣一伦。人的一生脱离不了这五伦的范围，而人的道德践履，就在此五伦中得以落实。（其实，具体的常态化的场景远不止于此五伦，比如还有师生关系等，但五伦大致可以规范人生的伦理范围，其他关系可以由此转衍而出。）孟子曰："父子有亲，君臣有义，夫妇有别，长幼有序，朋友有信。"（《孟子·滕文公上》）其中，亲、义、别、序、信，都可以视为相互之间的德性。这种德性是普遍客观的天道在人心中的落实。人是具体的五伦的存在，因而普遍的天道鉴于所落实的具体场景的差异而表现出不同的德性。因此，总的来说，这些德性都是仁心之开显，分而言之，则在具体伦常中具有相应的德性。

1. 孝悌开启德性之门

在五伦中，父子、兄弟为家门之内，朋友、君臣为家门之外。夫妇为家门之外重新组建新的家门之内，为绾合内外的枢纽。故讲五伦，可以从夫妇始，也可以从父子兄弟。从夫妇始，比如：

> 君子之道，造端乎夫妇，及其至也，察乎天地。（《中庸·第十二章》）

以及《关雎》为三百篇之首，以褒扬文王后妃大姒之德。

《关雎》，后妃之德也，风之始也，所以风天下而正夫妇也。故用之乡人焉，用之邦国焉。风，风也，教也，风以动之，教以化之。（《毛诗序》）

从父子兄弟始，比如：

> 其为人也孝弟，而好犯上者，鲜矣；不好犯上，而好作乱者，未之有也。君子务本，本立而道生。孝弟也者，其为仁之本与！（《论语·学而》）
>
> 弟子入则孝，出则弟，谨而信，泛爱众，而亲仁。行有余力，则以学文。（《论语·学而》）

言五伦以夫妇为始，则注重融合创生；以父子为始，则注重传承发展。其共同的特征在于，包含着道德心灵的自然情感最为容易在具体的环境、亲近的人物上发动，故激发道德心灵可先在家门之内，父子、夫妇之间，而不在朋友、君臣之间。要讲仁心道义，也最容易在父子、夫妇间发生。① 儒家承认等差之爱，亲亲之杀的自然现状，故讲道德、说仁义需要从家门之内始。对于一个常人来说，让他先去爱父母、爱妻儿、爱兄弟，比让他先去爱全天下人更容易做到，也更容易上手。待到家门之内由亲情而自觉到道义后，再作进一步的扩充，老吾老以及人之老，幼吾幼以及人之幼，而推至家门之外。

然而，夫妇作为五伦之始与父子作为五伦之始，仍有其差异。教化要从小孩子开始。小孩子尚不懂夫妇之爱，但却知道对父母之爱、对兄弟之爱。孟子曰："孩提之童，无不知爱其亲者；及其长也，无不知敬其兄也。亲亲，仁也；敬长，义也。无他，达之天下也。"（《孟子·尽心上》）一个人可以没有夫妇关系（尚未成婚，或者鳏寡独居），但绝不可能没有父子关系。因而，提倡对于父子兄弟之孝悌，更具有普遍意义，更有利于对于道德心灵的激发。

2. 德性的相对与绝对

有学者认为儒家的五伦可以继承，三纲不能继承，其理由是五伦是相对关系，而三纲是绝对关系。五伦从相对关系而言，若张三对李四好，则李四也对张三好；若张三对李四恶，则李四也对张三恶，如孟子所言："君之视臣如手足，则臣视君如腹心；君之视臣如犬马，则臣视君如国人；君之视臣如土芥，则臣视君如寇仇。"（《孟子·离娄下》）而三纲则是绝对关系，变成"君要臣死，臣不得不死；父要子亡，子不得不亡"。三纲的绝对关系与封建君主专制相辅相成，为虎作伥，故务必要废除。

事实上，三纲确实有绝对性，但此绝对性并非李四对张三的绝对性，而是李四对于其所处伦理关系的先天的道德责任的绝对性。陈寅恪先生言："吾中国文化之定义，具于《白虎通》三纲六纪之说，其意义为抽象理想最高之境，犹希腊柏拉图所谓 Idea 者。若以君臣之纲言之，君为李煜亦期之以刘秀；以朋友之纪言之，友为郦寄亦待之以鲍叔。其所殉之

---

① 传统戏曲、曲艺，具有高台教化的作用，而其表演的节目大多为帝王将相、才子佳人。帝王将相所论的是社会公义，而才子佳人则由"私定终身后花园"产生自然爱慕，在落难中保持道德的奋斗，最终以"奉旨完婚大团圆"的圆满结尾。正是由自然之情而至道德自觉，继而持之以恒，最终证成圆善的天道生化过程的缩影。

道，与所成之仁，均为抽象理想之通性，而非具体之一人一事。"① 陈寅恪先生将三纲视为中国的理型世界，指出了三纲的精髓。三纲为理性之通性，并非具体的一人一事。通性来源于天道良知的普遍性，而在具体的人伦上做出反应。某人在其伦常上就含有相应的道德责任。

人皆怀五常之性，有亲爱之心，是以纲纪为化，若罗纲之有纪纲而万目张也。（《白虎通·三纲六纪》）

> 君臣，父子，夫妇，六人也，所以称三纲何？一阴一阳谓之道。阳得阴而成，阴得阳而序，刚柔相配，故六人为三纲。三纲法天、地、人，六纪法六合。君臣法天，取象日月屈信，归功天也。父子法地，取象五行转相生也。夫妇法人，取象人合阴阳，有施化端也。六纪者为三纲之纪者也。师长，君臣之纪也，以其皆成己也；诸父、兄弟，父子之纪也，以其有亲恩连也；诸舅、朋友，夫妇之纪也，以其皆有同志为纪助也。（《白虎通·三纲六纪》）

一方面，道德责任来自于人的仁义礼智信的五常之善性，来自于人的道德心灵的自觉实践。另一方面，此主观性的道德实践在伦常中客观化而转变为三纲。三纲是效法天地人三才之德，故君臣之纲成就天德，父子之纲成就地德，夫妇之纲成就人德。换句话说，君臣的身份共同为天下担当其道德责任；父子的身份共同为家族延续担当其道德责任；夫妇的身份共同为生成抚育后代担当其道德责任。在此意义上，张三为君，李四为臣，张三若不像君的样子，那么李四不能不像臣的样子，而是要担当其君臣之纲的道德责任，为天下负责。李四需要劝谏张三，还要将张三懈怠的天下公务妥善处理。若君不君、臣不臣，李四也不像臣的样子，则君臣皆昏昏沉沉，天下人生存所依赖的公共秩序、公共事物就缺少人去料理维持，天下的良性运转就会出现危机。同理，若父子都昏聩，夫妇都不肖，那么家族的延续，家庭的维持都将出现问题。家族中的孤

---

① 陈寅恪：《陈寅恪集·诗集》，生活·读书·新知三联书店2011年版，第12页。

儿寡母，家庭中的稚儿幼子势必辗转沟壑。①

> 夫不通礼义之旨，至于君不君，臣不臣，父不父，子不子。夫君不君则犯，臣不臣则诛，父不父则无道，子不子则不孝。此四行者，天下之大过也。(《史记·太史公自序》)

三纲的意义在于揭示出每个人都有其所处的伦常的天责。无论权位高低，如果他没有担当其天责，就是犯了过错。

在伦常的位置上，某人既具有纵向的、与天道相通的责任，又具有横向的、与他人相通的情义。具体的人与具体的人之间是相对的，而具体的人与其所处伦常的天责是绝对的。这种绝对性，促使德性具有使命感、厚重感，而并非仅仅是私人情感的相互交易。

儒家天道必须落实为人道，故必在伦常中讲德性。德性具有天道的形上学保证，故德性必然在具有相对性的同时，具有绝对性。凡是有肉身的人，必然在五伦中，必然以孝悌为德性开启之先河。我们切不可以为儒家伦理是依附在传统血缘伦理上的，相反，儒家伦理在既有的血缘伦理的前提下，将之调适上遂，从家庭的私人关系上升到普遍的形上道德，如此则有助于其由家门之内扩充至家门之外。我们切不可以为儒家伦理是讲无条件绝对服从尊长权威的，相反，儒家伦理让我们自觉到自我的道德心灵，担当起自己的伦常责任，并对不符合纲常的尊长权威予以教化转变。

三　人与人的契约关系和人与物的科学精神：儒学现代开展的损益方向

天道生生、天人合一的宇宙人生的理解与伦理责任的规范，相当于给予中国人以生存的法则。这些法则最后的旨向是大同社会。

---

① 当然，在臣不臣、子不子、妇不妇的时候，君、父、夫也要担当其道德责任，并劝诫对方。

大道之行也，天下为公。选贤与能，讲信修睦，故人不独亲其亲，不独子其子，使老有所终，壮有所用，幼有所长，矜寡孤独废疾者，皆有所养。男有分，女有归。货恶其弃于地也，不必藏于己；力恶其不出于身也，不必为己。是故谋闭而不兴，盗窃乱贼而不作，故外户而不闭，是谓大同。（《礼记·礼运》）

鉴于上文，可以看出大同之世的特征：在精神上，人普遍能够自觉践履自我的德性，在物质上，社会民生也获得了极大的保障。也就是说，整体性的圆满兼具德性的圆满和福报的圆满，可谓德福一致的圆善。

从运行之先的规则到最终预期的圆善之间，真正变动的是经验世界的实践过程。实践过程可以千变万化，甚至有破坏运行规则的情况发生，于是需要一定的辅助手段，这就是礼乐的功效。礼乐一方面鼓励人们自觉践履自我的德性，进行柔性的教化，另一方面对于违背生存底线的行为，进行刚性的规避。然而，经验世界一直在变动，而礼乐面对经验世界，所以礼乐本身也需要变动，故曰"礼有损益，质文无常"（《东观汉纪·载记》）。

中国自近代以来，对于西方文化的接受主要为"德先生"与"赛先生"。"德先生"是民主，处理人与人的关系；"赛先生"是科学，处理人与物的关系。这两种价值大大盛行于现代西方，同时对现代中国也发挥了十分重要的作用。儒家在传统中国并不太注重人的权利以及物的知识，但这也不妨害儒家在礼有损益的层面上接受"德先生"与"赛先生"。在现代社会中，民主制度比君主制度更有利于人民的德性成长与福祉增加，科学理性比鬼神信仰更有利于人民的德性成长与福祉增加，所以儒家可以接受"德先生"与"赛先生"。

1. 儒学可以增益民主契约

儒家的政治信仰是禅让制，有德者有其位。但在历史事实中则为君主制，而且不论贤愚，一概以嫡长子继承君位。因为讨论诸太子贤愚与否，容易引发与不同太子相关联的外戚、大臣们的党争，发生内乱，动摇国本。在儒家与政治长期的互动中，儒家承认了君主嫡长子世袭制，并极其努力地建立一个文官制度来维持天下的运行。换言之，君主的贤与不肖已经无关紧要，因为天下大事的实际操作落在文官体制中。文官制度以科举取士，不论身份出生，只以德性、才能为录用的标准。这样，有德者有其位的精神仍旧保留在文官体制中。君主与官员对于天下负有道德的责任。然而，只讲责任，不讲权利，为政者的责任完全凭其自身的德性来承担，缺少自下而上的监督。故而，可以增加人民的权利，完善对于当政者的问责机制。

西方民主精神需要伸张人的权利，在天赋人权的基础上来建立契约，委托政府保证每个人的生存权与发展权。可以说民主精神主要包含着权利与契约两个重要部分。

现代西方社会讲权利，而儒家伦理讲责任。这貌似对立的说法其实可以互通。张三向李四索取的权利，可以转换为李四对张三付出的责任。索取与付出正是一体之两面。在西方社会，人的权利主要是指人民与政府之间的关系。其实依照儒家伦理的推延，这种关系亦可以在儒家思想中获得支持。

> 子适卫，冉有仆。子曰："庶矣哉！"冉有曰："既庶矣。又何加焉？"曰："富之。"曰："既富矣，又何加焉？"曰："教之。"（《论语·子路》）

孔子对冉有说，为政之道在于庶之、富之、教之。也就是说，政府对民众负有庶之、富之、教之的责任，反过来说，民众对政府具有索取庶、富、教的权利。庶是生存权，富与教是发展权（富是物质上的发展，教是精神上的发展），民众具有生存权与发展权。民众这个权利的落实与实现，就是政府承担的天责。

现代西方社会讲契约，而儒家伦理讲信用。信用是要言行一致，与人约定的就要做到，承诺的就要兑现，其与契约是相通的。

> 与朋友交言而有信。（《论语·学而》）
> 信近于义，言可复也。（《论语·学而》）

西方的民主精神主要适用于公共政治场合，置于儒家伦理上看，也就是君臣之伦。处于臣一伦的民众是原子化的自由的个体，而处于君一伦的政府则是契约委托的产物。这种形式化的构架，儒家伦理进行一定的转化就可以接受。①

儒家可以接受民主制度的形式化的表达，但其接受的理论基础则与自由主义政治理论不同。以原子化的个体通过契约来建立民主社会作为社会政治文化的基础，这是儒家所不能接受的。儒家更愿意接受社群主义的立场。族群文化具有更为奠基性的地位。不同的族群文化都具有其不同的思想理论资源来达成民主社会所要求的那些价值。民主社会的价值是一种形式的构成，不具有实质性内容。它们是第二性的，不是第一性的。笔者以为，西方民主社会的成立，必然具备基督教的文化基础。如果没有上帝面前人人平等，就难以具有天赋人权的人权理论，如果没有摩西十诫的训导，就难以产生不被双方武力所左右而自身具有神圣性的契约精神。同样，儒家的文化基础也是在人人具有良知上承认人的权利与责任，承认人的平等以及对于诺言的信守。

这些形式化的原则虽然来自于不同的文化族群，但一旦形式化、客观化之后，这种美德与价值似乎脱离了其原有的文化根源，故无法区分它们的相异之处，成为普遍的准则。但是，在此民主原则下生存的人都是具体的个人，不是抽象的原子化的个体。② 此族群与彼族群的族权特

---

① 事实上，政治制度的变化，无论是禅让制、君主制、共和制、民主制，都有积极意义和消极意义。凡是能够有利于人民德性的开发、人民福祉的增加，就可以被儒家接受与所用，凡是不利于人民德性的开发、人民福祉的增加，儒家就希望抛弃。在不能抛弃的限定下，则尽量对原有制度做出改善。

② 伦常中的人，一定是具体的人，不可能是原子化的个体。但伦常的位置可以促使某人在某些方面的德性得以突出显示。比如一个奸臣，在父子一伦中，也会虎毒不食其子，有正常的慈爱之心。故儒家就某一伦常而揭示此伦常场景中最易天然生成的德性。伦常范围愈小，则感情愈亲切具体，伦常范围愈大，则感情愈淡薄抽象。君臣关系的伦常范围最为广大，故其熟悉程度、切近程度也最为淡薄，对于国家的感情也最为抽象。故爱天下最为容易转换为抽象原则，以原子化个体理解下的人权与契约为之。而其他伦常范围则较为亲近，不须原子化，抽象化，即可在直接的、具体的互动中得以展现。

征，就在父子、兄弟、夫妇、朋友等伦常中获得差异性的展现。西方民主社会就将这种差异置于私人领域，以多元性视之，掩盖了其族群特征。仿佛只要民主制，其他可以在私人领域中任其变化。其实，西方社会的私人领域的共同的宇宙观、世界观、人生观，仍旧具有基督宗教的基础。上帝只在公共领域中退隐了，但仍旧在私人领域中发挥着重要作用，更为甚者，公共领域的成立，也离不开上帝信仰的幕后支撑。[①] 儒家可以在民主制的形式上与西方民主制保持一致，但在核心基础上，则必须以天道信仰与伦理责任为其生成依据。

2. 儒学可以增益科学理性

儒家对于鬼神世界的接受，是由于承认鬼神的存在可以激发人的德性，并且在冥冥中可以保证善有善报、恶有恶报的达成，比如祭祀时"祭神如神在"，比如"圣人以神道设教"；儒家对于鬼神不愿多谈，是因为过度沉迷于鬼神，容易懈怠自我的道德奋斗，而一味膜拜鬼神，不劳而获，比如"未能事人，焉能事鬼""非其鬼而祭之，谄也"。因此，鬼神信仰在儒学中，仅仅起到辅助德性、福祉的作用。鬼神信仰又与五行理论联系在一起。传统中国以阴阳五行的思想来理解精神世界与物质世界。于是，物质世界并不是纯粹客观的，它是与人的精神世界具有一致的联系，其联系规则就在五行的相生相克之中。依照宋儒的解释，鬼是气之归，神是气之伸，故而鬼神也在阴阳五行的规律中发生变动，与人的道德发生联系，具有感通作用。

现代的科学技术极大地促进了生产力的发展，在物质世界的创造上发挥了巨大的功效。故而其在促进人类福祉上，具有比鬼神更为重大与确定的作用。然而，由于科学技术背后是理性精神，理性精神是纯粹客观的，不能讲感通。既然不能讲感通，那么人的主观的道德实践就挂搭不上。科学精神只能讲真假，不能讲善恶。善恶的价值问题，科学精神

[①] 如果仅仅以为族群文化的差异可以在民主制度保证的多元性中获得调解，那么欧洲就不需要惧怕伊斯兰教徒的移民了。而基督教与伊斯兰教的文化冲突，正是在民主制框架下发生的，现在已经开始破坏原本民主制对于欧洲人的保障。

不能解决。科学精神只能成为一种工具来使用。当它被善的目的来使用时，它就能极大地促成善；当它被恶的目的来使用时，他就能极大地促成恶。

可以说，在促成人类福祉方面，现代的科学精神比传统的鬼神信仰更具优势。但在启发人民的德性方面，现代的科学精神则为中性的，它既没有浸淫鬼神的负面作用，也没有神道设教的感召作用。

儒家接受科学技术，正是由于科学技术可以史无前例地提高人类改造物质世界的能力。这种能力可以极大地丰富人类的道德实践。比如，在鬼神信仰的世界中，愚公移动太行、王屋二山的道德愿望的完成，需要寄希望于子子孙孙的力量，最后感通天神，在天神的助力下才能获得成功。而如果有了科学技术，则愚公的道德愿望就比较容易完成。此外，由于鬼神信仰的德性激发作用只是辅助性的，故只要挺立人的道德主体，则鬼神信仰的德性辅助作用也可以放弃。也就是说，儒学放弃鬼神信仰而接受科学精神，则是舍弃鬼神信仰中德性激发、德福相应的辅助作用，来增强人类改造物质世界的能力。而去除了鬼神信仰的德性精神，则会变得更为纯粹。

科学技术背后是理性精神，理性精神是天人相分下的心灵状态。在这种心灵状态下，我是主观的我，世界是客观的世界，我与世界主客两分。人在从事于科学技术时，由道德心灵转变为认知心灵，潜隐天人一贯的性理，而去考察事物气化上的条理。这是心灵自身的转折。需要指出的是，心灵自身的转折并不与心灵自身的直贯矛盾，亦即认知心灵并不与道德心灵矛盾。在天道生生、天人合一的理解下，天人相分的静态图景是对于整体性的部分把握。依照宋儒的理气论，天人合一是人心之理与天地万物之理的统贯，而此统贯之理亦落实在人心之气与天地万物之气中，人心既有统贯之理的领悟，又有分殊之气的认识。

由此可见，民主精神与科学精神在现代社会都有利于民众的福祉，儒学接受它们并不违背儒学的天道信仰与伦理责任，甚至可以进一步证成儒学的圆善，故而在礼有损益的层面上可以被接受融合。

综上所述，儒家的天道信仰是形而上的常道，它是中国人对于宇宙人生的整体理解；伦理责任是形而下的常道，它是形而上的常道落实在人伦场域中的必然准则。而礼乐损益则是在上述常道所指引的圆善目标下，结合时代经验的互动变化。儒学的现代开展需要继承此常道，并在损益原则下审视在何种层面上容纳民主与科学以及其他有效价值，做出创造性的转变，从而焕发出新的生命力。

第四节 儒学"四性"的开展

宋儒讲"理一分殊""体用一源"，在"体"上言"理一"，在"用"上言"分殊"。"体"具有普遍性，不随时空的变化而变化；而"用"则随着时空的变化而变化，在变化中呈现其特殊性。儒学的现代转型，需要贞定"体"，而变化"用"，在"体"上保证儒学之所以为儒学，在"用"上与时俱进，转变固有的程式来适应时代发展，更好地发挥儒学之体。徐复观说："特殊性是变的，特殊性后面所倚靠的普遍性的真理则是常而不变。"① 儒学之"理、仁、心"之体皆具普遍而超越的道德价值，儒学的分殊之用则为特殊性之表现。

儒家文化自先秦周孔定下规模，经魏晋南北朝、隋唐之大开合，至宋明及其大成。先秦儒高举人性的大旗，提出了"仁"的主张，并将"仁"看作人的先天的本性，上通天道，下贯人道。并以此"仁"为始源，扩充到周围的亲人，社群，以及国家、天下。汉承秦制，谶纬盛行，董仲舒吸收改造了法家阴阳家的学说，抬高天道以裁定君臣纲常。此后，道佛相继为盛，儒门淡薄，收拾不住。宋明儒由佛入儒，发挥思孟心性之学，高扬天理良知，极大地树立人的主体性。现代新儒家亦接着程朱、陆王而继续开拓发展儒学，在遭遇现代性之契机上，更以"新外王"之说而阐述"旧邦新命"。诚然，儒家在时代上有先秦儒、汉儒、宋明儒之

---

① 徐复观：《儒家政治思想的构造及其转进》，载徐复观《中国思想史论集》，上海书店出版社2004年版，第242页。

分际，在义理上有心学与理学的区别，但在这些不同侧重背后，都有一以贯之的"体"，此"体"即先天的具有普遍性道德本体。而儒家"用"上的分殊则皆以此"体"为依据，以时空变化为外缘。

一 "内圣外王"的存在哲学

理想中的儒学建构包含人的所有的存在方式，乃"安身立命"之学。传统儒学"内圣外王"的模式即表达了这样的理想："内圣外王"集中体现在《大学》三纲领、八条目上。三纲领为："大学之道，在明明德，在新民，在止于至善。"[1] 明明德是将自我的德性发挥出来，新民是促使其他人将其本有之德性发挥出来，以此法由己推人，达于天下，最后终于至善。八条目为："古之欲明明德于天下者，先治其国；欲治其国者，先齐其家；欲齐其家者，先修其身；欲修其身者，先正其心；欲正其心者，先诚其意；欲诚其意者，先致其知；致知格物。"[2] 人以自己的德性为始点，逐步扩展，由身而至天下。儒家理想是注重道德，以道德为本而覆盖一切人的存在方式。但是这种模式在历史发展上并没有得到彻底的实施。朱熹答陈亮云："千五百年之间，正坐为此，所以只是架漏牵补过了时日。其间虽或不无小康，而尧、舜、三王、周公、孔子所传之道，未尝一日得行于天地之间也。"[3] 即使在传统社会，儒者以道德的理想标准来衡量现实历史多有不尽人意处，那么在中国当今的时代格局中，儒学的道德理想要与现实世界契合更是面临诸多困难。

儒学对存在的观照具有道德为本的理想主义色彩，而现实的世界则鱼龙混杂，良莠不齐。随着西方文明的传入，中国的政治经济生活发生了巨大的变化，儒家的道德理想在现代性上遭遇了前所未有的挑战。牟宗三论述西方文化为理性的架构表现，中国文化为理性的综合表现。现代性由西方发其端，理性的架构表现笼罩于人的经济政治生活。儒学在

---

[1] 《大学》，载（宋）朱熹《四书章句集注》，中华书局1983年版，第3页。
[2] 同上书，第3—4页。
[3] 《朱文公文集》卷三十六《答陈同甫》，载《朱子全书》二十卷，上海古籍出版社2002年版，第1583页。

传统社会中,以"体用一源、显微无间"著称,"内圣外王"浑然一体。而现代性的表现则为架构之运作,分工明确,权责分明。如果以现代学科划分传统儒学,则"内圣"与"外王"有别,"内圣"又大致可分"哲学"与"宗教","外王"大致可分"伦理""政治"。儒学在对待现代性上,既要保持儒学之体,崇尚道德价值的内在超越性,弥补现代性的"祛魅"后的道德滑坡;又要创造性地阐发相应之用,摆脱自五四文化批判以来的守旧形象,推动中国现代化进程。

二 "内圣之学"的现代性开展

传统儒家内圣指心性之学,儒者的德性既内在又超越,一方面来自于本有的良知,另一方面又与天理相贯通。倘若尚未开悟,则无论良知、天理都无法领会,而一旦开悟,则知良知天理本是一体,并无差别。如程颢云"天人本一物,何必言合?"良知是从每个人的个体进入而立言,天理是从普遍性的道德进入而立言,体悟了良知就是体悟了天理,体悟了天理就是体悟了良知。如果这两种方法有所区别,仅仅对于悟道方式而言,前者是陆王的方式,后者是程朱的方式,但在所悟之体上丝毫不差。

1. "内圣"的"哲学性"

儒学这种内圣学的阐述在传统社会中并没有发生多少异议[①],但儒学在遭遇现代性上,则需要重新给予诠释。近百年来的风雨变革,使儒学从神坛走上祭坛,再栖身于学坛,儒学成为大学哲学系中国哲学专业儒学方向的专攻,儒学的哲学化越来越明显。传统儒学表达与现代性要求的精确性不一致,故需要用精确的哲学语言重新描述儒学的内涵。这种工作一方面使儒学精神更加条理清楚,另一方面也容易肢解儒学,以西方哲学来过度诠释儒学,违反了儒学的原意。对儒学最有同情和了解的现代新儒家也常以西方哲学的逻辑构架与哲学名相来诠释儒学的内涵。

---

① 此处从儒学文化之主要方面而言,其实明清之际的儒者已经对此内圣构架有所怀疑与颠覆。

他们应该是做得较好的，但仍遭受到过度诠释的诟病。儒学遭受现代性的批判来自于以康德哲学为代表的西方哲学。现代新儒家一系的学者偏爱以康德哲学诠释儒学，认为两者都注重超越的道德。康德的现象与物自身被诠释成儒家的见闻之知所认识的对象与德性之知所体悟的对象。然而，康德十分警觉地为知识划定了界限，认为先天综合判断能够保证知识的必然普遍性，但是道德本体则无法认识。而儒家则对知识并不重视①，却对道德本体有直接的体悟。如果说儒家与康德在知识上存在分歧，只是程度轻重的差别，那么在认识道德本体上的对立，就是有无的不同。故以牟宗三为代表的现代新儒家既借用康德哲学又批判康德哲学，他们以儒学为标准，一方面用康德哲学发挥出儒学中的知识论，另一方面批判康德三大悬设而不依靠德性主体的直接证成。但是如果以康德哲学为标准，也可同样批判儒学知识论不发达，以及僭越了知识的认识范围，普遍性的天理良知的体悟不可能获得本体论的证明。熊十力与冯友兰公案就是对良知呈现抑或假设的争辩。傅伟勋在《儒家心性论的现代化课题》一文中认为："如果你拿不出足以说服人的论辩强而有力地证立'良知是真实，是呈现'，而不是假定，你能怪我们停留在经验知识层次的一大半学者不了解你吗？光说'良知是真实，是呈现'，与证明不出上帝存在而又强迫他人信仰上帝的真实，究竟有何差别？"② 在传统儒学中，良知是呈现，是依靠觉悟而认识，无法由逻辑思辨的证明方式而获取。但若依康德哲学悬设的方法而只承认良知的假设性，则在根本上动摇了儒学的内核。康德哲学认为理性为自我立法，自由意识依无条件的定然命令而行，只不过道德的实践理性并非如儒学之仁体、良知、天理那般具有实存性。在儒学心性学的分析上，以康德哲学进入的方式可以将传统儒学阐述得更为清晰明确，这在一定程度上也可以说儒学的哲学化。但是传统儒学天人关系在模糊的语言中浑然一体，经过哲学思维的考辨

---

① 此处知识指逻辑的、架构的知识，如科学理论、数学推理等。
② 傅伟勋：《儒家心性论的现代化课题》，载傅伟勋《从西方哲学到禅佛教》，生活·读书·新知三联出版社1989年版，第241页。

后，反而在认识普遍性的天道上划下深深的鸿沟，儒学之体的直接把握无法依靠哲学，只能诉诸信仰。

2."内圣"的"宗教性"

纯粹哲学化的发展并不能穷尽儒学本有的内涵，儒学的天理良知的先天性与普遍性在康德哲学的框架中并不能予以承认。儒学这种特征可归因于儒学的宗教性。儒学是否为宗教近年来曾是个热门话题，但争论者多在传统儒学的祭祀天地鬼神等处立说，忽视了儒学的天道。凡一物无法实证而又承认其必然而普遍的存在就含有宗教性的特征。儒学的天道、天理正是此物。从儒学的发展史上看，周革殷命，将殷人的上帝神转变为"皇天无亲、唯德是辅"的天，人与天在德性上可以互通，这种思想由周文王、周公演变至孔孟，一方面将天内在化为人之德性，另一方面又将人之德性超越化为天道，于是人之德性即内在即超越，人既有限又无限。正是由于天道、天理的存在，人的德性才具有超越性，才能将人从经验生活中善恶相混的状态中超拔出来，而承认人的先天性善，并在这一点上讲人之所以为人之本性。也正是由于天道、天理的存在，人的德性才具有普遍性，能够放之四海而皆准，求诸百世而不惑，人人皆能成尧舜，四海之内，心同理同。天道、天理不能实证，而是靠信仰，靠每个实践主体用生命顶上去。这种生命的实践，小到言行举止合乎礼数，大到"杀身成仁；舍生取义"，虽然天道、天理未必在经验层面的所有人身上得以呈现，但儒者都依此而行，并坚信它的存在，从践行中体悟道，这就是儒学内圣的宗教性维度。

对天道、天理的认识或体悟是非经验的方法，冯友兰命之曰"负的方法"，这与日常生活中认识某个具体的经验事物所用的正的方法不同。因为良知本在自身，不假外求，即使朱熹的格物致知的方法也是希望通过获取事事物物形上之理而贯通主体自我的心性。这种负的认识方法在一定程度与西方神秘主义，佛老的悟道境界有相似之处，但其内涵更为刚健，体现了"天行健，君子以自强不息；地势坤，君子以厚德载物"的气派。儒家的天道信仰能够促成人以乐观的态度对待生活苦难，在芜杂的现实中寻找到生命的意义，将精神从虚无之境中超拔出来，投入到改造世界、完善环境的事业中。

儒学的内圣的现代转型要注意内圣具有"哲学性"与"宗教性"两种内涵，"哲学性"大多发生在高校的哲学专业，而"宗教性"大多发生在民间的复古主义身上，当然，这种分法并不截然两立，他们本身一体，只是由于现代性的精确性将之分作两截。作为一个儒者，其内圣自然包含"哲学性"与"宗教性"两种特征，只是由于每个人气质的不同而有或多或少的差别。

三 "外王之学"的现代性开展

传统儒学外王之道即在于内圣的外推，因而儒学理想中的外王架构都与德性相关。周初实行分封制，天子、诸侯、士大夫、庶人都依照血脉的亲远而定，天子与诸侯、诸侯与士大夫、士大夫与庶人既是上下级的行政关系，又是家族的父子兄弟关系。因此，家国可以不分，修身、治家、齐国，平天下可以一以贯之。由东周以降，礼崩乐坏，贵族政府渐渐向士族政府过渡，虽经东汉至魏晋南北朝隋唐的门阀士族的政治垄断，至唐中期以后，中国政府正式转变成士族政府。国家以儒学而不以身份取士。家与国产生了一定的对立，忠孝不能两全，但一般以忠大于孝为解决方法。家人与自己相比，家人为公，自己为私；家与国相比，家为私，国为公。国若被暴君专控而谋一姓之私非为天下百姓牟利，也是大私，故顾炎武有"亡国亡天下"之言，亡国是一姓之存亡，亡天下是华夏文化、道德理念的存亡；亡国仅肉食者谋之，亡天下则匹夫有责。天下是一个文化概念，而且以儒家理想为核心的文化概念。

1. 传统"外王之学"与其局限

依儒家的理想构建，在家中父慈、子孝、兄友、弟恭、夫义妇顺。这都是普遍的天理良知在不同家庭身份成员中所表现出来的分殊的德行。如果由一家扩展到其他家，则民胞物与，四海皆朋友，增添朋友一伦。儒家认为朋友之间要互相信用。众人的集体生活需要领导者，儒者推崇有德之人为王。因圣而王，是为"圣王"。儒家将汤武三代美化，假托尧舜禹汤武为圣王，他们有德有位，而自孔子起则为素王，有德而无位。

君王的德来自于民,"天听自我民听,天视自我民视",天下人心所向即是有德之君。不幸的是,现实中所有的帝王都是以武力夺得政权,不是因德而王,他们都是有位而无德。这种帝王的权利在儒学的政治理想中是非法的。但是帝王在以武力获取王权后,则以武力为后盾宣称自己获得天道,即因王而圣的"王圣"。"圣王"是圣道,"王圣"是霸道,真正的儒者反对霸道推崇圣道,《朱子语类》中如此记载:"黄仁卿问:'自秦始皇变法之后,后世人君皆不能易之,何也?'曰:'秦之法,尽是尊君卑臣之事,所以后世不肯变。'"① 君主以法家理论尊君卑臣,故不采取作为理想主义儒者的以德性禅让君位之议。在《白虎通》中,儒家的政治思想被改造为片面的臣对君尽义务的三纲。由于汉朝王莽失败,儒者退后一步,不敢再提圣人受命,故在君主"家天下"的专权体制下,希望以贤相来治理国家。但到明清,君主重内朝而疏外朝,贤相的治权也落空,故儒家不得已推崇的"圣君贤相"制也没有彻底实行。君王以一己之私强暴了儒学的政治建构,削去其天理良知以及民心所向的政权合法性理论,反而利用儒学以天理良知要求臣民尽片面义务的理论来为其服务。儒者讲"君惠臣忠",但君在政权取得上不是依靠武力,就是依靠血脉,没有一个是惠的,而臣忠则是对每一个臣民的硬性要求。由此看来,在传统社会中,儒家的外王理想与家、国之间已有分际,儒学虽反对君主专制,但其部分学说反而被专制政权利用来维护专制,部分以儒学为营生牟利的陋儒、假儒则为君主论证其政权的合法性,遂导致后世认为儒学维护专制的误解。

儒学"家国天下"的理念在传统社会中并没有彻底实施,儒学的道德理想在约束专制政体上颇显无力,这也是传统儒学之软肋,故儒学在迎接现代性的挑战中更需要有所突破。用儒家的外王之学处理人与人之间的关系,人与人的关系可分作公共关系与非公共关系。公共关系是指政治生活、经济生活中的制度规范所规定的交往关系,严守规章制度,权利义务。在这套制度中,人的个性的因素不起任何影响,每个个体都

---

① (宋)黎靖德:《朱子语类》卷一百三十四,中华书局1986年版,第3218页。

要服从这套制度。非公共关系是指家庭之间、朋友之间的关系，人的个性在其中占主要作用。为方便计，公共关系可看作儒学的"政治性"（经济等制度也可看作广义的"政治性"）；非公共关系可看作儒学的"伦理性"。传统的外王之学在"伦理性"与"政治性"上分际不明，面对现代社会的生产模式，这种分际不明的外王必然无法适用。如果说兼具"哲学性""宗教性"的内圣注重超越普遍的道德为儒学之体，则"伦理性""政治性"的儒学外王之用则需要新的开展。体上的现代开展只需阐明儒学原本含混的"哲学性""宗教性"之分际即可，用上的"伦理性""政治性"之分殊，需要全新的阐释，绝不能再囿于传统外王所含之意内。

2. "外王"的"伦理性"

在外王之"伦理性"上，可以继续保持传统儒家所注重的德性优先性，人与人的交往需要以德为本，提倡忠恕之道，"已所不欲，勿施于人""已欲立而立人，已欲达而达人"。这种人与人之间交往的感情出于人性的流露，虽然在形而上学中无法建立道德的先天必然性，但人们在现实的家庭生活和朋友交往的实践中，都能切身体会其自发性。只是，人们需要承认人具有负面人性，虽然人人本有良知，但人人也本有欲望等非理性冲动，非理性冲动固然是经验层面的诱惑，低于超越的良知。人作为人具有其有限性，有限性的非理性冲动需要一个合理的排泄渠道，故不能要求所有人都依照最高的道德准则做事，如"饿死事小，失节事大"，而是以德量宽容别人，要"以理服人"非"以理杀人"，服人者，心服口服，非以强权或利益驱使以服人。对负面人性的考量，在佛教中讲无明，在基督教中讲原罪，都具有借鉴价值。在现实性上，须重视人之负面人性，并在不损害他人的前提下给予其自由的空间。负面人性来自于气质之性，真正解决并不是依靠外在的压力，而是依靠研究气质之性的成果——如心理学的治疗方法——来促使良知内在的萌发。在现代社会，负面人性与无处不在的社会生产制度紧密相关。如果说在传统社会挑起人气质之性上的非理性冲动的外因尚少，则在现代社会，这种外因大大增多。很多人将这种规则与制度延伸到家庭与朋友之中，从而亲情、友情全部遭到金钱利益的驱逐。制度性的建制使儒学在"伦理性"中道德之本贞定不住，这是现代伦理的危机，解决这种危机在于确定"政治性"的权威性与划分"政治性"的适用范围。

3. "外王"的"政治性"

儒学的政治理想提倡德性的优先性。"政者正也，子帅以正，孰敢不正"①"苟正其身，予以政乎何有？不能正其身，如正人何？"② 政由君主德性之正而来，同时又强调"为政以德，譬如北辰，居其所而众星拱之"③。君主的北辰地位来自于德性，民众德性不如圣王，故而如众星拱之。政治的措施为重礼，儒者言："道之以政，齐之以刑，民免而无耻。道之以德，齐之以礼，民耻且格。"④ 礼是天理、天道的合理化表现，"礼以顺天，天之道也"⑤。"夫礼，天之经也，地之义也，民之行也"⑥，故体现天道的礼能够规范民众的行为。如果民众不悟道，礼是一种外在的约束，如果如圣人般悟道，则成为自身的必然要求，达到从心所欲不逾矩。儒家"圣君贤相"的政治制度正如牟宗三所言，儒家只有政道而没有治道，在政道上予以德性的基础，但在治道上缺乏架构的表现。现代性的政治制度是民主制。徐复观指出："民主政治第一个阶段的根据，是'人生而自由平等'的自然法。第二个阶段的根据，是互相同意的契约论。自然法与契约论，都是争取个人权利的一种前提、一种手段。所以争取个人权利，划定个人权利，限制统治者权利的行使，是近代民主政治的第一义。"⑦ 在西方，自然法所依据的"人生而平等"的信念来自于基督教传统的"上帝面前人人平等"，契约论所依据的是人的有限性，人各争私利而产生的权力制衡。在中国，人人皆能成尧舜，人人皆有良知，

---

① 《论语·颜渊》，载（宋）朱熹《四书章句集注》，中华书局1983年版，第137页。
② 《论语·子路》，载（宋）朱熹《四书章句集注》，中华书局1983年版，第144页。
③ 《论语·为政》，载（宋）朱熹《四书章句集注》，中华书局1983年版，第53页。
④ 同上书，第54页。
⑤ 《左传·文公十五年》，载杨伯峻《春秋左传注》，中华书局1990年版，第614页。
⑥ 《左传·昭公二十五年》，载杨伯峻《春秋左传注》，中华书局1990年版，第1457页。
⑦ 徐复观：《儒家政治思想的构造及其转进》，载徐复观《中国思想史论集》，上海书店出版社2004年版，第246页。

故在自然法上皆是平等的，与西方一样。但儒学过多强调人性的光明面，忽视黑暗面，不承认人的私欲合法，要人去私归公，故契约论产生不出来。故儒家的礼制主要来自于自然法的天道良知，而忽略人争取私欲的权利制衡，中国的礼制并不能成为西方的制度即在于此。另一方面，儒学缺乏理性思辨，故逻辑性的知识论不强。完善的制度需要一套静止的理性建构，逻辑严谨，环环相扣。这种制度的设计来自于自然法与契约论，也就是来自于德性的普遍性与非理性的分殊性，用德性规范非理性的愿望。一旦制度产生，作为个体的人将服从这种制度。如果最初定下此制度是建立在所有的地位平等的人的共同利益上，那么制定的制度就不会有专权，而是一个个相互制约的虚位。任何在此虚位中的现实个人都不能因处于某个虚位的缘故而获得比别人更多的利益，而此虚位也不以在此虚位中的人的不同而产生差异。也就是说，人的主体性只有在最初建立此制度时才能体现，此后只能依此制度之设计而行事。因为此制度是人类共同智慧的客观化表现，个人的特征应该服从此客观化表现。这是"政治性"的权威所在。

儒家在人性上须注重负面性，并发挥出逻辑思辨理性①，建构一套基于超越的普遍的人性善和分殊的独特的非理性上的客观化的政治理想制度。这套制度仅仅适用于公共领域，而不能将之僭越到"伦理性"领域。作为一个现实中的人，一方面作为社会成员处于公共领域，另一方面作为家庭成员处于非公共领域，这两个领域需要有所分别，用的是两套对治方法，需要严格区分适用范围。其实，归根结底，"伦理性"的外王因亲情友情的关系，而相互之间多呈现出人之善性，人与人之间信守诺言，故不用契约式的交往。"政治性"的外王由于人的交往扩大，人与人疏远，善性不易呈现而防人之心顿起，故要有一套契约制度约束交往的人来履行承诺。

儒学的"内圣外王"的存在方式遭遇现代性后被初步划分为"哲学

---

① 儒学的知性精神在荀子、朱子、方以智等人的哲学中皆有所体现，依此源头可接上西方的知性精神。

性""宗教性""伦理性""政治性",这四者在传统儒学中虽没有分际清楚,但已有此蕴涵。"哲学性""宗教性"是以现代分科对儒学之"体"的外在描述,有助于现代思维对儒学本蕴的把握,而"伦理性""政治性"则是时代性体现在"用"上的分殊。传统儒家在政治制度上只讲"礼制"而没有治道,随着现代性知识理性的发展,儒家在制度上亦需建立客观的民主政治制度。这种政治模式既不同于威服传统儒学的君主专制,又不乖于儒学内圣之体;一方面以民主制承认每个人的权利,另一方面不抹杀道德的优先性。

儒学的现代开展,内圣外王在现代学科的划分下而成就各自的区域,在各自区域中可以不断深入。虽然儒学被现代学科划分成若干部分,但都是一体之分殊,这些发展方向又包含在传统儒学的意蕴之中,可以通过儒学的形上哲学系统予以统领,使其各个分支在不同领域内发挥作用,互有助益。

第二章

社会公私空间的现代建构

公共空间与私人空间的划分是现代西方政治的重要思想，也是现代西方社会实际运行的理论支撑。一个社会是否具有公私空间的划分在一定意义上可以成为该社会是否具有现代性的判断标准。

在中国社会走向现代化的过程中，我们也在积极提倡公私空间的分际。中国当下公私空间的发展完善，既要考虑西方传统的源流，也要考虑中国传统的源流。我们在走向公私空间现代化的同时，不应该一味地用现代化来掩盖西化，而是需要更多地思考中西传统的差异，促进现代性的本土化进程，并在此基础上尝试做出新的融合。

第一节 公私空间的中西源流

公私空间的讨论，表面上似乎是规范的问题，比如何种规范适用于何种区域。然而当我们继续思考规则形成的基础，则需要追问制定规范的主体，并在主体性上分出若干种面向。从中西文化的不同发展轨迹中，我们可以发现这些面向与主体所置身的历史文化传统具有深厚的关系。

一 西方现代公私空间诸要素分析

公私空间的划分在学术界颇有争议，但从西方现代社会中的一般性理解，则如童世骏先生所说："在现代社会中，占主导地位的'公'

'私'的划界标准则可以说是家庭——家庭内的是私人的，家庭外的是公共的。这就是自由主义者通常所持的观点。"① 家庭之内属于私人空间，家庭之外属于公共空间。在公共空间，主体行事主要依照公共规范；在私人空间，主体行事主要依照私人意愿。

在上述一般性理解中，公私空间划分了人的生存区域，在不同的区域中，人依循着不同准则在行事。公私空间划分的意义，在于公共空间的中性色彩，它提供一种公共的交往平台，将主体间的交往趋于规范化。同时，又不完全磨灭颇具个性化的东西，将之置于私人空间中以留存。

公共空间的公共规范遵循理性的设计，无论参与公共空间的主体在动机上是否道德，都需要被此理性的设计所规范。也就是说，善人与恶人在参与公共空间的交往中，被置于同等的地位。善人与恶人在此空间中都不能少做什么或多做什么，小人被公共规范所挟制，君子也被公共规范所挟制。（从挟制小人方面说，公共空间具有积极意义，从挟制君子方面说，公共空间具有消极意义。）公共空间建立的公共规则是一个底线的规则，它保障事物不向坏的方向滑落，但并不保障事物向好的方向发展。长此以往，它很可能创造出一个平庸但不坏的社会。私人空间则并不严格遵循理性的设计，其唯一底线是不触犯法律。在此框架下，好与坏、君子与小人、平庸与个性、理性与非理性，都可存于此领域。

在上述分析中，主体似乎都是囿于不同的空间之中，其主动性其实是被动的主动性。但若我们继续追问规范制定的基础，那么主体的真正的主动性就展现出来了。公私空间的划分与主体心灵的不同面向具有内在的联系。在我的主体与世界整体存在的关系中，至少存在三种状态。第一种状态，由自我而展开并成就整体世界，可以称之为善的道德心。第二种状态，借由整体世界而成就自我，可以称之为恶的利欲心。第三种状态，撇开自我而客观地认识整体世界，可以称之为中性的理性心。

现代性公共空间建立的前提是原子化的个体。这些个体是无差别的，

---

① 童世骏：《公与私：划界问题的归属问题》，载江宜桦、黄俊杰《公私领域新探：东亚与西方观点之比较》，台湾大学出版中心2005年版，第210页。

抽象的，就如几何学上的点一般。点与点之间的连线，结成公共交往的网络。既然主体是平等的，那么连线也应该出于每个点的自愿，没有谁主谁次的问题。这样的认识，可以说是契约论生成的人性论基础。由于主体的平等，才能在其上建立普遍同意的契约。个体性的特征在理性建立构架时，则需要完全不予考虑，不能基于个体性的特征而在规范上有所倾斜。个体与个体的结合，可以创造出更多的财富。但是，正是因为个体与个体之间是完全平等的，所以公共规范需要确立交往个体在交往过程中的权利与义务。每个个体因自身的努力而产生的成果应该由个体自己享有；每个个体因自身的过失而造成的损失也应该由个体自己承担。同时，公共规则要极力避免这样一种情况的发生，即：某个体因自身努力而产生的成果，被此个体之外的其他人所占有；某个体因自身过失而造成的损失，被此个体之外的其他人所承担。通过以上分析可以看出，公共空间的行事规范主要由理性心设置而成。原子化的个体与契约的设定，与几何学上的抽象的无差别的点线关系的思维模式有非常相同的地方。

理性所制定的行事规则秉持着一种中立的价值观。但是，当我们需要思考它的价值时，却不能因其中立而说其无价值。价值具有好坏善恶的评价，我们仍旧可以用道德评价来看待这种中立的价值观。当我们从人性善、道德心的立场来看待时，契约的建立则是为了保障人人能够通过自我努力达到自我实现。契约本身虽然价值中立，但却是扬善的底线，依然具有道德的价值。当我们从人性恶、利欲心的立场来看待时，契约的建立则是为了防止他人侵犯自我的权益，契约又具有防恶的功效。（前者类似洛克的契约论的观点，而后者类似霍布斯的契约论的观点。）如果综合这两种观点，那么公共空间的契约的达成，在显性上为理性心的考量，而其背后则有道德心与利欲心的两种理解。其实，也可以说，在私人空间领域中，如何评价公共领域的契约精神，就存在着这两类立场。

私人空间虽然保留了各种可能性，但大致上可以归为主体心灵除了理性心之外的道德心与利欲心。在西方现代社会，虽然公共空间以显性行事方式呈现在前台，但是隐在幕后的各种各样的私人空间依然不容小觑。其中,基督教信仰发挥了极为重要的作用。固然是否信仰基督教,是私人领域个人自由的选择。表面上,私人空间的设立将基督教信仰与其他非理性选择等而视之,但由于西方历史文化传统的深远影响,基督教信仰相较于私人空间中其他非理性选择具有压倒性的优势。基督教信仰要求人回归于神,在道德心上体现为主体归向于神,并服务于神所创造的世界。在西方社会,公共空间做出了底线的保障,而私人空间的基督教信仰则为善的发展提供了可能。正如韦伯所说,一个资本家可以在经济活动中追求物质利益,但在获取大量财富之后,他可以将之捐献给社会。前者是公共空间,依照理性所显现的公共规范行事;后者是私人空间,依照自我的道德心(荣耀上帝)行事。私人空间中的上帝信仰,为西方社会的存在确立了价值与意义,为社会前进发展奠定形上基础。

  基督教信仰不但是私人领域中的主流,从而影响了整个西方社会的人心所向,更是公共空间原子化个体的基础。契约的基础是无差别的形式化的个体。而这种形式化的个体的产生,并不能从经验中得来,因为经验中都是具体的、有阶层的人。完全平等的人的观念只有从"上帝面前人人平等"而来。与这种平等观相应的,就是"天赋人权"的学说。平等的人,平等的权利,后面都具有基督教的背景。基督教的平等观,体现了在神面前的人与人的关系,是构建公共空间的重要资源。基督教的信仰,体现了人与神的关系,是组成私人空间的主要内容,也是公民抱有社会发展信念的根本依据。

  西方文明的两大源头是希腊与希伯来。希腊是哲学传统,为西方文明提供了理性的论辩精神;希伯来是宗教传统,为西方文明提供了直觉的神性体悟。在人类心灵中,希腊精神与理性心相应,希伯来精神与道德心相应,而违反道德心就是利欲心。西方社会的公私空间的架构,显性的是理性,来自于希腊传统;很多隐性方面则是信仰,具有基督教的因素,来自于希伯来传统。希腊传统给予社会规范和保障,希伯来传统给予社会目的和进取。

二　中国传统公私空间诸要素分析

在中国传统社会中,公私空间的存在依据可以追溯到《礼记·丧服四制》:"门内之治恩掩义,门外之治义断恩。"① "门内""门外"包含了儒家对于家庭生活和社会生活的划分以及对于此两者所采取的不同的处事原则。陈乔见先生认为:"儒家所谓'门内'与'门外'(有时单用'内'与'外')的区分,颇类似于西方公共领域与私人领域的区分,'门外'是指家庭以外的政治公共领域,'门内'是指家族内部的人、物、事及其关系。"② 前者是以社会生活为主体的公共空间,其行事原则是以义统情;后者是以家庭生活为主体的私人空间,其行事原则是以情统义。③

家庭讲究恩情,社会讲究道义,恩情偏向主观性,道义偏向客观性。道义虽然是儒家极为重视的品德,但是恩情也是儒家关注的对象。儒家认为,道义需要从恩情的环境中进行培养。道义不是完全外在于人心的冷冰冰的客观的道德法则,而是发自于人心不得不如此做的主观愿望的客观体现。道义的根本在于仁爱。因为我们有仁爱,能够有忠恕之道,所以能够己心度他心,成就自我也成就他人。恩情就是仁爱发动的部分。在恩情的发动中,体会到仁爱的核心,然后再开拓扩充,对他人他事生起不忍人之心,视当下他人他物有所缺憾的存在状态为不宜,而有道德上改良发展的必然之宜,这宜的客观化就是道义。

恩情最容易产生的空间就是家庭。家庭具有天然的血缘关系,人与人生来就从属于一个家庭整体,而不是原子化的个体。父母与子女之间的关系,不需要通过契约来强制,他们之间恩情的重要性远远超过于规则的重要性。家庭中的恩情,就是仁爱的最初表现。尤其是对于一个赤

---

① 《礼记·丧服四制》,载(清)孙希旦《礼记集解》,中华书局1989年版,第1469页。
② 陈乔见:《公私辨——历史衍化与现代诠释》,生活·读书·新知三联书店2013年版,第249页。
③ 关于中国儒家传统中公私空间的讨论以及在不同空间中相应的行事原则,可以参看郭齐勇主编《儒家伦理争鸣集——以"亲亲互隐"为中心》,湖北教育出版社2004年版。

子而言，他的生活世界主要在家庭环境中，家庭就是他的全部世界。家庭中的恩情，就是仁爱，其客观化，就是道义。而当此赤子的生活世界慢慢从家庭扩展到社会，这时就有亲疏之别、等差之爱。他对于家人的恩情会甚于对陌生人的恩情。当恩情的范围产生差别时，赤子的心灵就有了公与私的区别。原先家庭就是整体世界，赤子心灵无所谓公与私。（或者说全部是公，或者说全部是私。）当家庭与社会有不同对待时，偏于家庭就是私，兼顾家庭与社会就是公。儒家认可亲疏之别与等差之爱，而在此基础上又认为人的恩情可以由家庭成员扩展到社会成员，甚至扩展到包括整个天下的一草一木。

恩情与仁爱有极大的相似之处，两者的区别就在一线之隔。从宋儒的语境来看，恩情仅仅指气，而仁爱是理气兼有，以理驭气。纯粹的气，没有定向，飘荡不已，囿于旧习，自我封限；以理驭气，则有定向，冲破有限，开拓无限。心灵之气若自居有限，就是私；若冲破有限，就是公。在私心的情况下，恩情仅仅在有限范围内施展，范围之外就与己无关，麻木不仁。在公心的情况下，恩情的范围就大大扩展，推己及人的"人"就不局限在小范围的家庭或朋友圈，而是逐渐包含了整体的人。对于陌生人的受难，自己也会生起不忍之心。

人的后天首次的整体性认识就是家庭。在家庭空间中，恩情与仁爱非常近似。家庭的恩情关系，也是仁爱之理的最初体现。如果要培育仁爱之理的自觉，那么家庭环境就是最好的孵化器。所谓"孝弟也者，其为仁之本欤"。孝弟所生成的环境，是最为自然自成的，不需要外在道德规则的强制。外在的道德规则，反而需要由家庭的恩情关系来慢慢培养。由仁爱之理，生成宜然之义，客观化为道义礼乐。以比喻说明，仁爱之理是根，家庭恩情是芽，社会礼乐是叶。我们保持芽的自由状态，从而让根的生长力量尽快表现出来，这样才能达到枝繁叶茂。相反，我们不能以叶的要求来限制芽的生长，最后连根的力量都被扼杀殆尽。因此，家庭私人空间的恩情关系，需要有其独立的地位，与社会上固化的道义准则保持一定的距离。（这也是亲亲互隐可以在私人空间成立的理由。）

儒家的学说希望人在家庭关系中培育仁爱之理，在此基础上再突破家庭的限制，扩展到更为广阔的空间。在仁爱之理的主宰下，恩情之气就可以进一步扩展到家国天下，生成客观化的道义。一个人的心灵的德行状态与他所能担当的范围有着密切的联系。如果一人的心灵仅仅在家庭范围内施展恩情，他对于家庭成员可以做到无有偏私，那么他的德行就够做家长。但他不适合做社区之长，因为当他成为社区之长，他对于社区的公共资源的使用一定会厚自家而薄他家。如果一人的心灵只能限于社区，他对于社区中的各家可以做到无有偏私，那么他的德行就够做社区之长。但他不适合做市长，因为当他成为市长，他对于城市的公共资源的使用一定会厚此社区而薄彼社区。一个管理天下的人，需要有心怀天下的德行，并对天下担负起责任。如《孟子》中说："保民而王，莫之能御也"①，是指王对万民负有责任；《诗经》中说："溥天之下，莫非王土；率土之滨，莫非王臣"②，是指王对天下地上一切事物都负有责任。

主体处于家门之内的私人空间，不对社会负有责任，故其言论行事都可偏于自我、亲于朋党。主体处于家门之外的公共空间，需要对社会负有责任，故其言论行事需要公平公正，兼顾整体。如果一个人处在公共空间，他需要发表的是公意，而不是仅仅有利于其一家一姓的私意。在此意义上，《孟子》中的一个例子可为佐证，孟子曰：

  仕非为贫也，而有时乎为贫；娶妻非为养也，而有时乎为养。为贫者，辞尊居卑，辞富居贫。辞尊居卑，辞富居贫，恶乎宜乎？抱关击柝。孔子尝为委吏矣，曰："会计当而已矣。"尝为乘田矣，曰："牛羊茁壮长而已矣。"位卑而言高，罪也；立乎人之本朝，而道不行，耻也。③

---

① 《孟子·梁惠王上》，载（宋）朱熹《四书章句集注》，中华书局1983年版，第207页。
② 《诗经·小雅·北山》，载（清）王先谦《诗三家义集疏》，中华书局1987年版，第739—740页。
③ 《孟子·万章下》，载（宋）朱熹《四书章句集注》，中华书局1983年版，第320—321页。

孟子认为，做官应该为天下，如果为了薪水去养家糊口而做官就不正当。实在要做官，也只能做个看门打更这类最低等的公职人员。这样的人员，没有高远的理想和整体的关怀，他们并不思索社会的走向和人类的未来，而是仅仅关注自己的薪水报酬。也就是说，仅仅是私心在主导着他们的生命。他们若在公共空间中发声，没有公意，而仅仅是私意。这叫"位卑言高"，是不正当的。对于这些私意的人，只要做好本职工作就可以了，不需要他们参与到公共事业的策划中来。

儒家传统的理想社会，公共空间不是持有道德中性的理性的构架，而是由道德心承担所展开的领域；不是原子式的个体平等地订立契约所构成的，而是由道德心的关怀融入恩情的和而不同的整体。

三 中国当前公私空间存在的问题

在西方的空间模式中，公共空间以中性的理性为基础构建，从而保证私人空间的自由。在中国传统儒家的空间模式中，公共空间以善性的道德为基础构建，但需要留存私人空间的自由。前者目的是保证个体的自由，后者的目的是保证公共善的证成。应该说，公私空间在中西理解上有不同的面向，同时又具有自恰的结构。

然而，中国当前的社会结构，既不同于西方自由主义的模式，也不同于传统儒家的模式。它处在改革转型的过程中，包含中西传统中的各种要素，但未能成就自恰的系统。中国当前公私空间存在的问题主要表现在以下三个发面：

其一，在社会空间的阶层构成上，血缘宗族的家族群体已经瓦解，日益趋向原子化的个体社会。

传统的中国社会，公共空间的权力主体由皇权以及以相权为首的文官制权力系统构成。但是，公共权力只能下贯到乡一级，而不能直接下贯到个人。乡以下则有地方上的士绅、族长、行会等民间力量和社会组织来维持。地方主要以农村为主，血缘宗族是其主要构成部分。血缘宗族的大家庭是培育仁爱之理的孵化器，需要与公共权力保持一定距离，先天地成为私人空间的主要组成部分。

中国社会近百年来的变化，血缘宗族的力量已经逐渐瓦解。农村逐渐城镇化，农民进城打工，脱离了作为生产资料的土地，成为出卖劳动力的工人。农村的精英人士不会再留居农村，而是移居城市。无论是通过求学入仕，还是打工经商，农村的整体性被消解，大家族分散为诸多小家庭。作为知识精英的乡绅以及家族尊长的族长，要么自己已不在农村，要么已经丧失地方自治的威望。国家的公共规则可以一直贯彻到每一个人头上。

逐渐壮大的城市空间成为中国社会空间的主流。血缘亲情从整体上的必然联系转化为个体间的自愿联系。人丧失了家族的归属感，而日益趋向原子化的个体。但是这些个体并没有主体性的地位，只能在既定的政治结构和经济结构中进行活动。

其二，在空间主体的心灵面向上，道德心逐渐失去超越的力量，利欲心占据主导地位。

传统的中国社会，儒家信仰是个体安身立命之所在，也是社会存在和发展的价值与意义，保证了私人空间亲亲互隐的合理性，树立了公共空间天下为公的奋斗目标。

中国社会近百年的变化，以一种科学进步的名义破除了旧有的形而上学。本来儒家的信仰具有天人合一的特征，道德既是主体性的，也是普遍性的。（比如，天理是从普遍性命名，良知是从主体性命名，其实天理良知是合二为一的。）当儒家信仰缺失时，道德心隐没。普遍性的天道就缺少了主体的体证与敬畏，要么斥为迷信而弃之，要么变成完全形式化的哲学概念来理解。主体性的良知也缺少普遍性的超越的保证，要么变成完全个体式的感悟，要么变成充满欲望与暴力的自作主宰，要么变成自我独语的鬼神迷信。

上述两方面的变化导致公共权力与个体利欲的双向膨胀。从人心上看，道德心的隐没导致良知成为狂妄自大、自以为是的借口，实质上助长了人的利欲心。天理与公共规范结合，成为公共规范的形上基础。从阶层上看，血缘家族的瓦解，导致公共权力的彻底贯彻。原子化的个体与公共权力是中国社会的两个极端。原子化的个体表现出更多的利欲心，公共权力制定了更为详尽的公共规范。公共空间以社会稳定的名义来压缩私人空间，私人空间以自由经济的名义来抵抗公共空间。① 我们可以看到，西方模式和儒家模式的公私空间理论虽然不尽相同，但公私空间都是互补的，这与中国当下的公私空间的相互对立有极大的不同。

其三，缺乏公共理性传统，公私空间的划界并不清晰。

中国的儒学信仰与希伯来的基督教信仰的相似之处都是人与整体性、超越性的联系。这是一种纵向的天人关系（基督教信仰是天人相分，儒家信仰是天人合一）。这种体证式的文化传统对道德的提升具有巨大的作用，却很难生成纯粹理性的思维。幸运的是，西方在希伯来传统之外，尚且直承希腊的理性精神。这种形式化的思维模式在人与物的关系上，发展为科学精神；在人与人的关系上，发展为民主宪政精神。但是，中国则历来缺乏纯粹的理性传统，而是即事见理，寓数于事。这就没有纯粹的形式化的数理推衍，数学、逻辑的发展就愈来愈不如西方。中国人基于缺乏理性思维的传统，一旦公私空间缺乏道德的支撑，则又无法使用公共理性进行法理上的划界，于是在公共空间的在位者会用私人空间的行事方式取代公共空间的行事方式。一方面，公共性被私人性所取代，另一方面，又用私德来诋毁或者赞美公共空间的在位者。这两方面，都是公私空间划界不清晰的恶果。

四 中国公私空间的未来可能走向

鉴于以上的问题，构建中国公私空间未来走向，就需要从社会阶层，道德心灵，理性思维三个方面入手。从既有的发展形势来看，有以下三种可能的方案，但在可行性上仍旧各有利弊。

---

① 私人空间的个体的性恶论为公共权力的强制性防范提供理由；而与个体的性恶论一致的经济人假定以及效益最大化等自由经济的理论，为私人抵制公共权力提供理由。

1. 自由主义的道路

血缘宗族在自由经济的影响下彻底瓦解,大部分人群化解为原子化的个体,一小部分人群形成以家族经济为纽带的利益阶层。儒家的天理和良知的断裂,主体的普遍性体悟转为个体性体悟。儒家信仰不具有公共性,而成为私人空间的个体信仰。在公民教育中和社会生活中重视培养公共理性。这样,利益阶层不能凌驾于公共空间的规则之上,仍旧需要遵守公共空间的行事规则。无论是利益阶层还是原子化个体在公共空间政策的制定上都具有行事上的平等性。儒家信仰被改造,类似于西方基督教的地位,在私人空间中发挥作用,并给予整体空间以价值与意义。

自由主义的方案是一条西化的道路。它的积极意义表现在公共理性的引入,尽量规避公私空间混淆而导致的权力与资本的勾结。然而,马克思主义的现代性批判给予我们深刻的启示。自由主义的道路走向,会导致私人性的资本成为主体,公共性的权力以貌似平等的方式来服务于资本。人在这样的空间中并没有得到整体的发展。现代性的平等不是真正而彻底的平等。当所有权是人权的重要部分而被坚持时,人与人的平等就会由于人所持的资本的有无和多寡而划分为不同的阶级。资本会导致人的异化,道德心泯灭而利欲心大行其道。儒家的天道信仰未必能够战胜资本的诱惑。利欲心对于人性的理解是性恶论,对于公共空间的解读就会化约为防止别人侵犯自我的利益,而丧失了人人自我实现的维度。经济活动的主体是理性经济人,其实质就是按照公共规范行事的自私自利的人。在私人领域,信仰逐渐崩溃,利欲心成为主流。这样,一个社会的整体目的就丧失了,整体成为为我服务的手段,自我资本的积累、利欲的膨胀才是利欲心视域中的目的。契约会成为各方博弈、势力均衡的产物,只要某一方力量足够大,完全可以违反契约的平等性规范,重新制定偏向于资本方的霸王条款。主体的心灵成长会抛弃道德心与理性心的面向,片面专营在利欲心上。这样社会的公私空间并不能真正保障。

2. 回归传统的道路

在当下国学热兴盛的形势下,一些复古的思想也应运而生。他们排斥公共理性,认为这是偏执的西方思想,不适合在中国应用。同时,重新树立儒家信仰的大旗,提倡王道政治。并且希望在儒家信仰的复兴中,重新建立血缘家族的亲情纽带。

这种方案在封闭的中国施行,或许有可行之处。但现代的中国是全球中的一个国家,它需要与其他国家发生各种各样的联系。完全复古的文化生活会与西方的文化生活产生巨大的差异。传统文化生活在西方的对比下,其弊端成为当下中国人所无法忍受的事情。比如,家族的复兴与农业社会有极大的联系,自由经济则与工业社会有极大的联系。自由经济需要原子化的个体,需要打破家族对人的束缚,将人完全置于形式化平等自由市场中。如果中国未来不发展自由经济,那么社会财富的生产率就会大大降低(这在传统的封闭社会中可以接受,但在中西交流、民智已开后则无法接受),出现极大的民生问题。如果中国未来仍旧发展自由经济,那么血缘宗族的社会阶层就无法再生,公共权力就会彻底贯彻到个体上,私人空间会被公共空间压缩。同时,由于儒家信仰的重建,在缺乏公共理性的前提下,道德被政治绑架,以理杀人的事情就有重现的可能。集政治权力、经济资源、道德制高点于一身的人物会以"圣王"的名义重新降临人间。(这在传统的封闭社会中或许可以接受,但在中西交流、民智已开后则无法接受)

3. 礼有损益的道路

孔子说:"殷因于夏礼,所损益,可知也;周因于殷礼,所损益,可知也;其或继周者,虽百世可知也。"[①] 周礼是在对夏礼、殷礼有所损益的基础上建立的。儒家的精神告诉我们,儒家并非守旧,而是对于传统既有继承,也有改造。自由主义道路和回归传统道路,就如夏礼与殷礼一样,都是我们取舍的对象,如果照搬照抄,就会走上邪路、老路。

礼有损益的道路,其所损者,在于不期望重建血缘家族的社会阶层;其所益者,在于引入西方源自希腊的公共理性,同时建立与公共权力保持一定距离的文化空间(知识精英群体);其所不损不益者,在于恒长的天理良知的儒家信仰系统。

---

① 《论语·为政》,载(宋)朱熹《四书章句集注》,中华书局1983年版,第59页。

明末大儒黄梨洲先生在其《明夷待访录》中专设学校一章。他说：

> 必使治天下之具皆出于学校，而后设学校之意始备。……天子之所是未必是，天子之所非未必非，天子亦遂不敢自为非是，而公其非是于学校。①

学校是一个文化空间，其空间主体是知识精英。未来的中国社会，需要通过公民教育的持续投入来培养出一批与公共权力具有一定距离的知识精英群体。相对于公共权力的公共空间而言，它是私人空间。知识精英群体中人与人之间不应该是契约关系，而是师生关系、朋友关系。在这种师友的恩情教化之间，仁爱之理被觉醒，开拓扩充，而至担当天下。于是，可以学而优则仕，由私人空间迈入公共空间，承担起公共的责任。私人空间与公共空间具有一定的张力，当公共权力正确运行时，私人空间为公共权力培养更多的后继之才；当公共权力错误运行时，私人空间就为公共空间进行纠偏改错。

儒家信仰在私人空间中涵养维持心性之学；在公共空间中发挥其治国平天下的外王效用。由于公共理性的引入，私人空间与公共空间又会有严格的分界。私人空间以培养道德，成就知识为主，可以用师生之情、朋友之谊来劝说，但不能用强制命令来束缚人。公共空间不能压缩私人空间，需要严格限定公共空间的权力主体施行公共权力的范围，只能以公济公，不能以公济私。

中国传统的公私空间是以整体为基础，但其弊在于整体会淹没个体。西方现代的公私空间是以个体为基础，通过理性思维勾联为一个整体。但此整体仍旧是为个体的道德心或利欲心而服务的。中国未来的公私空间仍旧保持着整体观，只是引入理性思维，从而为个体的独立性的德性成长，私人空间的独立地位建立保障。未来的中国的社会空间是以公共善的道德目标为归宿，而不应以资本财富为归宿；公共空间是以理性心

---

① （明）黄宗羲：《明夷待访录》，中华书局2011年版，第37页。

与道德心为主体的，而不是纯粹理性心为主体的；私人空间是公共空间的后备军与纠偏器，而不是公共空间的组建单位和原子个体。

综上所述，未来公私空间建构可以采取第三种方案，需要打造知识精英群体，充实公共权力的保险机制，培养公民德性与公民理性；重建儒家道德信仰，塑造社会存在的价值与意义；引入公共理性思维，严格区分公私空间的界限。

第二节 中西人性论与麦格雷戈 X-Y 理论

在中国企业管理中，人性问题的探讨是一个长期忽视的问题。固然从表面上看，劳动力或人力资源只占企业组织诸多要素的一部分。然而在事实上，无论是以协调人与人关系为主的行政部门，还是以协调人与物关系为主的职能部门，都难以离开人的参与而独立运行。在西方管理理论中，人际关系学派、行为科学学派尤其注重人的因素。这些学派"注重研究工业生产中的人的本性，力求通过探寻人的工作动机、期望等心理活动背后的人性奥秘，以建立最有效最可靠的管理方式和策略"[①]。事实上，管理的目标、组织、控制都需要以人性假设为基础。因此，人性问题并非纯粹是形而上的哲学命题，而是企业整个经济活动如何展开的关键。

中国企业管理要解决这一问题，一方面可以借鉴西方相关管理理论，另一方面需要从中国传统思想中寻找帮助。麦格雷戈的 X-Y 理论与儒家思想正是可以提供会通与借鉴的理论资源。

一 X-Y 理论的哲学审视

道格拉斯·M. 麦格雷戈（1906—1964）是美国行为科学管理理论的代表人物。他提出的 X-Y 理论是研究企业人性方面的杰出之作。麦格雷

[①] 李兰芬、崔绪治：《管理文化——管理哲学的新视野》，苏州大学出版社1999年版，第77页。

戈把在他之前的传统管理与控制的观点称之为 X 理论，而把他自己揭示的管理与控制的观点称之为 Y 理论。为了便于理解，我将之分作三部分进行比较。

其一，关于人之所好的不同。

X 理论认为：一般人都对工作具有与生俱来的厌恶，因此只要有可能，便会逃避工作。

Y 理论认为：（a）工作对于体力和智力的消耗是再正常不过的事情，就像游戏和休息一样自然。一般人并非天生厌恶工作。工作到底是满足的来源（人们会主动表现），还是惩罚的来源（人们会主动避免），完全是可以人为控制的。（b）在现代企业模式下，大部分人都只是发挥了一部分智能潜力。（c）以高度的想象力、智力、创造力来解决组织中的各项问题，这是大多数人都具有的能力，而不是少数人特有的能力。

其二，关于责任担负的不同。

X 理论认为：一般人都愿意接受监督，希望逃避责任，胸无大志，安于现状。

Y 理论认为：在正常情况下，人不但能学会承担责任，还会争取责任。常见的逃避责任、胸无大志、贪图保障等现象是后天形成的结果，而并非先天本性。

其三，关于控制措施的不同。

X 理论认为：由于人们具有厌恶工作的本性，因此必须对他们进行强制、控制、监督以及予以惩罚的威胁，才能促使他们努力向组织目标奋进。

Y 理论认为：（a）要想促使人朝着组织目标而奋斗，外在的控制及惩罚的威胁并非唯一的方法。人为了达到自己承诺的目标，自然会坚持"自我指导"与"自我控制"。（b）人之所以对目标做出承诺，是为了得到实现目标后的各种酬劳。在各种类型的酬劳中，尊重需要及自我实现需要的满足可以驱使人们朝着组织的目标而努力。[1]

---

[1] 参看［美］麦格雷戈《企业的人性面》，中国人民大学出版社 2008 年版，第 33、46—47 页。

无论对于管理如何理解，我们都可以找出以下一般特征。即：有两种状态，一种是未达目标的初始状态；一种是已达目标的完满状态，而管理则是连接着初始状态和目标状态，并通过一定的方法趋向于目标状态的活动。X-Y理论的第一、二部分构成了现实状态的基础，而第三部分则是趋向目标状态所采用的相关方式。

1. 人的自我完善

在 X 理论中，人讨厌工作，因此人执行工作需要依靠外在的力量。人为了外在的原因（获得薪金或避免惩罚）而工作，且并不愿意为工作承担责任。这暗含的意思是，处于初始状态的人的本性并不追求目标。因此，追求目标的过程是被迫的，人性不是自我完善的。在 Y 理论中，人热爱工作，因此人执行工作出于内在的力量。人为了内在的原因（自我实现）而工作，愿意为工作承担责任。这暗含的意思是，处于初始状态的人的本性追求目标。因此，追求目标的过程是自愿的，人性是自我完善的。

初看起来，X 理论与 Y 理论完全对立。X 理论侧重消极的负面的人性，而 Y 理论侧重积极的正面的人性。如果我们处在经验主义的立场上，则会得出如下的结论：有的员工懒散而不思进取，体现了负面人性；有的员工勤奋而积极进取，体现了正面人性。因此，X 理论可以用来针对懒散的员工，而 Y 理论可以用来针对勤奋的员工，于是 X-Y 理论都有其不同的适用范围。但这样的想法必然被麦格雷戈所反对，在麦格雷戈看来，用 X 理论针对任何人都是错误的，哪怕他是懒散的员工，而正确的方法是用 Y 理论针对所有员工。

麦格雷戈的 X-Y 理论建立在马斯洛的需求层次理论基础上。麦格雷戈引用马斯洛的需求理论，认为人类具有五种从低到高、逐级提升的普遍需要。它们是生理需要、安全需要、社会需要、尊重需要、自我实现需要。[①] 五种需要组成了具有层级的完整人性。无论人处于何种初始状态，他总有朝着高层级需要发展的趋向。持有 X 理论的管理者仅仅看到

---

① 参看［美］麦格雷戈《企业的人性面》，中国人民大学出版社 2008 年版，第 225—228 页。

员工的生理需要和安全需要，并且认为这是员工的全部需要，员工为了满足这两层需要不得不从事工作。管理者以"萝卜加大棒"策略驱使员工进行工作。持有 Y 理论的管理者不仅看到员工的生理需要和安全需要，更看到员工的社会需要、尊重需要和自我实现需要。员工为了获得尊重需要和自我实现需要主动从事有价值的工作，而管理者则以专业协助的方式帮助员工实行有价值的工作。Y 理论并不是反对生理需要和安全需要，而反对在生理需要和安全需要基本满足的情况下，仍旧固守在这些低级需要上而不趋向更高层级的需要。因此，Y 理论与 X 理论并非对立关系，而是包含关系。X 理论只是固守 Y 理论的低级层面的扭曲反应；而 X 理论破掘自身的限制，即能开启出更为健全的 Y 理论。麦格雷戈说："当较低层次的需要得以满足以后，便不再有任何动机可以激励人们追求同样的需要。更实际地说，是这些需要已经不存在了。"[①] 低级需要满足后，高级需要还有待满足。正在这高级需要上，企业应当转变旧有的处理问题的方式，迎接 Y 理论时代的到来。

2. 人的依存关联

当人的需要不能得到满足时，需要的所求方会对需要供给方产生依存。在 X 理论中，管理者依靠对员工供给薪水和施加惩罚来获得员工对于管理者的单向度的依存。然而一旦这些需要得以满足时，依存关系即会解除。在 Y 理论中，当人转向高层次需求时，社会需要、尊重需要和自我实现需要的满足都依赖于他人对于自我价值的认可。有待他人对于自我价值的认可也产生了一种依存性，但这种依存并不是低级层次的与邻为壑的单向度依存，而是双赢共荣的双向度的依存。麦格雷戈注意到人的自我完善的成长过程中，每个人都存在有限的地方，他说："成长的结果并不是独立。在这个社会中，没有任何一个人可以完全独立。相互依存才是现代复杂社会的最基本特征。生活的任何方面都离不开人与人的相互依存，惟有如此才能达成我们的目标。"[②] 在企业管理中，"下级固

[①] ［美］麦格雷戈：《企业的人性面》，中国人民大学出版社 2008 年版，第 38 页。
[②] 同上书，第 26 页。

然依存于上级,但上级同样也依存于下级"①。纵使个体不断完善,个体总是在群体关联中有限的个体,个体的高层需要只有在群体性的双向度依存中得以满足。因此,无论管理者还是员工,人的完善之路不是通向单方的独大,而是相互合作的群体性完善。个人的完善目标与群体的完善目标可以在交融中获得一致。

麦格雷戈一方面强调了人的自我完善,一方面强调了人的相互依存。自我完善处理人与自身的关系,自己对自己负责,承担自我意识所行使每一个行动的责任。相互依存处理人与他人的关系,在交往互动中学会尊重和沟通,培养协作技巧和团队精神,协调个人目标和组织目标。高层次的需求就是自我完善,这种自我完善离不开群体的参与和团队的合作。

3. 管理方式的转变

在 X-Y 理论假设三"关于控制措施的不同"上,麦格雷戈指出了人性假设与管理方式的关联性。一方面,基于不同的人性假设可以采取不同的管理方式;另一方面,不同的管理方式也会造就相应的人性表现,产生不同的人事氛围。因此,企业的人事环境在于管理者与员工的共同创造。由著名的霍桑实验可知,这种人事环境的好坏对生产绩效的影响起到了十分关键的作用。

如果我们单方面考虑"基于不同的人性假设可以采取不同的管理方式",那么管理者只是以人性的自我完善、相互依存为手段,从而达到良好的生产绩效的目的。如果既考虑到上述因素,又考虑到"不同的管理方式也会造就相应的人性表现",那么组织的目标就不仅是单纯的生产绩效,而且还有完善人格的内在要求。

在 X 理论中,管理者基于负面人性的假设,对员工采取的独裁、命令式的管理方式。强硬的管理者并不发动员工自身的积极性,而是单向度推行规章制度,并督查员工是否执行。上下级处于一种敌对的气氛中。员工消极怠工、群体性磨洋工的事件屡禁不止,生产绩效很难得到保障。

---

① [美]麦格雷戈:《企业的人性面》,中国人民大学出版社 2008 年版,第 26 页。

鉴于管理者和员工之间的互相依存以及员工自我完善的内在需求，麦格雷戈认为，管理者应该走出权威的角色，成为一个专业顾问。麦格雷戈指出，"在许多场合，采取劝导和专业协助的方法似乎更为妥当。完全依靠权威必将引起不满、绩效降低，甚至公然反抗。"① 在 Y 理论中，管理者基于正面人性的假设，对员工采取协助、启发的管理方式。管理者适当放权给下属，让他们自己设定工作目标并在问题发生的第一时间内做出自我修正。"Y 理论绝不表示'退让'或柔性管理，也不等于放任管理。……Y 理论认为，人们在完成组织目标的过程中可以实现自我指导与自我控制，指导与控制的程度取决于个人对组织目标的承诺水平。如果承诺水平低，自我指导与控制的程度必定有限，这时就需要施加一定的外在影响力，如果承诺水平高，各种传统的控制手段就相对多余，甚至还可能弄巧成拙。"② 承诺水平的高低来自于员工自我管理、自我控制的能力。自我管理、自我控制就是员工自我实现需要的重要组成部分。所以，Y 理论中的管理者并非不作为，而是帮助员工满足他们的自我实现需要，同时也有助于企业获得良好的绩效。

不同管理方式创造了不同人事氛围并塑造了员工的不同现实表现，同时也影响了企业的生产绩效，这就需要管理者将管理方式由 X 式转变为 Y 式。由于人的本性在于追求更高层次的需要，所以只要在管理上加强引导，去除干扰，就容易形成良好的人事氛围以及出色的生产绩效。

二 中西人性论的会通

如果我们宽泛的理解管理，那么在中国传统思想资源中，伦理思想、教育思想、政治思想都可以纳入这种宽泛的理解中。当我们需要建构一种针对中国企业经营活动的管理模式之时，中国传统的宽泛的管理思想和西方的企业管理理论都是可以借鉴的思想资源。

麦格雷戈的 X – Y 理论在一定程度上与儒家学说可以做一会通。儒家

---

① ［美］麦格雷戈：《企业的人性面》，中国人民大学出版社 2008 年版，第 25 页。
② 同上书，第 52—53 页。

思想认为人的初始状态为潜在的具足完善状态，通过一定的工夫践履，而使完善状态由潜在转化为显在。麦格雷戈 Y 理论假设与儒家的人性潜在的具足完善状态相近，而其管理方式又与儒家的引导本性显现的工夫论相近。因此，会通可以分作两个方面，其一，关于人性论的会通；其二，关于管理方式的会通。

1. 孟告之争

孟告之争奠定了儒家人性论的基础，并对中国人性论思想产生极为重大的影响。

> 告子曰："性，犹杞柳也，义，犹桮棬也；以人性为仁义，犹以杞柳为桮棬。"
>
> 孟子曰："子能顺杞柳之性而以为桮棬乎？将戕贼杞柳而后以桮棬也？如将戕贼杞柳而以为桮棬，则亦将戕贼人以为仁义与？率天下之人而祸仁义者，必子之言夫！"
>
> 告子曰："性犹湍水也，决诸东方则东流，决诸西方则西流。人性之无分于善不善也，犹水之无分于东西也。"
>
> 孟子曰："水信无分于东西，无分于上下乎？人性之善也，犹水之就下也。人无有不善，水无有不下。今夫水，搏而跃之，可使过颡；激而行之，可使在山。是岂水之性哉？其势则然也。人之可使为不善，其性亦犹是也。"[①]

告子认为，杞柳的自然性是杞柳的本质，而杞柳被弯成桮棬则是外在力量的作用。而孟子认为，杞柳被弯成桮棬更多的来自于杞柳自身内在的力量。因此，杞柳的本质在于自身可以趋向桮棬的力量。告子又认为，水的自然本性是水的本质，水向东流或向西流都取决于外在作用。而孟子却认为，水往下流是水自身的内在力量，这是水的本质。杞柳和水都是比喻，事实上，告子是把人的初始的自然经验状态看作人的本质。

[①] 《孟子·告子上》，载（宋）朱熹《四书章句集注》，中华书局 1983 年版，第 325 页。

而孟子把人能够趋于完善的状态看作人的本质。因此，在告子的思想中，人的完善需要依靠外在的力量。而在孟子的思想中，人的完善主要依靠自身内在的力量。

告子的主张与 X 理论类似，而孟子的主张与 Y 理论类似。孟告之争似乎表现出两者处于截然不同的立场，但在宋明儒学的视域中，孟告之争被整合在一个更为完整的人性论系统中。宋儒将告子的人性论称为气质之性，而将孟子的人性论称为天地之性。宋儒认为，人如果被外在的杂染所蒙蔽，其所表现就是气质之性。一旦杂染去除，则恢复本有的天地之性。因此，气质之性只是天地之性蒙蔽的表现而已。而这种思想在刘宗周、黄宗羲一系的儒者中获得充足的发展。黄宗羲认为：

> 造化流行之体，无时休息，中间清浊刚柔，多少参差不齐，故自形生神发、五性感动后观之，知愚贤不肖，刚柔善恶中，自有许多不同。世之人一往不返，不识有无浑一之常，费隐妙合之体，徇象执有，逐物而迁，而无极之真，竟不可见矣。[①]

"造化流行之体""有无浑一之常，费隐妙合之体""无极之真"皆是指良好的完善状态。但世人由于经验世界中陋习遮蔽的缘故，只是"徇象执有，逐物而迁"，于是就有所偏向，造就了蒙蔽的状态。因此，在黄宗羲看来，整体是完善状态，由于整体的蒙蔽而将部分误作整体则造就了初始的不完善状态。但是，人的本性是趋向完善的，由不完善转变为完善，根本力量来自于人的内在本性。在黄宗羲的哲学系统中，完善本性相当于孟子之性，蒙蔽的初始状态相当于告子之性。告子之性相当于孟子之性蒙蔽后的部分表现。因此，儒学人性论思想的发展结果，是将孟告之争由对立性转化为包含性，这与麦格雷戈运用马斯洛的需求层次理论而将 X 理论纳入 Y 理论领域中，具有异曲同工之妙。

[①] （明）黄宗羲：《宋元学案·濂溪学案下》，载《黄宗羲全集》第三册，浙江古籍出版社2005年版，第609—610页。

2. 日用伦常

儒家思想中对于完善状态的认同与麦格雷戈 Y 理论的自我完善具有极大的相似性。而儒家所秉持的完善状态的体现一定存在于日用伦常之中与麦格雷戈的依存关联又有十分相近的地方。

> 告子曰："食色，性也。"①

在告子的理论中，人的需求只是食欲和性欲。这在马斯洛的需要层次理论中仅仅处于生理需要。而孟子和黄宗羲却看到了人的更为高级的需要。

> 恻隐之心，人皆有之；羞恶之心，人皆有之；恭敬之心，人皆有之；是非之心，人皆有之。恻隐之心，仁也；羞恶之心，义也；恭敬之心，礼也；是非之心，智也。仁义礼智，非由外铄我也，我固有之也。②
>
> 圣贤之精微，常流行于事物，故足以开物成务。③

人的内在完善并不与外在的他人它物完全隔绝，而是必然体现于他人的它物之中。"父子有亲，君臣有义，夫妇有别，长幼有序，朋友有信"④ 构成了儒家理想的伦理世界。固然四端之心根本上来自于人的内在力量，但其实现一定要展现于具体的人事之中，儒家不认可有脱离了五伦而能自我完善的人。可见，儒家所主张的人的依存关系并不是来自于单向度的生理需要或安全需要的满足，而是来自于更高层次需要的满足。这体现在如下的两个方面：一方面是内在德性自我完善，一方面是日常

---

① 《孟子·告子上》，载（宋）朱熹《四书章句集注》，中华书局 1983 年版，第 326 页。
② 同上书，第 328 页。
③ （明）黄宗羲：《通议大夫兵部职方司郎中太垣靳公传》，载《黄宗羲全集》第十册，浙江古籍出版社 2005 年版，第 601 页。
④ 《孟子·滕文公上》，载（宋）朱熹《四书章句集注》，中华书局 1983 年版，第 259 页。

伦理的和谐互助。这种思想在王阳明的诗句中得到了充分的表达，其曰："不离日用常行内，直造先天未画前。"① 前一句阐发了人的依存关联的伦理向度，后一句说明了人的自我完善的自足特质。

三 中西管理方式的会通

成中英先生认为："麦格雷戈所说的'X 理论'相当于西方的理性管理传统，'Y 理论'相当于东方的理性管理传统。"② 基于人性论假设上的相似度，Y 理论与中国管理方式却有会通之处。Y 理论的管理方式在于满足员工的高级需要，协助员工在相互依存中自我完善。儒家思想虽然没有针对企业的专论，但在儒家政治思想中（如黄宗羲的《明夷待访录》），亦有相类似的表达。

1. 君王与万民

黄宗羲所处理的君王与万民的关系，类似于管理者与员工的关系。黄宗羲认为：

> 有生之初，人各自私也，人各自利也；天下有公利而莫或兴之，有公害而莫或除之。有人者出，不以一己之利为利，而使天下受其利，不以一己之害为害，而使天下释其害。③

黄宗羲所言的"自私自利"不是指人与人的生物性需求上的敌对状态，而是指每个人都有自我完善的倾向。"有人者出"是指理想中的君主或管理者，他的作用就是保障每一个人都能够自我完善。因此，黄宗羲高喊"以天下为主，君为客"④。君王或管理者所奋斗的目标是在每个人

---

① （明）王阳明：《别诸生》，载《王阳明全集》，上海古籍出版社 1992 年版，第 791 页。
② 成中英：《C 理论：中国管理哲学》，载《成中英文集》三卷，湖北人民出版社 2006 年版，第 235 页。
③ （明）黄宗羲：《明夷待访录·原君》，载《黄宗羲全集》第一册，浙江古籍出版社 2005 年版，第 2 页。
④ 同上书，第 3 页。

自我实现要求上的整体和谐。

2. 三代之法与法外之意

黄宗羲所处理的天下之法，类似于一种管理规则。黄宗羲认为：

> 三代之法，藏天下于天下者也；山泽之利不必其尽取，刑赏之权不疑其旁落，贵不在朝廷也，贱不在草莽也。①
>
> 使先王之法而在，莫不有法外之意存乎其间；其人是也，则可以无不行之意；其人非也，亦不至深刻罗纲，反害天下。故曰有治法而后有治人。②

黄宗羲认为，理想中的三代之法是藏天下于天下，自主权都赋予天下之人。而现实中施行的是权力集中的一家之法。在施行一家之法的情况下，无论管理者有无能力，都被刻板僵化的一家之法所辖制，被层层督察所监管，故管理者只能消极应付。而天下之法与之相反，天下之法是为了促成每个人的自我完善，这是订立规则的"法外之意"，故规则并非刻板僵化。管理者可以灵活运用规则，如果规则已经成为阻碍人发展的桎梏，则管理者可以突破规则之不足而施行"法外之意"。

黄宗羲所谓的一家之法类似于麦格雷戈所反对的 X 理论管理方式。当我们转置一家之法到企业管理领域时，正如麦格雷戈所指出的那样，企业设计考核制度不仅是为了更加系统地控制员工的行为，同时也是为了控制管理者的行为。比如，对员工进行目标管理的职位说明书就存在着极大的弊端。"职位说明书的主要价值在于：（1）满足组织规划人员追求条理和系统化的需要；（2）让高层管理者放心，每个人手中都有一份文件来告诉他们应该做什么。危险的是，这两部分人都有可能认为职位说明书描述就是实际情况。"③ 僵化的规则成为桎梏，人的主动性被物化

---

① （明）黄宗羲：《明夷待访录·原法》，载《黄宗羲全集》第一册，浙江古籍出版社 2005 年版，第 6—7 页。

② 同上书，第 7 页。

③ ［美］麦格雷戈：《企业的人性面》，中国人民大学出版社 2008 年版，第 78 页。

的规则所左右。人实际上并不愿依照强加的规则工作，于是产生阳奉阴违的伎俩。管理者为了防止这种情况，进行层层监督。真是"法愈密而天下之乱即生于法之中，所谓非法之法也"①。

黄宗羲所谓的三代之法与麦格雷戈 Y 理论的管理方式有相似的指导精神。当我们转置三代之法到企业管理领域时，则会注重创造一个促使员工发挥各自才能的工作环境。在工作上给予员工更多的自主权，实行自我控制，鼓励员工开展协商式管理，参与目标的制定和决策，并完善自我考核。麦格雷戈指出，在此管理方式下，如果还有人打算推行传统的激励制度和考核制度，那他犹如"向因纽特人推销冰箱"一样无功而返。

四　中西差异与互补

从以上的对比分析中，可以看出麦格雷戈的管理理论与儒家思想有很多相通点。但我们不可否认的是，中西管理思想仍旧存在着一定程度的不同。

1. 自我完善的基础

儒家的自我完善的基础在于人人本来具足的良知天理。良知天理为超验的根本存在，虽然本身无形无相，却能够持续不断地发挥着积极的作用。良知天理的运作必然在经验层面上得到表达，促成个人四端之心的萌发以及在事事物物上格物致知，从而成己成人，开物成务。

麦格雷戈的自我完善的基础在于马斯洛的需求层次理论。需求层次理论只是经验层面的反思，即使最高层次的自我实现需要，也仅仅是实现个人潜力的需要、自我持续发展的需要和最大限度发挥创造力的需要。② 这些需要都缺乏追求超越存在的维度。

将自我完善建立在经验基础上，更易于被未受哲学训练的一般人接

---

① （明）黄宗羲：《明夷待访录·原法》，载《黄宗羲全集》第一册，浙江古籍出版社 2005 年版，第 6—7 页。

② 参看 [美] 麦格雷戈《企业的人性面》，中国人民大学出版社 2008 年版，第 228 页。

受，但亦容易被经验反例所质疑。将自我完善建立在超验基础上，更易于已接受者的笃信躬行，但不容易被经验主义者所接受。我们不妨做一融通，将麦格雷戈的自我完善当作儒家的良知天理在经验层面上的展现，而儒家的良知天理亦是麦格雷戈理论中自我实现的终极情感依托。

2. 管理对象的侧重

儒家虽然肯定正面人性，但也正视初始状态中人性蒙蔽的状态，故特别注重转化初始状态到完善状态的工夫实践。儒家的工夫论侧重于自我管理。即使在群体管理中，作为管理者的圣王亦被要求有很高的德行。葛荣晋指出："孔子曰：'政者，正也。''正'即'正人'，既'正己'又'正人。'所谓'正己'（或'修己'），就是强调管理者必须通过道德修养，提高自己的内在道德素质，树立自己的良好外在形象，实施成功的'形象管理'。在管理场中，管理者是主体。只有首先管好自己，才能管好他人。'正己'（或'修己'）是'正人'（或'治人'）的前提和基础。所谓'正人'（或'治人'）是指在'自我管理'的基础上，如何提高管理水平与管理艺术，实施有效的管理。"[①] 在儒家思想中，这种正人先正己的管理态度尤其适用于管理者，要求管理者具有较高的道德因素，从而形成令人敬仰的人格魅力。

麦格雷戈并没有对管理者提出类似的要求，Y理论中管理者的素质似乎只是协助员工开发其自我完善、自我控制的能力。

在当下中国的企业管理实践中，管理者自身的道德素养和知识素养需要补充和提高，而儒家思想在这一方面提供了丰富的精神养料。

3. 管理思维的方式

在现代学科划分中，中国传统管理大都限于伦理学、教育学、政治学等领域。虽然在宽泛管理领域内，伦理学、教育学、政治学的相关思想可以兼容并取，但落实在具体的企业管理中，大量的企业管理专门理论并没有现成的理论资源可以借鉴。由于中国传统缺乏知识理性，即使在伦理学、教育学、政治学等领域也缺乏相应的具有知识论特色的理论

[①] 葛荣晋：《简论中国管理哲学的对象和范围》，《哲学动态》2007年第2期。

构架。

西方不但在伦理学、教育学、政治学等领域积累了大量的管理实践和理论，由于引领工业革命之先，在企业管理领域也产生了丰硕的成果。西方企业管理的专门理论不但已成系统，而且流派纷呈，在具体的企业管理上形成了一套具有知识论特色的组织规范。即使在偏重企业人性的 Y 理论中，其思维方式和逻辑理路的严谨性都超过了时下中国管理哲学的相关著作。

中国管理注重情义上的混融，而缺乏知识理性的精确。在当下中国的企业管理实践中，需要借鉴西方企业管理的流程图式和组织规范，弥补这一传统影响的不足。

在中国当下的企业管理实践中，以 X 理论为背景设定的并不少见，而闹得沸沸扬扬的富士康员工跳楼事件或许就是这一理论设定的可悲后果。因此，企业的人性面可以说正是中国企业管理的重要关注点。我们可以吸取西方管理理论注重知识体系的优长以及中国传统思想中注重管理者自我德性修养的优长。在超验的天理良知的情感寄托下，于群体合作中表现出自我完善的现实需求。我衷心希望，Y 理论与中国儒家思想会通的工作或许对于创建中国管理模式有所帮助。

第三节 中西社会空间与巴纳德组织理论

公民道德是何种意义上的道德？对于这个问题的理解在现阶段存在着较大的模糊性。公民道德包含公民与道德两个核心概念。由公民的概念可以深入探讨人的生活空间，并将之区分为公共领域与私人领域。由道德的概念可以剖析道德的两个维度：道德的自主性与道德的普遍性。道德的自主性是说善要从自我意志出发，善不是强加给人的外在目的。道德的普遍性是说善是可以被普遍承认的，不是每一个人都可以自己对善作出独特的定义和自我的理解。

道德与人的活动空间的结合而成就公德与私德。一般认为，公共领域中的道德可谓公德，私人领域中的道德可谓私德。然而从西方公民理论的发展史上来看，道德的普遍性、自主性与公共领域、私人领域的结合并不顺利，甚至在一定程度上具有去彼取此的矛盾。如何处理这些矛盾，并通过重新厘清公德与私德从而为公民道德建设的发展铺平道路，这是新时期公民道德建设的重要课题。

一　西方公民理论中公私道德问题的缺陷

在西方公民理论中，按照历史的轨迹可以大致划分为希腊城邦型社会理论和欧美契约型社会理论。当我们以公德与私德对之进行相关考察时，则两者既有所长，又有所短，但总体上皆有所不足。

1. 希腊城邦型社会形态中的公私道德问题

希腊城邦型社会建立的理论基础是共和主义，它将人看作是普遍联系的、合乎整体的存在。因此，希腊城邦型社会中的公共领域得到极大的彰显，而私人领域则几近萎缩。公民身份的确立主要建立在公共领域的基础之上，并在公共领域的群体交往与政治互动中达到公共善。在城邦型社会形态中，道德与公共领域紧密地结合在一起。城邦民众的自主性和普遍性的认同奠定了道德的两个维度，并构成了作为城邦最高价值的公共善。

在此社会形态下，公民身份和公民道德都体现在群体性的公共领域中。可以说，公民道德大致就等同于公共领域的道德，而私人领域则被放逐到生活世界的边缘，更妄论私人领域的道德。

2. 欧美契约型社会形态中的公私道德问题

欧美契约型社会建立的理论基础是自由主义，它将人看作是独立的、单子的存在。社会的构成主要来自于个体让渡的自我权力，通过契约来建立和限定各自的权力范围。每一个个体所让渡的权力转变为公共权力，以形式化、客观化的契约形式（法律制度）来保障个体权力，同时个体权力也被契约所限定以防止其逾越应有的界限。因此，欧美契约型社会既有自由的私人领域，又有规范化的公共领域。人与人的交往就发生在这两种领域中。初看起来，道德在私人领域中表现为私德，在公共领域中表现为公德。然而其间的问题是,道德本身具有的普遍性与自主性却无法真正获得满足。当道德落实在私人领域中时,道德的自足性得到满足,却丧失了道德的普遍性。私人领域中的何种私人关系可以称为道德的?道德的判断标准完全在于私人领域中由个体自我决定。个体自我可以自我定义道德与不道德的标准,于是道德成为相对化的东西。当道德落实在公共领域中时,道德的普遍性得到满足,却丧失了道德的自主性。公共领域中人的行为已经有所规范,如何操作仅仅是既定的程序而已。共同认定的规范程序虽然具备普遍性,但人之所以这么做,完全可能是机械化、职业化的缘故,他们缺乏内心真正的价值认同和德性推动。

在此社会形态之下,公民在私人领域虽然具有自主性,但不具有普遍性;公民在公共领域虽然具有普遍性,但不具有自主性。因此,虽然契约型社会兼具公共领域与私人领域,但道德的意义并不完备,导致私人领域内的道德沦落为主体情感欲望,公共领域内的道德固化为客观规则制度。[①]

在西方公民理论的历史发展上,古希腊城邦型社会的公民道德虽然具备了道德性,并以公共领域独大的方式来成就公德,但由于缺乏私人领域,私德几乎无法彰显。欧美契约型社会的公民道德缺乏道德的普遍性与自主性,虽然具有公共领域与私人领域的区分,但公德与私德的道德维度又有所欠缺。也就是说,在满足道德的普遍性与自足性的同时,就容易丧失公私领域的分际;在满足公私领域的分际的同时,却无法兼得道德的普遍性与自足性,这是西方公民理论中关于公私道德问题的缺陷。

二 中国古典公私理论的启示

西方公民理论中公私问题偏向于人所活动的外在生活空间,而中国古典思想中公私问题本身即具有内在的道德意义,并且这种道德意义与

---

① 参看李兰芬、朱光磊《全球视域下公民道德的理论省察——以道德性与公共性为维度》,《哲学动态》2013年第10期。

人的外在生活空间又具有极大的关联性。

1. 道德本身即出自公心

儒家从仁心来树立道德意义，仁心之发动本来具有普遍性与自发性。仁心在偏重自主性上讲是良知，在偏重普遍性上讲是天理。公是指自发性中具有普遍性，私是指自发性中不具有普遍性。公就是道德，私就是不道德。比如，心由良知天理而发动，即是道德，也就是公；心不由良知天理而发，即是不道德，也就是私。朱熹认为："循理而公于天下者，圣贤之所以尽其性也；纵欲而私于一己者，众人之所以灭其天也。"[1] 遵循天理或放纵欲望，皆具有自主性；然而放纵欲望就是蒙蔽自我的道德普遍性，这是私于一己；而遵循天理就是显现自我的道德普遍性，这是公于天下。

2. 道德与他人他物的关联

人心无论公私，必有所发动，必有所实践。发动与实践即会促使与其关联的他人他物产生改变。孟子说："仁，人之安宅也；义，人之正路也。"[2] 当人心遭遇到某人某物而某人某物又是不完善时，人心就会有所不安，认为某人某物应当如何如何才能趋向完善，从而通过实践来促成其完善，相应地人心才能由不安而转为安。人心觉得应当如何如何，就是义道。义者，宜也。义道连接着人心与某人某物，由此可以说：人心为主宰，义道为动力，某人某物为格致对象。当人心行使义道之举时，某人某物就会得到改善；当人心行使不义之举时，某人某物就会加速恶化。儒者认为，如果从公心出发，自我就需要维护普遍性的权益（即他人的权益），甚至于牺牲自我的权益；但若是从私心出发，自我就会损害普遍性的权益（即他人的权益），从而增加自我的权益。所以，一个秉持公心的君子，他不但具有道德心，而且在后果上也能够促进他人的权益。一个流于私心的小人，他不但不具备道德心，而且在后果上也会损害他人的权益。孟子曰："仁者如射，射者正己而后发；发而不中，不怨胜己

---

[1] （宋）朱熹：《四书章句集注》，中华书局1983年版，第219页。
[2] 《孟子·离娄上》，载（宋）朱熹《四书章句集注》，中华书局1983年版，第281页。

者，反求诸己而已矣。"① 孟子用射箭来比喻人的行为。人的行为发端于仁心，举措于他人他物。心正则对待他人他物亦得其正。这就好比射箭时先正己，然后能够射中目标。引申开来说，箭好比是义道，一方面它连接着作为正己的仁心，另一方面它连接着作为目标的他人他物。儒者的公私可以看作是连接内在道德与外在客观事物的两种途径。公是得天理之公，它在内在性上是道德的，在外在性上是成就他人的。私是循人欲之私，它在内在性上是不道德的，在外在性上是成就自身的。

儒者将行为所取得的效果之好坏与道德直接联系起来。因此，对于外在性的事物的实践效果又取决于内在性的公心。内在性的公心成为行为者的核心。

3. 道德的扩充与生活空间的扩大

在义道所行使的对象上，他人他物也不是固定的，而是随着仁义扩充力量之强弱而有范围大小之别。一个人最初可以仅仅关爱自己的亲人，但他需要以此为基础，将己心来忖度他人之心，也感受到其他人对他的亲人的关爱，从而由关爱自己的亲人而扩充到关爱他人的亲人。《大学》将此扩充过程进行了规整地描述："心正而后身修，身修而后家齐，家齐而后国治，国治而后天下平。"② 一人之身的德性修养的生成发展可以从针对一家之人的关爱扩充至针对一国之人的关爱。孟子曰："推恩足以保四海，不推恩无以保妻子。古之人所以大过人者无他焉，善推其所为而已矣！"③ 在儒家看来，义道所行使的范围需要由仁心力量的推动，由小到大，由近及远，最终目标是为了实现天下的完善。（天下不是国家的进一步在空间性上的扩大，而是人的生活世界的整体状态。）④

天下的整体完善并非一蹴而就，它最初发端于心中的德性，并在家、国的范围内得到逐步的实现。因此，最为彻底的公可以说是心怀天下，

---

① 《孟子·公孙丑上》，载（宋）朱熹《四书章句集注》，中华书局1983年版，第239页。
② 《大学》，载（宋）朱熹《四书章句集注》，中华书局1983年版，第4页。
③ 《孟子·梁惠王上》，载（宋）朱熹《四书章句集注》，中华书局1983年版，第209页。
④ 参看李兰芬、朱光磊《社会管理创新的儒学解读——儒家天下观与当今社会的会通及其现代转型》，《中国人民大学学报》2013年第4期。

最为彻底的私是心中德性的蒙蔽。蒙蔽破除一层，则天下显现一分，这是一个无穷累进的过程。在此累进过程中，又有无数的中间阶段。此阶段和前阶段相比，心中德性更为有所扩充，格致的对象更为趋近天下的整体完善。那么，此阶段较之前阶段而言，此阶段可为公，前阶段则为私。同理，此阶段和后阶段相比，此阶段为私，而后阶段为公。举例而言，一个只知道关爱自身的人与一个关爱家人的人相比，后者比前者仁心的力量更为强大，关爱的范围更为广阔。后者为公，前者为私。但是，如果这个关爱家庭的人仅仅固守于家庭，而对待非家庭成员以邻为壑，那么他所固守的家庭范围内的公又成为了一个私。同样道理，在一个小团体中，固然在团体内部可以互相关爱，达到暂时的公，但若团体成员固守这样的范围而无视团体外部的世界，则仍旧属于私。在儒家看来，固守的公就会异化成私，而私的不断扩充则会演化成公，故自发性与普遍性都要不断地日有所新，真正的德性因而生生不息。

三 借助组织理论的整合途径

中西传统对于公私问题的探讨为当代中国公民道德的建构提供了有利资源。我们需要在一种综合创新中重新确立公民道德的道德意义与公私领域的分际。巴纳德的组织理论给予我们一种有效的提示。

巴纳德区分了正式组织与非正式组织，他认为非正式组织是"不确定的，而且没有固定结构和确定的分支机构。我们可以将其看成是一种没有固定形态的、密度经常变化的群体"[1]。正式组织是"有意识地协调两个或两个以上的人的活动或力量的一种系统。在存在合作的任何一种具体情境中，都包含着几种不同的系统，有些是物质系统、有些是生物系统、还有些是心理系统等，把所有这些系统组合成为具体的合作整体的共同要素，就是上述定义所说的组织"[2]。巴纳德认为非正式组织会产生三类结果：其一，非正式组织产生某些自发的人际关系。"在非正式组

---

[1] [美]巴纳德：《经理人员的职能》，机械工业出版社2013年版，第87页。
[2] 同上书，第56页。

织所产生的结果中，最普遍、直接的结果就是形成了一些风俗、道德观念、民俗、习俗、社会规范和理想。"① 在此意义上，最大的非正式组织就是我们生活的社会。其二，非正式组织促成正式组织。"非正式联系是正式组织在形成之前必须具备的一个条件。要使共同目的能够得到认可，沟通成为可能，合作意愿的精神状态能够获得，都必须有一个事前的接触和初步的相互作用过程。"② 可以说，非正式组织奠定了正式组织形成的基础。其三，当正式组织与非正式组织都同时存在时，两者之间就会产生如下的关系："非正式社会的态度、习俗和风俗对正式组织产生影响，并且在一定程度上通过正式组织表现出来，它们是同一现象中相互依存的两个方面——社会由正式组织构成，而正式组织则由于非正式组织的存在而具有活力并受其影响。"③

如果我们将巴纳德的组织理论运用到公民道德的公私领域中来看，就容易创造性的发现一些可以相互对应的关系。我们所生活的世界可以从逻辑上分作两种状态。一种是原初自然状态，一种是后发构筑状态。在原初自然状态中，人纯粹是自发性地维护自我的生存权与发展权。这里面蕴涵着两种契机，一种是维护每个人生存权与发展权（可能包含维护自我的生存权与发展权，也可能牺牲自我的生存权与发展权），由此而产生道德；一种是扩大自我的生存权与发展权，损害他人的生存权与发展权，由此而产生不道德。在后发构筑状态中，人与人之间的关系由纯粹自发转变为通过契约而客观化。此契约的达成既可以是利他性的维护每个人的生存权与发展权的道德意愿的客观化，也可以是利己性的维护自我的生存权与发展权不被他人所侵犯的私意考量的客观化，或者是兼有上述两种可能的客观化。无论通过何种可能，只要人与人的关系获得契约式的客观化建立，那么每个人的生存权与发展权就获得了保障。这种契约式的客观化关系可以体现在人类生活的多个领域，可以针对不同

---

① ［美］巴纳德：《经理人员的职能》，机械工业出版社2013年版，第87页。
② 同上书，第87—88页。
③ 同上书，第90页。

个体,不同群体,不同行业,其突出表现就是法律法规的制定和执行。我们可以说建立在这些契约关系基础上的生活空间为公共领域,而此公共领域之外的其他生活空间为私人领域。

原初自然状态在巴纳德组织理论中为非正式组织,它是酝酿正式组织的基础;在西方公民理论中就相应于自然状态;在中国儒家传统中可以称为"混然中处"①状态。后发构筑状态在巴纳德组织理论中是正式组织和非正式组织互相依存互相影响的状态;在西方公民理论中就相应于人为状态,包含正式组织的公共领域和非正式组织的私人领域;在中国儒家传统中可以称为"有家有国"状态。需要指出的是,原初自然状态未必是一种真实,或许仅仅是为了更好地说明后发构筑状态而在理论上所做的一种设定。而在后发构筑状态中,客观化的正式组织虽然是社会主流,但自发式的非正式组织一直在发生着作用和影响。非正式组织既是建立正式组织存在的基础,又是在积极意义上促成正式组织发展的力量和在消极意义上瓦解正式组织客观性的力量。

从西方契约型社会理论上看,自然状态与人为的契约状态不但有截然两分的嫌疑,而且在一定程度上还抬高契约状态、贬低自然状态。通过组织理论的整合,则可以凸显自然状态的奠基性,即使在人为的契约状态中,自然状态仍旧在发挥着重要的作用。这种注重自然状态永久力量的倾向在中国儒家理论中就颇为显著。

从中国儒家传统的理论上看,公共领域与私人领域具有较大的模糊性和相对性。通过组织理论的整合,则可以将儒家外王学中的家庭、社群、邦国纳入到组织理论中。儒家虽然没有契约型的理论,但在历史上也具有治理国家的文官系统,可以视为正式组织。而将正式组织的理念

---

① "混然中处"来自张载《西铭》:"乾称父,坤称母;予兹藐焉,乃混然中处。"牟宗三先生借此语来翻译海德格尔的 Dasein。牟宗三说:"'混然中处'一语来自张横渠,在海德格尔,即指人的存在之起点之'日常性(every-dayness)'说。日常性是指未分化成任何决定的可能说,这是他的人的存在之分析的起点。未分化成任何决定的可能就是'混然'。'中处'是中处于世界(being-in-world)。"牟宗三:《智的直觉与中国哲学》,《牟宗三先生全集》第20卷,联经出版社2003年版,第459页。本书承牟宗三之义而用之。

置于儒家理论中，则儒家在道德意义基础上成就其扩充对象都需要获得客观化的架构保障。这些架构的终极基础源自于天理，而天理即显现在每一个人的道德意识中。因此，架构成立的合法性来自于每个个体的道德认同，这与契约论成立的人性论基础虽然不同，但在既成之后的保障上，则有异曲同工之妙。如此，儒家的外王学就可以吸收西方契约论界限分明的优长。

四　道德与权责的两种类别

通过以上的整合，我们可以在如下两种状态中讨论道德：其一，在原初自然状态中的道德；其二，在后发构筑状态中的道德。

1. 在原初自然状态中的道德

在公民道德的讨论视域中，道德可以视作对于他人的生存权与发展权的维护与促进的意愿。这些意愿需要个体的自觉，并且其他个体也能够自觉认同此意愿，由此而保障自主性与普遍性。

在原初自然状态中，人需要获得人的存在以及存在的继续发展，并为了人的存在以及存在的继续发展而付出努力。如果人仅仅限于自身，那么自身为了自身的生存与发展而付出，他所获得的就是自身的生存与发展。但是，人不是独存的个体，他需要在同类的交往中维持生存，这种考量必然涉及他人。如果仅仅考虑自身的存在与发展不顾及他人，自身就会影响和损害他人的生存与发展；那么自身作为他人视域中的他人，自身的生存与发展也会同样遭到他人的影响和损害。这样一种普遍性的推论导致每个人都在原则上不仅仅要保障和促进自身的生存与发展，更需要保障与其交往中的所有人的生存与发展。当一个人不以自身的生存与发展为限，而考虑到保障和促进他人的生存与发展，则可以就此赋予其道德意义。

自然的道德意义来自于人的自然本身。我们可以说，人之所以为人，已经具有天然的权力与天然的责任。天然的权力意味着人应该获得生存权与发展权，天然的责任意味着人应该维护人的生存权与发展权。在原初自然状态中的道德就是成就每一个人的生存权与发展权。

2. 在后发构筑状态中的道德

在原初自然状态中的道德虽然是自主而普遍的，但它难以得到稳定的维系。这种道德意愿和道德行为不得不处于主观的、纷杂的、变化的状态之中。而在后发构筑状态中，此道德意愿得以客观化成为制度规范。客观化的制度规范在对于每个人的生存权与发展权的保护上可以具有稳定的维系。维系的力量不是诉之于诸多个体的自主性行为，而是出自于制度规范奖善罚恶的强制性机制。因而，这些制度规范虽然来源于原初的主观自发性，最终的落实却成为客观他律性。

客观他律性的制度规范构筑出人与人交往的关系网。关系网分成无数个位置，每个人可以在其中获得其名分。此名分限定着这个人应该获得什么，应该付出什么。名分上应该获得什么，属于自然状态下人应该获得什么的部分表现；名分上应该付出什么，属于自然状态下人应该付出什么的部分表现。对于在此名分位置上的人而言，他应该获得什么，是他的职权（职位规定的权力）；他应该付出什么，是他的职责（职位规定的责任）。职权与职责组成了一张广大的形式化的网络系统，从而将自然状态下的道德意愿客观化。

在后发构筑状态中，人既处在正式组织中，又处在非正式组织中。在正式组织中，人的行为已经被职业所规定，获得与付出已经有精确的量化，原初的道德意义在普遍性上得到加强，在自发性上则逐渐丧失。虽然所有人的职权与职责总和是为了维护和促进人的生存权与发展权，但若局限于规定的名分范围内，这种宏观的价值旨向则会遭到遗忘，正式组织的规定也会逐渐僵化。在非正式组织中，人的行为仍旧是不定的，他尚处在未规定、未客观化的主体境界中，对于自然状态的意愿仍旧保有一定的残余。因此，非正式组织可以具有一种自发性的动摇正式组织的力量，它或许是出于自私的意愿去动摇正式组织的客观公正，组建以自我为中心的小团体；或许是出于公心而推动正式组织进一步完善，更好地体现落实原初自然的道德意愿。由此，在后发构筑型状态中，道德就可以从两个层面说：其一，从宏观层面，虽然契约化的规定具有外在强制性，但这种外在强制性的初衷是为了实现原初自然状态的道德意愿，是为了保障每个人的生存权与发展权。因此，如果从长时期和整体上看，遵守制度规范就是道德。只是此道德的自主性经过了一层曲折和让渡，成为客观化的表现。其二，从微观层面，个体自发性以公心出发，纠正和改善僵化的正式组织的规章制度，使其重新走上道德的轨道；或者在无法纠正僵化的规章制度的前提下，个体自发性地做一些制度外的补充，比如慈善救济等，从而在最终结果上也得以趋向原初自然状态下的道德意愿，那么这些个体行为也属于道德。

五 公民道德的公德与私德

公民不是天民，不是自然民，其所处的社会状态不是原初自然状态，而是后发构筑状态。公民道德的公私，需要从内在主体性上区分公、私，从而引出道德与私情的区分；从外在客观性上区分公、私，从而引出公德与私德的区分。

1. 道德与私情的区分

道德与私情皆从内在性立言，其区别在于前者出于公心，是自发性的、普遍性的主体意愿；后者出于私心，是自发性的、非普遍性的主体意愿。由于内在性的不同而导致外在关联对象亦有不同：私情偏向部分的限定，道德追求整体的扩充。但是私情与道德仍旧可以转换。私情之所以被认为是对的，因为执此私情者的生活交往仅仅限于一个家庭、一个朋友圈、一个小团体，他将此生活交往中的人当作和自己一样的人看，而将生活交往之外的人当作工具而麻木不仁。因此，他在僵化的生活交往圈子内，认为自己无不出于公心，但视野一旦出此圈子，则无不以此圈子权益为重，故又是私心。故其自发性明显，而普遍性有所欠缺，由此而导致关联对象的狭隘。

正式组织的客观化要求具有强制性，其目的是为了维护公民的生存权与发展权。强制性促使执此私情者的普遍性有所发展，但自发性可能会有回落。执私情者被强制地遵守规章制度，虽然客观上维护了公民的生存权与发展权，但由于缺乏自发性，不属于公民道德。如果执此私情者通过接受教育，能够破掘僵化的小团体、小圈子的认同，而将利他性的认同扩充拓展，则对于规章制度由被强制地遵守转变到自觉地遵守，就可以说属于公民道德。

2. 公德与私德的区分

从道德上说，无论公德、私德都是出于公心。其所以谓之公与私，不是指公心与私心，而是指公共领域与私人领域，公共领域有所构筑和限定，私人领域则在构筑与限定的范围之外。公德与私德的区别是：公德是在公共领域中得以客观化表现的道德（此道德出于公心）；私德是在私人领域中非客观化表现的道德（此道德亦出于公心）。因此，公民道德意味着在后发构筑状态中的道德，包含了非客观化的私德和客观化的公德。

公民遵守规章制度（包含依照客观合法程序重新制定更为合理的规章制度），客观性最为突出，但自发性不明显。规章制度是一种强制性的制约，但我们不能由此而将之仅仅当作一种非道德的他律性限制，而要将之看作是群体性的道德意愿的客观化表现。因此，自觉遵纪守法就是公德，自觉恪守职责也是公德，公德是公民道德的基础组成部分。

公民注重礼仪礼节，既有客观性，又有自发性。礼仪礼节是对于群体性道德意愿的一种软性的辅助和补充。在强制性和客观性上不如规章制度，但在自发性上高于规章制度。因此，博文约礼也可以成为公德，是公民道德的提升拓展部分。

公民热衷慈善救济，在客观性上不要求人人都如此，但自发性则最为显著。慈善救济也是对于群体性道德意愿的一种软性的辅助和补充，但它没有客观化，纯属个体自我行为。因此，助人为乐可以看成是私德，是公民道德的自觉自发部分。

规章制度依靠法律制裁，礼仪礼节依靠社会舆论，助人为乐依靠良知主宰。我们需要看到，法律制裁、社会舆论的根源需要建立在自发性、普遍性的道德意愿基础上，并且是道德意愿的客观化形式。客观化形式是道德的曲折表现，良知主宰是道德的直接表现。第一种情况道德客观化最为彻底，而为公德；第三种情况自主性最为关键，而为私德。第二种情况介于第一、二种情况中间，由于具有客观化成分，故大致归属于公德。

综上所述，公、私从内在言，公是道德的公心，私是不道德的私心；公、私从外在言，公是客观化，私是非客观化。公民道德之公民概念揭示出一个包含客观化正式组织与非客观化的非正式组织的有机社会状态。在此社会状态中，公民道德之公德就是经由正式组织客观化的道德意愿，公民道德之私德就是经由非正式组织非客观化的道德意愿。两者互为补充，共同保障和促成每个人的生存权与发展权。

第四节　儒家社会公私空间的理论架构

道德基础奠定了社会秩序的运行规则。无论是社会规则的持续还是变更，其合理性需要依靠此道德基础的证成。正如金里卡所认为的那样，道德哲学与政治哲学之间，有一种根本性的关联。一方面，道德哲学为政治哲学提供了背景又确定了边界。道德义务的某些部分是通过公共机构进行强化的公共责任，某些部分则是涉及个人行为规则的私人责任。另一方面，对公共责任的任何解释都必须能够契合更宽广的道德框架：这种道德框架既要能够容纳又要能够说明我们的私人责任，甚至区分出公共责任和私人责任之间的差异。[1]

传统中国的道德基础即为儒家的道德理论，儒家的道德理论与传统中国的社会秩序具有根本性的关联。在社会秩序上，存在着公共秩序与非公共秩序这两大形态。此两大形态既共享着同样的道德基础，又由于道德基础所发挥的作用有所区别而表现出差异。

由于思想体系的差异，中西对于公共秩序与非公共秩序的理解也有较大的区别。与西方在原子个体的基础上建立的契约论社会的公私空间不同，儒学社会的构建并非以独立的原子个体为基础，而是建立在"人

---

[1] 详见［美］威尔·金里卡《当代政治哲学》上，上海译文出版社 2011 年版，第 5—6 页。

同此心，心同此理"的公共善基础之上，并在"心同理同"的实践扩充上表现出范围广狭之异，并在不同范围内建立其相应的秩序规范。这些不同范围内的秩序规范在常态下可以互补，在非常态下可以互相制衡，甚至产生替换。

一 论儒家社会秩序的四维构筑：理、情、义、法

儒家以天理良知为最高价值取向，其在生活世界的实践表现，主要凭依具体化的情境而表现为情，凭依抽象化的情境而表现为义。而儒家立法的基础，则在于立法者对于立法所规范的范围是否具有真实的情与义。

1. 理：社会秩序的德性根源

在儒家的道德理论中，道德最为核心的要义需要从根本的人心上立言，如孔子所谓仁，孟子所谓四端之心。这种道德心灵被认为是无论人具有何等习性，都必然具有的普遍性、公共性的价值取向，亦即实施主体没有牵涉到其自身利益、思维惯性、文化定势、周遭境遇时，均能作出的具有一致性的判断趋势。在儒家的思想中，自身利益、思维惯性、文化定势、周遭境遇属于后天的气的范畴。这些气禀鉴于主体所处的不同境遇而呈现出不同状态，并对主体的自由选择产生影响。因此，儒家理想中的自由选择，应该不被后天经验所限制左右，这种不被气禀左右的一致性的判断趋势的形上来源，被解释成先天的纯粹之理。

儒家认为，先天之理是人人所能禀具的，而且无时无刻不在发挥着作用。但在其落实于经验世界之时，必然通过道德主体的气禀而透出。鉴于气禀的差异，道德主体的实践行为就会有所不同。但这些不同，并不是被各种自身利益、思维惯性、文化定势、周遭境遇所牵制的不同，而是从普遍的道德立场对治各种自身利益、思维惯性、文化定势、周遭境遇的不同。可以说，真正的道德，应该由纯粹的先天之理来发动，并进而落实在现实经验世界中，实施主体并不被后天之气所限制，反而破决后天之气的限制，并以此道德心灵对经验世界进行研究认知与发展完善。如此，则理能够主宰其气，气的运行则依循于理，经验世界的运行

在道德心灵的主宰与实践下能够不断获得改善。

道德心灵落实在气化的世界中，大致可以作出两类区分。一类是此气化世界与道德主体具有密切的具体的关系，一类是此气化世界与道德主体具有疏远的抽象的关系。前者主要体现在家庭关系上，后者主要体现在公共关系上。在此两种不同的气化世界中，道德主体的价值投射会产生一定的差异。

2. 情：家庭关系中的价值投射型态

在家庭关系中，血缘的联系可以让双方非常熟悉，故仁爱之情发生在具体的人物与具体的情景之中，理最为容易凭依于亲情之爱而投射出来。王阳明说："知是心之本体，心自然会知。见父自然知孝，见兄自然知弟，见孺子入井自然知恻隐，此便是良知，不假外求。"[①] 有父、兄之爱的家庭是作为助缘的周遭境遇。在此指境遇中，良知天理最为容易投射而出。譬如一颗种子，其生长的核心力量在其自身内在的生命力，但生命力的最初表现则在抽芽的那一瞬。于是，那一抔尘土，一缕阳光，一丝雨露，则成为抽芽最大的助缘。良知天理就如同内在的生命力；亲人就如同尘土、阳光、雨露；孝悌之情的良知发动就如同抽芽。故而，在诸般道德中，儒家首倡家庭道德。在家庭道德中，又首倡孝道。因为对于一个亟待教化的蒙童而言，孝道最为容易发动扩充起来。

此外，儒家也看到了等差之爱，亲亲之杀的现实状态，即人对于自己的亲人容易亲近关爱，对于陌生人不容易亲近关爱。对于容易亲近关爱的对象，则容易引发道德心灵；对于不容易亲近关爱的对象，则不容易引发道德心灵。因此，儒家主张道德心灵的发动扩充需要有次序，可以由易而难。一方面，由互动最为密切的家庭关系出发，而说"孝悌也者，其为仁之本与"，另一方面又鼓励推己及人，不能将天理的扩充仅仅停留在家庭范围，而是需要"老吾老以及人之老，幼吾幼以及人之幼"，由自己家人而推广到其他人，由家而国，由国而天下。

在家庭关系中的家规即以仁爱之情的应然性为基础。儒者称之为义。

[①] 王守仁：《传习录》，上海古籍出版社 2000 年版，第 173 页。

义者，宜也。这种应然性的条约化，就是礼法，亦即所谓秩序。情具有具体经验性，义具有超然客观性。义可以视为情的抽象化与普遍化。可以说，情感是道德发动的最初源泉。道德最初从情感面向投射而出后，而在情感世界的抽象化与普遍化的过程中，又产生了理性化的变动。道德又可以鉴于理性的面向投射而出。完整地说，情感与理性都表现出道德，只是前者更为直接，后者较为间接。

3. 义：公共关系中的价值投射型态

具体的场景和人际的互动容易促发仁爱之情，而远距离的抽象理解则不易促发仁爱之情。如梁惠王见牛觳觫而心怜之，故以羊易牛。梁惠王与牛在具体的场景中，故见牛觳觫而容易发动其恻隐之心；与羊不在具体的场景中，故羊对于梁惠王而言，仅仅是一个概念，故不容易因羊死代替牛死而对羊生起不忍之心，更不会对没有真切场景触动的百姓之困顿产生恻隐之心。当德性主体由熟人关系中抽身而出，进入更为广阔的世界，那么人与人的关系愈来愈陌生化，具体性转变为抽象性。德性所关注的就不是具体的、唯一性的某某父子、某某兄弟、某某夫妇、某某友朋等，而是作为抽象的父子普遍类型，兄弟的普遍类型，夫妇的普遍类型，友朋的普遍类型，甚至可以说只是作为一个个常人的普遍类型。在这种普遍类型中，差异化消失，而同质化开始呈现。

这种陌生化、抽象化、普遍化、同质化，缺乏活生生的具体情境的互动，容易导致情的削减。这时候，如果仍旧要维持一种道德的秩序，就需要从熟人社会中处于间接状态的理性的义极大地发挥出来。道德在情感面向的投射变弱，而在理性面向的投射增强，最终甚至完全以理性的面向来展现自身。

4. 法：情与义在其真实呈现的范围内的行迹化表现

无论是具体经验性的情，还是超然客观性的义，都应是理投射到对象上的所发。虽然情偏重于具体化的场景，义偏重于普遍化的场景，但都能显现道德。相反，如果情与义没有理的主宰，情会成为任意的溺爱，义会成为小团体的义气。也就是说，对于气化世界的立法，需要以德性为基础，德性的范围有多大，立法的范围就有多大。对于家庭的立法，需要以对家庭的关爱为基础；对于社群的立法，需要以对社群的关爱为基础；对于国家的立法，需要以对国家的关爱为基础。如果德性的范围比较小，以关爱某一社群的态度来为国家立法，那么此法必然偏向其所关爱的社群，而对于其他社群不利。因此，立法之正义性与其德性之范围的内在联系显示：如果德性的范围包含了立法的范围，那么所立之法即是良法，所谓"无偏无党，王道荡荡。无党无偏，王道平平。无反无侧，王道正直"[①]；如果德性的范围小于立法的范围，那么所立之法即是恶法，所谓"位卑而言高，罪也；立乎人之本朝，而道不行，耻也"[②]。

二 论情义对于法的独立性与对峙性

儒家对于社会规范的理解，由理而情，由情而义，由情、义而法。法是最为客观的，行迹化的存在，而其基础却来自于情与义。天理是儒学中至高的存在，但必须通过情与义来表现自身。因此，情与义就成为从德性到规范过程中最为关键的中转站。鉴于情与义的关键作用，儒者在一定程度上保持情与义的独立性地位，正是为了保证生成良法的源泉不被堵塞，并对既成之法提供一个提防机制。甚至在情义与法产生冲突时，选择情义的行为仍旧获得儒家的尊重。

1. 保持情义独立性地位的理由

情与义需要在一定程度上保持独立性，从而对于公共性的法起到维持活力或者纠偏改错的功用。但在某些情况下，情与义也可能在体现理的过程中滞于某一范围而无法继续扩充破决。如此，从表面上看，滞而不发的情义与普遍公共的法就产生了对峙。但是即使如此，在儒家的理论中，这种滞而不发的情与义也得到了一定程度的认可与保存。

在家庭关系上，我们可以举亲亲互隐的例子；在国家关系上，我们可以举伯夷叔齐的例子。这些例子，都是情义不能破决其原有的范围，

---

① （清）孙星衍：《尚书今古文注疏》，中华书局2004年版，第305页。
② 位与德配，位卑即德性狭私。以狭私之德性而论天下之事，无不利于己，故曰罪也。查看《孟子·万章下》，载（宋）朱熹《四书章句集注》，中华书局1983年版。

但是在其范围内却能够显现理,故虽然与法有所抵触,但儒家仍旧给予相当程度的赞同。① 无论是亲亲互隐还是伯夷叔齐以遗民心态不食周粟,都是肯定情与义的独立性地位。如果情与义之外的礼法是非正义的,那么情与义的独立地位自然获得支持;但如果情与义之外的礼法是正义的,那么情与义的独立地位仍旧获得支持;甚至在于,如果情与义之外的礼法是正义的,而情与义本身仅仅凝滞于某一范围而不得扩展,情与义的独立性仍旧在相当大的程度上获得支持。

从亲亲互隐上看,如果父亲违法,无论是违背良法还是恶法,亲亲互隐的独立性的道德地位不会丧失。从伯夷、叔齐的事件上看,如果政权更迭,无论是新的良政替换旧的暴政,还是新的暴政替换旧的良政,遗民孤忠于旧朝的独立性的道德地位也不会丧失。

亲亲互隐代表着非公共性的情,伯夷、叔齐代表着非公共性的义,他们虽然仅仅凝滞于某个范围与时代,没有办法扩充至整全,但此情此义都与天理相连,虽然在枝叶上未有生长,但在根源上则与大道相通。这种根源的力量需要得到保存,任何整全的道德发动都需要经过这一环节,然后继续发展至完善的礼法。亲亲互隐的非公共性的情彰显了孝道,伯夷、叔齐的非公共性的义彰显了忠道,他们虽然有所偏滞,但都在自己所处的伦常范围内做到了尽己之心。

之所以要坚持这种独立于公共性礼法的孝道与忠道,是为了确保忠、孝都出自实施主体的道德心灵,而不是被外在的权威和规则所左右,避免愚忠愚孝的产生,进而杜绝独断专制塞闭天下。孝道在于子对父的情

---

① 在亲亲互隐与大义灭亲的对峙中,表面上看,亲亲互隐侧重于情,而大义灭亲侧重于法,要让情统一于法。支持亲亲互隐者,可以说此亲情如孝道是理之自然的呈现,而法为恶法,故要亲亲互隐;支持大义灭亲者,可以说此情是相互包庇的私情,而法为公正的良法,故法律面前人人平等,不能徇私枉法。在伯夷叔齐与汤武革命的对峙中,伯夷叔齐侧重于义的固有性,不被新的具有绝对性力量的礼法系统所左右;而汤武革命则是侧重于义的创造性,颠覆原有的法,重新塑造合乎理、合乎义的法。后世遗民以伯夷、叔齐自诩者,则以为忠义之道为理之自然流露,而新政权为乱臣贼子之篡夺,新政权之礼法为非法;支持汤武革命者,则以为现有之礼法不合乎天理,为非法之法,故应该以合理之义扩充而颠覆原有之恶法,发动替天行道的革命。上述观点的争论,都是在此是彼非或者此非彼是的前提下的评论,是其所是,非其所非,而没有挖掘出情与义独立性的意义。

感，忠道在于臣对君的道义，在此自主而活泼的关系中，天理自然而然呈现出来。如果孝必须要与公共性礼法保持一致，那么孝就丧失了其自身独立的地位；如果忠必须要与公共性礼法保持一致，那么忠就丧失了其自身独立的地位。保持忠、孝的独立地位，则可以给予心灵以宽松的自主的地位，从而与根源上的天理相通；丧失忠、孝的独立地位，虽然与客观公共的礼法保持一致，却已经使其与心灵之理切断了联系。如果某种统治文化，道德不是政治的基础，而政治反而是道德的基础，就是舍本逐末，所薄者厚，所厚着薄，尽管声称自己代表的是天理，其实已经沦为不正义了。

儒家的政治文化里，允许孝情独立于公共性的礼法，允许忠义独立于公共性的礼法。前者的涵义在近年来"亲亲互隐"的争论中已经得以充分发掘，故此处暂略。后者如春秋公羊学中存亡继绝，存二王之后。虽然在主流叙事体系中，前二朝已经处于反面地位，但仍旧要保持前二朝宗庙的延续。比如，周朝在天命在周的情况下，仍旧保留杞国来延续夏礼，保留宋国来延续殷礼。那么，周天子的子民，观夏礼可入杞，观殷礼可入宋。后世中国历代统治者对于遗民未必会赶尽杀绝，甚至在政治格局平稳后还有一定的尊重与礼遇。

由上述可知，情与义的独立性正是公共性礼法的道德基础的重要组成部分，故本可以决定末，末不可以决定本。本在末面前，应该具有独立地位。在两者未产生直接冲突之际，不应该采取你死我活、非此即彼的态度，而是要适当保留情与义的独立地位，让道德心灵的根源保持自身的活力。

2. 情义与法对峙下的互动原则

倘若情与义的独立性与礼法的公共性产生直接的冲突，儒者又应该如何选择？在情与公共性礼法的对峙中，例如舜为天子，瞽叟杀人，舜该如何选择？在义与公共性礼法的对峙中，例如伯夷、叔齐作为殷之小邦之君，周武王伐商兴周，伯夷、叔齐如何选择？

陈乔见先生在处理舜的问题时，创造性诠释了《礼记》中"门内之治恩掩义，门外之治义断恩"的含义，认为"'门内'即家庭私人领域，

'门外'即国家与政治公共领域。质言之,儒家处理家庭事务与家庭关系以'恩'(情)为主导原则,同时兼顾'义'的原则,即所谓'恩掩义';处理国家公共事务则以'义'为原则,不考虑'恩情'的因素,即所谓的'义断恩'。"[1] 可见,礼法的规则是门外关系,属于政治公共领域;情与义是门内关系,属于家庭私人领域。

在"子为父隐,父为子隐"的例子中,两者都是门内关系,故以恩情为重。在舜的例子中,舜为天子,父亲犯法,舜应该秉公处理。同时,舜又身为其子,感情上有所不忍,故弃天下,放弃自己的公职,并以私人身份,窃负而逃。也就是说,如果舜以天子身份干扰司法,则是不正义的;但若舜放弃了天子的公职,以私人身份亲亲互隐,则被儒家所默许。当然,若舜仍旧位于天子之职,则必须依照公共性的礼法行事,大义灭亲,也是赞许的。

伯夷、叔齐让国而逃,放弃孤竹国的公职,则已从公共性礼法中抽身而出。在武王伐纣时,叩马而谏曰"父死不葬,爰及干戈,可谓孝乎?以臣弑君,可谓仁乎?"伯夷、叔齐仿佛无视商纣残暴无道,仅仅以父死不葬、以臣弑君这些凝滞化的忠义原则来谴责武王。等到天下宗周,伯夷、叔齐隐于首阳山,则完全是以个体的忠义与公共性礼法相抗衡。殷纣在儒家的系统中是残暴的昏君,武王伐商,顺天应人,故为儒家的圣贤;伯夷、叔齐忠于殷,而以殷之遗民自居,也被儒家尊为圣贤。儒家所表彰伯夷、叔齐者,则在于其保留了忠义的独立性地位。

由上述两个例子可知:对于个体而言,倘若选择主体并非处于公职,则其可以保留情与义的独立地位;倘若选择主体处于公职,他就有两个选择,其一,继续担任公职,持续维持其道德心灵扩充的权利范围,放弃情与义的独立偏滞地位而依照公共性秩序行事;其二,放弃担任公职,道德心灵的范围收缩至个体私人领域,从而仍旧保留情与义的独立地位,并由个体担任其法律后果。这种选择,都具有道德性,都被儒家所认可。

---

[1] 陈乔见:《公私辨——历史衍化与现代诠释》,生活·读书·新知三联书店2013年版,第258页。

只有既担任公职，又以公谋私，才是儒家所反对的小人行为。

三 论公共性秩序与非公共性秩序的互动关系

独立性的情与义所在的小范围亦可形迹化其应然之礼法，比如家规、族规、乡约等，可以称这样小范围的人事关系的存在为非正式组织。而情与义扩充至整体，则形迹化为公共性的礼法，并对社会运作奠定立法的基础，可以称这样的整体的范围的人事关系的存在为正式组织。正式组织具有的秩序对于整体有效，故为公共性的秩序，非正式组织具有的秩序只对部分有效，故为非公共性的秩序。

儒者追求完善的正式组织的公共性的秩序，同时也保留非对抗性的非正式组织的非公共性的秩序。这两种秩序可以互动。非正式组织与正式组织，在常态下显现为互补关系，在非常态下则显现为对抗、替代关系。

1. 公共秩序与非公共秩序的互补关系

从互补关系上看，一方面，保留非正式组织的非公共性秩序，可以保留发源于理的情与义，给整体的存在留有持续的动力；另一方面，完善正式组织的公共性的秩序，可以将个体从非正式组织的非公共性秩序中发生自我突破，促使其德性扩充至整体社会。儒家的这层态度，可以从其反对侠士，以及反对法家上获得印证。

侠士以小团队的非正式组织为归宿。对于社会问题，他们不通过正规渠道诉诸公共性秩序来纠偏，而是完全诉诸私人团体的道德信念，通过行私法来纠偏。这是以非公共性的态度取代公共性。在儒家看来，这些行为都是以气质之私来行事，并不能达到天理之公。侠士团体私意的纠偏，只会瓦解公共秩序，导致山头林立，军阀割据。孔子在教导子路时，批判了南方之勇，北方之勇；孟子批判孟施舍、北宫黝之勇，这些勇都是鼓荡气命，而没有性理的根基。他们仅仅能凭靠气命之激荡而扫除现有的秩序，但并不能有效生成新的良性的秩序。在这里，现有的秩序可能是恶法，也可能是良法，但无论其对抗是恶法还是良法，破除性的力量仅仅以自身气命之鼓荡而出之，无法持续建立一个稳定的良法。

　　法家则以吏为师,公共秩序贯彻到家庭私人领域,通过外在秩序统一了人的肉体、精神上的一切行动。法家统治下的人,不但行动上被外在秩序所规范(此规范的方法是就人的生物性来进行赏罚),心灵之所思所想亦被术所胁迫。人的主体自由性被尽量缩减,建基于自由上的道德情感发动亦难于形成。儒家反对法家,正是由于法家所建立的公共性秩序不以每个人的内在道德为支持,而是依靠某种权威来维持。如此,必然是群体的无权,少数个体总揽了群体的权利并以法家的权力运作体系来维持其统治。因此,在儒家看来,法家之法是无根的,没有群体德性的支持,反而泯灭群体的德性。

　　侠士以情义为本,缺乏道德性之根基;法家以名法为本,亦缺乏道德性之根基。虽然侠士以破决现有规范见长,但建设性不足,终不能确立良性秩序;法家以维持现有秩序见长,但僵化滞固,终不能更化开新。儒者介于两者之间,以德性为本,情义与礼法兼重。若情义有德性之根本,则此情义虽与现有礼法存在距离,但仍有保存价值,故儒家亦可承认非正式组织的合理性地位。若礼法有德性之根本,则此礼法亦需保存其性理发动之情感源泉,故正式组织亦应该包容非正式组织。

　　在互补关系中,非正式组织的规范可以弥补正式组织的规范的不足,但不能违反正式组织的规范。儒者的态度,保留正式组织与非正式组织并存的状态,用非正式组织之柔性的情义来弥补正式组织刚性的法制之不足。例如,中国古代王权不下县,地方自治主要依靠宗族的维持。春杨认为:"正是由于家法族规包含了大量有关和睦乡里、维护乡土社会治安、调解纠纷等方面的规定,有效地弥补了国法之不足。晚清时期封建统治者也充分认识到宗族势力对稳定乡土社会秩序的重要性,大力扶植宗族势力的发展,积极肯定家法族规的有效性。家法与国法因此形成一种良性互动的关系,共同构成乡土社会纠纷调解的重要依据。"[1] 虽然春杨研究的是晚清的社会秩序,但此结论可以适用于大部分时期的儒家

---

[1] 春杨:《晚清乡土社会民事纠纷调解制度研究》,北京大学出版社2009年版,第276页。

中国。

2. 公共秩序与非公共秩序的对抗、替代关系

从对抗、替代关系上看，如果原有的公共秩序已经僵化，丧失其道德基础，而非正式组织却逐渐获得道德基础，则会产生原有正式组织与非正式组织的对抗，最后要么促使原有正式组织开始自我反省，改革为有活力的正式组织，要么原有正式组织被新的正式组织所替代，新的正式组织革命成功。

在此非常态的情况下，儒家比较主张温和的改革，不太主张革命。在《孔子家语·致思第八》中有一段记载：

> 子路为蒲宰，为水备，与其民修沟渎。以民之劳烦苦也，人与之一箪食，一壶浆，孔子闻之，使子贡止之，子路怨然不悦，往见孔子曰："由也以暴雨将至，恐有水灾，故与民修沟洫以备之，而民多匮饿者，是以箪食壶浆而与之。夫子使赐止之，是止由之行仁也。"孔子曰："汝以民为饿也，何不白於君，发仓廪以赈之？而以尔食馈之，是明君之无惠，而见己之德美矣。汝速已则可，不已，则汝之见罪必矣。"①

鲁国发动民众来修沟渎，却没有发放慰劳品。此事从子路的立场来看，民众在修沟渎，却没有慰劳，这是错误的；子路自己出资来劳民，是仁义的表现，是正确的。但是，子路自己出资劳民，却是表达了一种新式秩序来对抗原有的正式组织的秩序，以自己的非正式组织来架空正式组织。因此，孔子制止了子路这样去做。孔子建议子路告之君，使君发仓廪之食。其意义在于，不是另立一套秩序，而是更新改善原有的正式组织的秩序。也就是说，在常态中，儒者对于非正式组织的态度，可以并行于正式组织，其能补足正式组织之不足，但绝不能对抗正式组织。如果正式组织有缺陷，主要依靠促发此正式组织自我调节的机制，让它

---

① 《孔子家语》，中华书局 2011 年版，第 80 页。

改善更新，而不是取而代之。

但是，如果正式组织的秩序已经完全丧失自我更新能力了，这个时候非正式组织就可以取而代之，由非正式组织转为正式组织。而原有的僵化滞固的秩序也就被新的更为合理的秩序所取代。这里最为突出的事例就是汤武革命。夏桀、商纣的统治秩序已经僵化滞固而无法产生新的转变，他们仅仅徒有表面的权威，却失去了民心，而且还无法更新，故需要外于其系统的力量来推翻之。这种新的力量应该具有义理的基础，故汤武革命，顺天应人。孟子在与齐宣王讨论可否伐燕时，论述汤武革命的合理性，说：

> 《书》曰："汤一征，自葛始。"天下信之，东面而征，西夷怨；南面而征，北狄怨。曰："奚为后我？"民望之，若大旱之望云霓也。归市者不止，耕者不变。诛其君而吊其民，若时雨降，民大悦。《书》曰："徯我后，后来其苏。"①

新的秩序的合理性在于德性，需要获得原有秩序下民众的支持，如此则为替天行道。如果原有秩序不受到民众的支持，而新的秩序也不受到民众的支持，那么这种替代就不具有合理性。孟子说：

> 今燕虐其民，王往而征之，民以为将拯己于水火之中也，箪食壶浆以迎王师。若杀其兄父，系累其子弟，毁其宗庙，迁其重器，如之何其可也？②
> 齐人伐燕。或问曰："劝其伐燕，有诸？"曰："未也。沈同问：'燕可伐与？'吾应之曰：'可。'彼然而伐之也。彼如曰：'孰可以伐之？'则将应之曰：'为天吏则可以伐之。'今有杀人者，或问之曰：'人可杀与？'则将应之曰：'可。'彼如曰：'孰可以杀之？'则

---

① （宋）朱熹：《四书章句集注》，中华书局1983年版，第222—223页。
② 同上书，第223页。

将应之曰：'为士师则可以杀之。'今以燕伐燕，何为劝之哉！"①

燕的旧有秩序不被民众所支持。而齐国伐燕，其新制定的秩序仍旧不被民众所支持，这就是以燕伐燕。在孟子看来，只有天吏才能伐燕。天吏者，即顺天应人。天意从民心中见，唯有得到燕民支持者，才能真正替天行道，其人则真正可为天吏。

对于替代原则，孟子给出一个判断的标准。"取之而燕民悦，则取之。古之人有行之者，武王是也。取之而燕民不悦，则勿取。古之人有行之者，文王是也。"② 作为天吏的革命者所投身的革命事业是为了现有政权下的民众，且获得民众的支持。也就是说，革命者仁爱的范围可以关怀到整体的民众，且其发政施仁被民众所支持与认可，这样其革命事业才具有合理性。由此可见，儒者并非完全维护既有的统治。在天命民心转移的前提下，推翻现有政权，建立新的秩序，也具有合理性。③

由上述阐释，大抵可知在儒家理论中，公共性秩序与非公共性秩序可以并存。秩序的存在，如礼法等，需要以情义为基础，情义又是天理由人心所透出。故秩序的根本在于理。公共性秩序的确立，在于此理之展现可以关怀天下之整体。而非公共性秩序的确立，仅仅在于此理之展现可以关怀天下之部分。儒家承认人的等差之爱，故关怀天下之整体必由关怀天下之部分发展而来，且这种发展需要自然而然，不能由外在律法的强制或者功名的诱惑。而且，关怀由部分延伸至整体，关怀由具体性逐渐转变为抽象性，由情为主逐渐转变为义为主，故对于天下整体的关怀不可能具体到每一细节，而只能以客观抽象的礼法来进行保障。这个时候，对于部分的关怀的非公共秩序就具有存在的必要。它既是具体

---

① （宋）朱熹：《四书章句集注》，中华书局1983年版，第246页。
② 同上书，第222页。
③ 事实上，历史上很多政权的更迭，起义者并非如传说中汤武那样为天吏。在很大程度上，他们仅仅在情与义的独立性上反对既有的公共性秩序，故大多是以燕伐燕的状态。但是，一旦他们夺得了政权，儒者则期望他们能够用天吏的态度来维持其统治，即所谓"逆取顺守"。虽然历史未必如儒者的愿望，但一个政权要长期稳定维持，则必然要依靠民意的支持，故或多或少在取得政权之后，要让民众休养生息，施行仁政，巩固执政基础。

的,可以补足公共秩序偏于客观性的不足;它又是根源的,可以不断唤醒人们秩序的根源在于内在的德性。

在此意义上,情与义具有独立于公共秩序的价值,其所建立的非公共秩序也有独立于公共秩序的价值,并发生补足、对抗替代等互动关系。补足关系以一元为主,多元并存。一元为主,以确定情与义扩充至天下整体为主体;多元并存,即以情与义限制于诸多部分为补充。对抗、替代关系在于正式组织与非正式组织或者两方都失去了德性的根源,或者一方失去了德性的根源。儒家一般不赞同对抗关系,即使正式组织的公共秩序出现问题,儒者也主张通过协调来纠正正式组织的公共秩序之误。只有正式组织的公共秩序完全丧失了自我更新的任何可能时,并且天下人心都不向原有秩序而向新兴秩序时,非正式组织替代正式组织才具有合理性。然而,即使产生汤武革命式的替代,其间也会流血漂杵,生灵涂炭。相比之下,我们或许更应该努力去改良既有的公共秩序。

第三章

儒家空间理论建构中的普遍公民道德

近来公民道德的提法逐渐盛行开来,但很多关于公民道德的理解似乎比较模糊。何谓公民道德?公民道德之道德与传统道德是什么关系?公民道德的公民与社会形态是什么关系?这些问题仍旧亟待回答,概念仍需进一步厘清。

第一节 公民道德中的公共性与道德性

儒家文化是中华民族智慧的结晶。它源自于中国古典传统,具有鲜活的生命力和发展力,在传统性中开出现代性,在民族性中融摄世界性,在文化的特殊性中蕴涵着普世的价值。

正是由于儒家文化的独特价值,它的基本精神对于我们理解公民道德的相关问题具有极大的启示性。从儒家文化的思路入手,我们或许可以寻找出一条有助于新时期公民道德建设的发展路径。

一 公民道德的公共性问题

回答何谓公民道德,需要厘清公共性与道德性这两大概念。在此基础上再分析公民道德的独特的文化意蕴。

公民道德的公共性的概念源自于西方社会形态的自身特征。在现代学术界的主流话语中，主要是指以自由主义理论为基础的契约型社会。契约性社会的核心要义是承认每个个体的原子式的存在状态。由于每个个体都与其他个体为有限的资源产生冲突，故通过契约的方式尽可能获得最低限度的制约和最高限度的自由。契约型社会中的核心价值观是自由，个体为了防止自我的自由权利遭到侵犯，故需要保证他者的自由权利，并限制居于自我与他者之上的最高权力。因此，平等的意义在于确立契约在保证每个个体自由生存上的公平实施；民主的意义在于防止契约所赋予的保证每个个体自由生存的最高权力僭越自己的职能范围。

契约型社会所显示出的公共性是在契约论基础上所建立的群己关系。如果仅仅从原子式的个体出发，那么只有个体性以及个体性的无限扩张，最后形成一个扩大的私人领域，而无法真正涉及公共性的问题。如果仅仅从普遍性的规范出发，那么只有外在于个体的强制要求，只有个体的绝对服从而缺乏个体的自愿参与，这是一种伪作的公共性，其实也无法真正涉及公共性的问题。只有既考虑个体的自主性又考虑到他者的自主性，并在尊重诸多个体自主性基础上所达成的普遍意愿，才能企及公共性的真实涵义。"个体须经由契约而结成社会，而使社会生活得以和谐，又必须将个人主义同普遍的法则、普遍的道德统一起来；倘若没有具有普遍的约束力的法则，契约便难以维系。因此，在社会契约论那里，个人主义是其出发点，而结论则具有普遍主义的性质。"[①] 在此意义上，公共性是指个体与其他个体通过契约所构成的具有普遍认同的群己交往空间，而在契约论所约定的范围之外，亦即个体私人范围内，则不具有公共性。

公共性虽然表面上显示了普遍性，但基础却是诸多个体的特殊性，是在特殊性中凸显的普遍性。当我们进一步追问此普遍性何以能够在诸多特殊性中达成，则必然认为虽然在显在的层面诸多个体是不同的，但其间必然潜在地具有共通的平台。不然，诸多特殊性之间达成一致必然缺乏可能。如果此普遍性在公共领域中必然地将会达成，那么即可以说

---

① 姜迎春：《契约伦理与道德责任》，《淮阴师范学院学报》1999年第1期。

普遍性已经先期地蕴涵在特殊性之中。因此可以说出如下的逻辑次序：首先，普遍性的潜在；其次，特殊性的显在；再次，普遍性通过特殊性而显现。

在西方的契约论传统中，"特殊性的显在"与"普遍性通过特殊性而显现"这两个层面获得突出的表现，但"普遍性的潜在"却遭到理论忽视。而在中国传统中，"普遍性的潜在""特殊性的显在""普遍性通过特殊性而显现"都有所顾及。这一意义充分体现在宋明儒学的"理一分殊"的概念中。"理一"从本体的意义上而言，则是"普遍性的潜在"，理固然普遍存在事事物物之中，又是东西南北人同此心心同此理，但若没有经过后天工夫的锻炼，则先天的本体也难以在经验生活中得到体现。"分殊"的根本是气的驳杂。"特殊性的显在"体现在气质的禀赋上，气有清浊厚薄、阴阳五行之异，故经验世界也呈现出诸多不同的风貌。然而，对于这种气质上的特殊性，则在中国传统中仅仅具有消极意义。气质的波动没有获得天理的贞定，则气质的流动会杂乱无序，成为物欲情感的肆虐。所以，如果单纯讲"理一"，则实理只是潜在的有，没有健全地显现出来，导致人们去追寻脱离世界而虚无缥缈的境界。如果单纯讲"分殊"，则只在经验现象上实然地承认事物个体的合法性，失去超越的价值指引和改善的批判力量。儒家十分注重人的内在超越性，即既看到人内在于世界，显现出诸多的特殊性，又要看到人超越于世界，在诸多特殊性上具有普遍的价值诉求。更为可贵的，这种普遍的价值诉求需要真正地落实在诸多个体的特殊性中，不离开特殊性来谈普遍性。

由于西方契约论的传统注重个体的自由，因此"特殊性的显在"成为正面而积极的目的，"普遍性通过特殊性而显现"成为维持前者的工具性手段。而中国传统注重个体的内在超越，"特殊性的显在"反而具有负面而消极的意义，"普遍性的潜在""普遍性通过特殊性而显现"成为正面而积极的意义。在西方社会，由于缺乏"普遍性的潜在"，"普遍性通过特殊性而显现"作为手段则具有较大的可量化的明确性，故形成一套以民主为基础的法制程序，在民主上谈特殊，在法律上谈普遍。而在中国传统社会，"普遍性通过特殊性而显现"作为目的，成为一种高超的境界。因为中国人的普遍性并不是法律意义上的普遍,而是"理一"的普遍,是"与天地一体之仁"的普遍,其实现起来也需要落在特殊性上而展示出不同的风采。作为手段而有较大量化色彩的普遍性则是帮助特殊性的个体由其"普遍性的潜在"而达至"普遍性通过特殊性而显现"的礼治。礼仪具有一定的普遍性,但较之于法律,其普遍性只适用于一时一地,很容易随着时代倾向的改变而改变,所谓"礼有损益"。

虽然在中国传统文化中,缺少西方意义上以契约论为基础的公共性。但当西方意义的公共性成为现代性的主流体现并发挥其良好作用时,中国社会的现代化也需要吸收兼容西方社会的长处与优点。

中国传统的公共性理论之长处在于具有"普遍性的潜在"的本体论涵义,以及在日用伦常中"普遍性通过特殊性而显现"的"一体之仁";其失在于缺乏对于独特个体的尊重,以及维护个体权益的民主法治。换句话说,中国传统注重普遍性的群体关系中的人,并以本体意义上的普遍性的落实为目的,对于现实意义上的普遍性倒并不注重。而西方传统注重特殊性的个体自我的人,并通过民主法制来进行切实地保障,故对于现实意义上的普遍性十分注重。故中西文化传统中虽然共同具有普遍性与特殊性的关怀,则因为侧重点的不同,而在公共性上呈现出不同的样态。

中国现代的公共性建设,需要吸收西方传统中的注重公民个体的自由精神,处理对等的自我与他者的关系,其所展开的是具有最低限度的自我保障,最终通过法制来规范人我。

二 公民道德的道德性问题

公民道德的道德性需要回答在公共领域中的道德与在私人领域中的道德的区别。事实上,在公共性规范化立场上,很多伦理意义上的道德仅仅成为局限于私人领域的道德,而不能在公共领域中获得成立。人己关系的公共性确立是通过契约论为基础的法制进行保障,道德在与他人相处的区域内并不能够规范他人的言行。举个现实的例子而言,一个成年男子,他在以下何种情况下是具有道德的?第一种情况,他闯红灯但公交车上给老人让座；第二种情况，他不闯红灯但公交车上不给人让座。在中国传统中甚至现实情形中，第一种人是比较多的，并且从世俗的标准看，大家也认为他是道德的。第二种人仅仅遵守交通法则，在此事件上不具备道德。但如果我们严格地从公民道德的视域来看，遵守交通规则属于契约型的法律规则，是公共领域的事项。因此，遵守交通规则具有公共性。而公交车上给老人让座，则属于让座者的私人德行，不在公共领域。也就是说，如果一个他者不遵守交通规则，我完全有权利可以要求他人遵守交通规则，并且通过交通警察来强制施行，法律规范是对于所有人都适用的。但如果一个他者不给老人让座，我没有权利要求他者让座，我至多只有劝诫的义务，而无法强制施行。当他者仍旧不让座时，他者不应该为了这一行为损失任何合法权益，而我的干涉只好停止。

在传统意义上，道德虽然表现为伦理上处理自我与他者的关系，但其实质并非如此。自我与他者的关系仅仅是自我与内在良知的表现而已。自我的欲望情感与源出于内在良知的是非感之间谁居主宰地位才是道德问题的核心所在。就如王阳明所说："夫求理于事事物物者，如求孝之理于其亲之谓也。求孝之理于其亲，则孝之理其果在于吾之心邪？抑果在于亲之身邪？假而果在于亲之身，则亲没之后，吾心遂无孝之理欤？"[①] 自我与亲人是一对伦理关系，但此伦理关系仅仅是自我与内在良知天理的关系的外化而已。如果自我能够听从自我内在良知的绝对命令，则自我就会与他者或者他物发生相应的积极关系，此是道德的；如果自我被欲望和情感牵着跑，内在良知的感召被付之阙如，则自我也会与他者它物发生相应的消极关系，此是不道德的。

正是由于正视内在良知的力量，个体才能超拔自己，在举世皆浊我独清的意义上获得灵魂的觉醒；也正是由于内在良知的力量，个体的良知所使然的行为可以和社会的浊习来进行不懈的斗争。因此，良知的呼唤不一定与社会习以为常的伦理教条相一致，甚至有完全对立情况的发生。如果一个人媚于良知的力量而屈从于流俗，尽管在世俗层面上看他

---

① （明）王阳明：《传习录中》，载《王阳明全集》，上海古籍出版社1992年版，第45页。

的选择是善的，其实良知已经告诉他自己这么做是恶的，只是他内心用各种理由为自己辩护，徒然自欺欺人而已。

由于良知的自我内在性，决定了良知功用的发挥仅仅在私人领域中可以奏效。如果其僭越私人领域，而去规范他人，则对于他人而言，并非是他人自身良知所决定的行为，而是外在于他人自身的强制。此种强制由于他人畏惧于我的权威则不得不服从，于是导致了伪善的发生，即他人的貌似符合道德标准的言行决策并非出于其本心。

因此，在公共领域自我与他人的关系上，道德并不能真切的发生必然的作用，只能是没有强制权只具建议权的道德劝诫，而真切发生必然作用的仅仅是法律规范。他人必须接受的是法律规范，如果不接受就需要受到相应的惩罚；他人接受道德劝诫与否则无必然性，完全在于他人自身的选择。最终起到决定作用的，仍旧是他人自身良知的呼唤或者良知的蒙蔽，与外在的强制无关。也就是说，从纯粹的意义上说，公共领域根本是非道德的。这非道德并非是不道德的恶，而是无所谓善恶的状态而已。道德性需要处理层级的自我与良知的关系，其所展开的是具有最高宗旨的提升自我，最终通过礼治来开导人我。

这样，我们就进入了理论的悖反，既然道德是私人领域，而公共领域只能谈法律，那么公共领域的道德问题如何解决。儒家文化的理论资源在一定程度上可以为这样的悖论提供一条合理解决的路径。

三 儒家文化与公共善的内在联系

法律的强制性规范与道德的劝说性引导是两条不同的道路，这两条道路分别体现了自由的两个面向。法律的作用是限定公共领域内自由的范围，至于个体在私人领域中如何行为，则在不触犯法律法规的前提下，可以自由选择。这是自由的消极面向。道德的作用是指定自由的方向，无论在公共领域还是私人领域，都促使自我在良知的召唤下来从事自己所觉得义不容辞的事业。这是自由的积极面向。

消极自由是为了防止他人对于自我的权利的篡夺，积极自由是为了更高程度的自我完善。如果只有积极自由而缺乏消极自由，那么积极自由不是针对自我，而是针对他人，则会僭越消极自由的界限，成为泛道德主义的以理杀人。他人也会丧失自身的良知，成为唯命是从的良知自虐者。如果只有消极自由而缺乏积极自由，那么个体就会随波逐流，成为欲望情感的束缚物。

我们谈公民道德，需要在积极自由的私人领域与消极自由的公共领域之间建立一座可以沟通的桥梁，这就是公共善的创立。

公共善的创立与儒家文化的和合思想具有紧密的内在联系。儒家文化中的和，体现了诸多要素协调的秩序。儒家文化中的合，体现了诸多要素统一的联系。从和的意义上，如"君子和而不同、小人同而不和"①，其义在于尊重个体之间的差异性与特殊性，并进一步认为这种差异性与特殊性可以相互协调地联系在一起。从合的意义上，如"天人本无二，不必言合"②，其义在于揭示不同个体在本体意义上的根本一致性，并认为这种一致性是一切冲突"仇必和而解"③的内在动力。儒家文化的独特意蕴在于，既尊重个体的差异性，又承认差异的诸多个体背后具有一致性的本体力量。当我们以西方契约论来看待公民道德问题时，由于缺乏"普遍性的潜在"，故在公共领域中只有以契约论为基础的法律制度来作为消极意义的普遍性保障。但是，一旦我们意识到在儒家文化中的本体精神时，这种消极意义的普遍性保障就显得远远不够。固然我们仍旧需要法律法规的强制保障，但我们还需要本体意义上的积极力量，此积极力量是内在于所有个体之中，并且是所有个体自我完善的最终旨向。此正如《易经》所言："乾道变化，各正性命，保合太和，乃利贞。"④乾道是普遍性的创生力量，促使自身由潜在而变为显在。在其实现自我的过程当中，各种事物都在其特殊性上各得其所，并且禀赋着同样的创生力量，故能各正性命。这些具有特殊性与差异性的事物由于具有内在普遍性力量的保障而能相合于整体之中，也能相和于各自之所，这种整体

---

① 《论语·子路》，载（宋）朱熹《四书章句集注》，中华书局1983年版，147页。
② （宋）程颢、程颐：《二程集》，中华书局1981年版，第81页。
③ （宋）张载《张载集》，中华书局1978年版，第10页。
④ 《周易·彖》，载（宋）朱熹《周易本义》，中华书局2009年版，第32—33页。

普遍性中包容着个体差异性，在个体差异性中蕴涵着整体普遍性，乃是最为完善的状态。

公共善即是和中之合。和是秩序的分解，合是综合的统一。从诸多个体的协调秩序中看到整体的实现创生的统一的未来发展方向，这些方向来自于个体自身良知的内在呼唤，并与其他个体达成根本性上的一致。由此，个体的原子式假定需要被打破，在原子式的假定背后安上统一的背景。我们如果再由此一致性的背景来反观原子式的假设，则原子式的个体仅仅是和而不合的简单式的理解，其抹杀了人性交往背后更为深层的一致性。

儒家文化所建立的公共善并不是不要法律规范的客观性，也不是不尊重个体的差异与特殊，而是在法律规范与个体差异特殊的基础上，再建立一个公共交往平台。这是商议民主的公共平台。每个个体可以在此平台上以整体的权益为话语权进行自我的陈述，并且对他者的不恰当行径进行规劝。他者也在此平台上以整体的权益为话语权进行自我的辩解，并指出指责方问题的不合理之处。公共善不具有具体的条约内容，它仅仅具有一种本体意义上的确定，即：超越个体小我的至高善是存在的，公民必然可以通过超越个体小我的论辩来达至大家所共同认可的结论。

这些论辩通过公共平台，需要诸多个体参与评议并作出最后的决定。商议民主的这些辩论来自于诸多个体，而其话语权则是公共性的，并且是在超越个体小我的基础上遵循着一种道德诉求的公共性，故可以称之为公共道德。

第二节　公民道德的西方文化源流

合理整合全球文化资源是全球化时代背景下建设中国公民道德的一个重要文化路径。正如马克思所说："各个相互影响的活动范围在这个发展进程中愈来愈扩大，各民族的原始闭关自守状态则由于日益完善的生产方式、交往以及因此自发地发展起来的各民族之间的分工而消灭得愈来愈彻底，历史就在愈来愈大的程度上成为全世界的历史。"① 因此，建构中国特色的公民道德理论需要汲取古今中外的文化养料，从而打造出真正适合中国国情又具参与对话全球的中国特色的创新型道德理论。中国本土的道德学说具有优良的历史传统。在东方世界长期的历史发展过程中，儒释道三家都贡献出自己关于道德的理解，并逐步形成了以儒学为主导、释道为辅翼的传统道德学。但中国的公民道德并非历史现成之物。在中国历史上，并不具备严格的西方政治学意义上的近代市民社会，而只有在某个时期具有与市民社会相似的表现形式或者与西方某家政治学说类同的思维模式。中国特色公民道德理论的建构和推广，不但需要融合东方的儒释道三家的道德学，还要吸收西方的公民理论，以世界上古代与现今的优良资源为借鉴对象，进行全球视域下深度的理论融合与创新，从而为中国公民道德建设提供相关的理论支撑。

一 西方社会形态与公民道德

"马克思主义认为，道德是社会关系的产物。道德体现的是个人利益与他人利益和整体利益的关系，只有在发生个人利益与他人利益和整体利益关系，而且人们自觉意识到这种关系的时候，才会出现道德。"② 公民道德作为社会道德的一种形态，也必定建立于相应的社会形态的基础之上，当社会形态的内涵发生改变时，公民道德的规范内容也会发生相应的变化。可以说，不同的社会形态具有不同的公民道德学。西方的社会形态及其理论模式也并非铁板一块，它在不同的历史条件下以及思想家的著作中呈现出相异的面貌。从世界历史的现实发展来看，西方社会形态主要分为古希腊的城邦型社会形态以及欧美的契约型社会形态。这两大基本社会形态组成了西方社会形态的主流，也是中国构造现代和谐社会、建设公民道德最值得借鉴的范本。

---

① 《马克思恩格斯全集》第3卷，人民出版社1960年版，第51页。
② 林建初、赵春福：《伦理学教程》，中国社会科学出版社1986年版，第89页。

1. 古希腊城邦型社会的公民道德

古希腊的城邦型社会是西方社会形态的最初典型。希腊城邦是公民分享政治权利并履行政治义务的政治共同体。在希腊人那里，与"城邦事物相关联的经济、社会、伦理和教育等问题，都赋予政治意义"[①]。公民有权参加司法和行政活动，并将参与此公共活动看作是公民的自由。在古希腊城邦型社会中，公民道德主要表现为公民对于公共事务的积极参与。在柏拉图和亚里士多德的政治学中对此进行了较为精确的理论阐述。

在柏拉图的思想中，既有作为公共领域道德的国家正义，也有作为私人领域道德的个人正义，并且国家正义与个人正义具有内在一致的关联。在国家正义理论中，柏拉图提出了智慧、勇敢、节制、正义四德并区分城邦中的三类人。第一类人是管理国家的统治者和立法者，他们具有理性；第二类是守卫国家的军人，他们具有意志；第三类是为前两种人服务的农夫、手工业者和商人，他们只具有情欲。第一类人的公民道德是智慧，第二类人的公民道德是勇敢，第三类人的公民道德是节制。这三类人各具其德、各守其分，就构成了国家的正义。柏拉图的个人正义理论认为，人的灵魂包含理性、激情和欲望三个要素。一个正义的人应该让理性驾驭激情和欲望。理性与智慧对应，激情与勇敢对应，欲望与节制对应。"理性造就出智慧，属于为城邦整体利益谋划的统治者，所以它在个人灵魂中起主导作用。激情是唤起勇气的部分，属于城邦中的辅助者，能够使之勇敢地辅佐、协助统治者。欲望是人们感受爱、恨、饥、渴等本能的情感，属于生产者。其中，理性与激情是人性中善的部分，而欲望则是人类灵魂中恶的部分。欲望的满足会使人快乐，但强烈的欲望会使人变得邪恶，因此，人们必须借助理性和激情的力量引导欲望，使欲望得到一定的节制。总之，公民个人的正义就是合理地安排自己灵魂中的理性、激情和欲望，真正安排好自己的事情。"[②] 在柏拉图的理想中，公民个人的道德与公共领域的道德处于同构的状态，每

[①] 丛日云：《西方政治文化传统》，大连出版社1996年版，第120页。
[②] 杨佳：《柏拉图的正义观解析》，《人民论坛》2010年8月（中）总第299期。

个公民都在不同的公共领域的职分上显现出相应的个人道德，于是国家正义与个人正义就达成了一致，公民道德与公民的个人道德合而为一。

亚里士多德认为，城邦与个体的最高目标都是追求善德，一方面城邦的建立旨在追求至善，另一方面人们应该运用理性来进行思辨、控制欲望，从而获得幸福而至善的生活。人是政治的动物，人无法脱离以城邦为单位的政治群体。"凡隔离而自外于城邦的人——或是为世俗所鄙弃而无法获得人类社会组合的便利或是因高傲自满而鄙弃世俗的组合的——他们如果不是一只野兽，那就是一位神祇。"① 公民只有参与公共政治生活中才能真正实现自己，获得城邦与个人的善德。

希腊城邦型社会具有广泛而整全的公共领域，公民在此公共领域中达成真正的生活方式，既成就自我的道德也成就了公共领域的道德。萨拜因揭示出柏拉图和亚里士多德的公民道德思想的共同特征，他说："美好的生活必须通过参与国家的生活才能实现。……他们两人把参与国家生活看作是一个在道德上比义务和权利都更重要的概念，并认为公民资格就是对共同生活的一种分享。根据这个观念，公民资格就处于人类品德的顶点，或者至少是在城市和人性都发展到最高程度的情况下就是如此。这个假定代表城邦的道德和政治的真正本质。"②

但是古希腊人城邦并非尽善尽美。实质上，公民身份只限于少数男性的自由民，而妇女、奴隶、受契约束缚的农民、外邦人则不在公民之列。因此，古希腊城邦型的公民道德不是全体人的道德，而其道德的特性也与人的身份和职业有关。在此意义上，古希腊城邦型的公民是处于公共事务中的人，固然突显了整体性关联性的一面，却也丧失了独立性的人格。而独立性人格的公民身份，则是后世公民概念所具有的主要内涵，这在欧美契约型的社会中表现得尤为突出。

2. 欧美契约型社会的公民道德

欧美契约型社会发端于欧洲的启蒙时期。人的理性取代了上帝的神

---

① ［古希腊］亚里士多德：《政治学》，吴寿彭译，商务印书馆1965年版，第9页。
② ［美］萨拜因：《政治学说史》，邓正来译，商务印书馆1986年版，第161页。

性，人性的光芒重新获得确认。霍布斯、洛克、卢梭可谓社会契约论的代表，他们共同的理论出发点是个体。个体的自由与利益是契约论的前提与基础。由于完全的个体自由与追逐个体利益会导致无政府主义、人与人的彻底对抗，这样个体的自由与利益也难以获得保障，所以理性的个体从长远的眼光出发需要将散乱的原子式的个体组成具有普遍规范的契约型社会。"个体须经由契约而结成社会，而使社会生活得以和谐，又必须将个人主义同普遍的法则、普遍的道德统一起来；倘若没有具有普遍的约束力的法则，契约便难以维系。因此，在社会契约论那里，个人主义是其出发点，而结论则具有普遍主义的性质。"[1] 如此，在契约论的社会形态中，既有个人主义的私人领域，也有普遍主义的公共领域。私人道德与公共道德产生了很大的分离。

如果说古代城邦首先关注的是社会生活，那么契约型的社会首先关注的是个体生活。正如曹瑞涛先生所言："古代共和城邦的中产阶级在道德观念下主动地去关注公益。他们在闲暇中追求美德，而美德却首先存在于社会政治生活中。因为只有在大是大非的斗争面前，在利益争吵之中才可以历练出人真正的精神。所以投身政治生活为公众服务是德行发展的一个重要环节。人们的自由就是主动积极地在充分拥有自我意识的情况下进行公开的城邦生活。而现代社会不然，个人生活开始从公众世界中隐退，自由变得消极，'一个人不受制于另一个人或另一些人的因专断意志而产生的强制状态'就是自由。每个人的私域变得神圣的同时，私生活与公众社会生活之间的联系淡薄起来。虽然这样的社会也鼓励积极主动地去关心公益，但公益之进行更主要的是寄托在那么一只'看不见的大手'。它用像魔法师一样的神力，使每个人在只为自己考虑、打算的时候，把他们的自私行为转化成了社会的公益，甚至于比有心去做还要做得更好。"[2] 契约型社会的公共道德似乎只是消极地处理群己的界限，以不危害他人权益为限。公共道德仿佛是为了保证个体的权益不受侵害

---

[1] 姜迎春：《契约伦理与道德责任》，《淮阴师范学院学报》1999年第1期。
[2] 曹瑞涛：《古典共和城邦的道德维度》，《杭州师范学院学报》2004年第4期。

而存在,这与城邦型的积极参与公共生活的态度完全相反。城邦型的公民道德是以公共领域为基础,将私人领域中的道德融入公共权益的过程之中;而契约型的公民道德则是以私人领域为基础,用公共领域的道德来保证私人权益的完整。

二 道德性与公共性:两种主义与公民道德

古希腊的城邦型社会和欧美的契约型社会分别代表着西方政治哲学的两大传统。"这两大传统分别是:对责任加以着重强调的公民共和主义传统,对权利加以着重强调的自由主义传统。前者尽管起源于古典时代,具有悠远的历史,但后者却支配了刚刚逝去的两个世纪。"① 可以说,在当今西方世界的主流话语中,自由主义的政治思想占有了重要的地位。

受城邦型社会与契约型社会两种历史形态的启示,我们讨论公民道德需要注意两个基本向度,一个是道德性,一个是公共性。由道德性的向度引发与道德相关联的形上学问题;由公共性的向度引发与公共领域相关的群己关系问题。而共和主义与自由主义在形上学的预设和群己关系的处理上,都有不同的解答。这导致了共和主义的公民道德与自由主义的公民道德的对立与争执。

1. 道德性与形而上学

什么是道德?这是一个难以回答的问题。其难处不在于答案的缺少,而在于答案太多且相互矛盾,让人莫衷一是,无从下手。但是从思想史的脉络中,大致可以发现这样一种规律,即道德与世界的本质具有非常紧密的联系。

在前现代性的思想中,世界的本质超越于人,比如神话与宗教中的至上神,那么道德的人就是跟从神的教导的人,只有以神的意志行事才能表现出真正的道德。

随着文艺复兴、启蒙思想的传播,世界逐渐由传统社会步入现代社

---

① [英]德里克·希特:《何谓公民身份》,郭忠华译,吉林出版集团有限责任公司2007年版,第1页。

会。人开始相信世界的本质内在于人自身，人的理性而不是神性才是起主导作用的力量。因此，道德从依附于超越的神而变成依照人的理性。在现代性的最初阶段，人们相信普遍理性的存在，它与其说是神性的内化，不如说神性是人的理性的异化。理性是高贵而超越的，感性欲望是低俗而需要被控制的。比如康德的哥白尼式的革命，就以人的理性来为自然立法。但随着现代性的开展，超越的理性本身如神性一样遭到怀疑与唾弃。理性被解释成为一种特殊的感性欲望，理性如假想的神性一样，是人的感性欲望的另一种翻版而已，它不具备超越的力量与主宰的功能。理性一方面被放逐为感性欲望，另一方面又被化约为工具理性，唯剩异于感性欲望的逻辑与数学的内容。这样世界的本质就既不属于外在于人的超越之物，也不来自内在于人的理性之源。由于每个人的感性欲望都有不同，所以每个人的世界都不一样，故在私人领域难以证明多个世界具有共同的本质。构建沟通多个感性欲望的共同平台的重任则归之于逻辑与数学。在逻辑与数学构成的公共平台上，则是冷冰冰的规范和条约。此规范和条约的建立是为了保证每个人在追求感性欲望的满足时不侵犯其他人的感性欲望的享受，从而保证群体感性欲望的最大化。在此层面上，道德出现了失语状态。在道德以神性或是以理性为本源的阶段，道德既是发之于主体自身的，也是可以普遍公认的。但在现代化危机诞生之后，人产生了严重的分裂。感性欲望是完全主观之物，不具备普遍公认的客观性；知识理性是完全客观之物，缺乏主体参与的任何主观空间。因此，道德要么勉强以原子式的个人为标准进行言说，衡量道德的标准是个人情感欲望，故它只在私人领域中有效，而无法僭越至公共领域或其他个体的私有领域。要么勉强在公共领域依照规范和条约行事。规范和条约是手段，个人感性欲望的满足才是目的，公共道德也就沦落为手段的附庸。当道德缺乏普遍性而成为纯粹主观之物，或者缺乏主体性而成为纯粹客观之物，此道德就失去了真正的道德性，仅仅徒具名号而已。

　　现代性的危机引向了后现代的虚无主义。知识理性在后现代的视域中由唯一客观确定之物变成了主体构建之物。于是人类世界彻底丧失了客观标准，一切关于本质的学说都是暂时而变动的。人没有本质，世界也没有本质，于是一切都是偶然性的际遇。道德与不道德甚至非道德都是后发构建的，它们都是相对而言的，也是有待消解的，实质上不存在本质上的区别。

通观西方思想史的变迁，世界的本质由外在于人而到内在于人，由内在于人而至最终消解。相应于这样的变化，道德也从主体性与客观性兼具的状态转变为主体性与客观性分离的状态，再从分离的状态最终导向道德的焦虑。

2. 公共性与群己关系

公共性包含着主体间的关系，亦即我与他者的关系。而对于我的认定以及对于他者的认定，在不同思想系统中也具有不同的结论。在前现代性思想中，世界的本质外在于人。那么我之所以为我的基础也来自外在于我的神性，他者之所以成为他者的基础也来自外在于他者的神性，我的神性与他者的神性是同一的神性，而我与他者的不同只是对此神性分有的差异。因此，我与他者尽管有区别，但根本的一致在神性。我与他者可以通过膜拜神性建立起群己的公共领域。从我之为我的私人领域上看，我的道德与神性一致。从他者之为他者的私人领域上看，他者的道德与神性一致。从依据神性建立的公共领域来看，公共领域的道德与神性一致。因此，在前现代思想中，个人与群体都属于同一的超越的神性，个人道德与公共道德具有整体的一致性。

在现代性初期的思想中，我之所以为我，在于内在于我的理性。他者之所以为他者，在于内在于他者的理性。我与他者的理性都具有积极自由的特征，可以自我为自我立法。而我与他者固然有所不同，但通过理性可以进行平等的对话和沟通，从而建立群己的公共领域。从我之为我的私人领域上看，我的道德与理性一致。从他者之为他者的私人领域上看，他者的道德与理性一致。从依据理性建立的公共领域来看，公共领域的道德与理性一致。因此，在启蒙思想的理想中，个人与群体都具有理性，个人和他者可以通过对话达成理性共识，个人道德与公共道德也具有一致性。

在现代性走向后现代的危机中，群己关系也出现了前所未有的窘境。

我之所以为我完全在于我的感性欲望。由于我纯粹为主观性的我，故而不承认外在超越的神性或内在超越的理性，因此他者之所以为他者也在于我的感性欲望。他者成为我的感性认知的一个附属的相状。同理，我也成为他者感性认知的一个附属的相状。每个人在他自己的感性世界中可以成为自我世界的主宰。主宰与主宰之间的界限只是保持消极自由的规范和条约，其作用是防止他者影响我的自由。由此，个人道德与公共道德产生了分离。倘若进一步将维持消极自由的规范和条约看作是暂时的建构，则这种规范和条约也失去其客观标准，这就无所谓公共领域与私人领域之别，更谈不上公共道德与私人道德。

3. 共和主义与自由主义的利弊

共和主义的人性论是徘徊于外在于人的神性与内在于人的理性之间，由此而建立了趋向于共同善的公共领域。自由主义的人性论是游荡于内在于人的理性与内在于人的感性欲望之间，由此而建立了界定群己关系的公共领域。从思想形态上看，共和主义兼有了前现代性和现代性的思想，而自由主义包含了现代性和现代性后期的思想。

由于兼具前现代性的思想成分，共和主义主张公民个人与公民群体关系的一致性，私人道德与公共道德的一致性，但同时也容易抹杀了公民个人的主体性，迫使公民个体服从群体利益而丧失个体性的自由。此外，公民群体的利益容易成为独裁者的借口转而压迫所有的人民，从而使共和主义的公民沦落为专制帝国的臣民，公民道德变成单向度服从的臣民道德，公共领域滑落为独裁统治的私人领域。共和主义的这些流弊一直为自由主义所诟病，而西方历史上罗马由共和国蜕变为帝国正是这一忧虑的良好佐证。

自由主义的政治理想高扬了个体的理性，但一旦失去超越普遍的追求，则理性容易滑落为感性欲望。自由主义者变成个人主义者，他们日益关注自己狭隘的私人领域，而公共空间成为由技术官僚和工具理性盛行的场所，一切皆是以自然科学和社会科学所揭示的最优化的客观规则行事，其间根本无所谓道德可言。公共领域丧失了崇高的理想，只剩下利益的权衡与分配。这种状态进一步可滑落为文化虚无主义——没有真正值得大家追求的普遍的理想目标，任何道德都是相对的，任何公共领域都是暂时的，一切都丧失了永恒的意义。自由主义社会中的这些问题，逐渐被批判现代性的学者所揭示，由此兴起新共和主义、社群主义思潮来对治自由主义的流弊。

综上所述，共和主义和自由主义都承认人的理性，但共和主义偏向整体，自由主义侧重个体，如果共和主义缺乏自由主义的纠偏，容易导向集权主义，自发的道德变成外在的强制，民众的公共空间变成独裁者的私人空间；如果自由主义没有共和主义的纠偏，容易导向虚无主义，自发的道德变成私人的感性欲望，民众的公共空间变成杜绝主体参与的工具理性的牢笼。

三 构建中国现代公民道德的理论路向

西方共和主义和自由主义的传统都各有利弊，这些利弊为我们建设中国现代公民道德提供了参考视域。中国社会的转型需要吸收共和主义和自由主义的优长，将之融入中国自身的文化基因中，构建中国特色的社会主义社会形态及其道德理论。在中国传统思想中，儒家主张入世的道德，佛老主张出世的道德。儒释道三家在道德理论以及群己关系上具有充沛的理论资源。结合中国资源并扬弃西方相关理论的优缺点，或许在中国特色公民道德理论的探索道路上可以指出一个可供参考的研究方向。

1. 中国当下公民道德的建设背景：从复杂型社会向和谐型社会的过渡

中国传统社会自秦代以降即在帝制的束缚下持续着家国同构的东方社会发展模式。专制制度一方面篡夺并异化了血缘性自然联结的父子关系，君主成了"君父"；另一方面篡夺并异化了人格性道德联结的圣凡关系，君主成了"圣君"。集"父"与"圣"为一体的君主闭塞了天下的生机，垄断了天下的公共领域，遂使天下狭化为君主的私人领域。因此，在中国的现实历史中，很难具有真正的公共领域。只有偶尔在皇权力量弱化之时，才能发现儒家知识分子发出的压抑已久的呼声，如明末的东林党议政。即使在这种偶然的情况下，公共性也仅仅限于有良知的官员与在野知识分子，并没有在全民性的公民层面上的普及。

当前中国社会处于一种复杂的状态，既有两千年传统帝制的惯性，又有西方思想的影响。在我国有些地区，仍旧具有前现代性的痕迹，以服从外在权威或神性为道德，闭塞了公共空间。与此同时，一部分民众只知道争取个人利益，而漠视公共利益，甚至产生道德虚无主义等后现代症状。在这样的情况下，讲道德性则不讲公共性，道德性变成"以理杀人"的伪道德；讲公共性则不讲道德性，公共性仅是争取私利的工具。中国社会兼具古今中西的影响，并存着多层面、多维度的问题，体现着中国特有的复杂性。这种复杂性并不是良性的复杂性，它需要进一步的成熟和拓展。成熟和拓展的社会形态不是外在于人的事物，而是与每个公民内在关联的日常生活状态。中国社会的当下转型，需要积极促成从复杂型社会向和谐型社会的过渡。在全球世界逐渐融合为一个地球村的语境中，任何国家和地域都面临着本土与全球、传统与现代的双重影响。对于中国而言，古今中西的沉淀与作用并不是一件坏事，它是一个转型的契机，既可能往好的方向走，也可能往坏的方向走。中国历来有兼容并蓄、和谐共生的优良传统。中国当下的道德性与公共性的复杂多元需要避免相互拆台的局面，而迈向互补互利、共同繁荣的发展前景，营造出"和而不同、天下为公"的和谐型社会。

2. 构建和谐型社会形态的传统资源：儒释道三家的道德性与公共性

在中国传统思想中，道德一词具有本土化的解读。"'道'是'总体的根源'，'德'是'内在的本性'，'道德'就是回溯到那总体的根源。顺此根源，恰如其分地发展，落实于人事物中，而成为它内在的本性。顺着这样，我们说它是有道德，不顺此，或有缺失，我们说它在'道德'上有缺失。"[①] 根源与本性并非截然两物，而是从两个方面对此"唯一之物"的不同称呼。从道的方面看，根源就具有普遍性，任何个体在最本

---

① 林安梧：《为当前的教育进一言》，载《佛心流泉》，当代中国出版社2011年版，第60页。

质处都归于此根源。从德的方面看，本性就具有主体性，普遍的规范的真正成立需要每个主体的认同。因此，在中国文化传统中，人的道德的挺立，需要结合道的普遍义与德的主体义，即：道德需要每个人内在本性的自我觉醒，而此觉醒是通过每个特殊的个体而通达整体的普遍。

在此意义上，儒学讲"理一分殊"，佛教讲"月印万川"，道家讲"两行之理"，都是既注重"分殊""万川之月影""是非之行"上的主体的特殊性，又注重特殊性后面"理一""月""无是无非之行"的普遍性。需要注意的是，三家的义理并不是要将特殊性归于普遍性，也不是要将普遍性散于特殊性，而是即着普遍性讲特殊，不离特殊性论普遍，这两方面没有谁从属谁的问题，而是离了哪一方面都不行。真正完善的境界是寓普遍于特殊、显特殊于普遍。

由此，中国传统文化中的道德可以论个体的自由，也可以论整体的公共善，个体的自由与整体的公共善不能分作两物，也不能强调一方而忽视另一方。公共善的达成必然基于每个个体的自由发展，每个个体的自由发展必然促成公共善的达成。

中国历史中缺乏类似西方的政治制度，而近似公共领域的理论由于受到现实历史制度的限制也罕有独立的建构。在长期帝制的制约下，中国历来以家国同构的方式来言说公共领域，导致公共领域与私人领域没有明显的区分。因此，我们继承发扬传统之时，需要作出一个辨析。一方面应该抛弃在现实历史中被帝制异化的儒学，另一方面应该弘扬阐述一体之仁的儒学。相对于儒学而言，佛老在被异化的程度较低，其真正的精神对于异化的儒学亦具有一定的消解作用。

儒家以"忠恕之道"强调群己关系。通过"己欲立而立人，己欲达而达人"①来增长人际之间的积极因素，通过"己所不欲，勿施于人"②来消解人际之间的消极因素。我与他者之间蕴含着一体之仁，如张载所

---

① 《论语·雍也》，载（宋）朱熹《四书章句集注》，中华书局1983年版，第92页。
② 《论语·卫灵公》，载（宋）朱熹《四书章句集注》，中华书局1983年版，第166页。

说"民吾同胞,物吾与也"①。这种关系最易发端于亲友之间,随后逐渐扩充至社群、国家、天下,终至世界整体。在儒家的理想状态中,家国同构后面的基础是一体之仁,家以仁为基础,国以仁为基础。而在帝制的现实历史中,儒家学说被篡改而利用,帝王谱系以"父传子家天下"得以构成,国以家为基础,家以家长的绝对地位为基础,于是"君父"可以独断独行,集天下大权于一身,塞闭了天下的活力。

如果我们能够还原儒家思想的本愿,拂去帝制专断的历史尘埃,即可以寻觅出一条可供嫁接的公共理论路径——儒家的礼制与纲常。

礼制在于规范人与人的交往,纲常在于确定人与人的责任。礼制与纲常都是相对确定的关系,背后都以一体之仁为基础,是在一定时期和场景中实现一体之仁较为恰当的表现。(如果丧失了一体之仁,礼制和纲常就成为外在的、压制人的规范和条约。)中国传统思想在道德形上学的层面上本来具有普遍性的理论,此普遍性的理论落实于礼制与纲常上,则具有了现实的操作性。现实的礼制与纲常由于具备了道德形上本体的关怀,成为内在于每个人自发行为。孔子说:"克己复礼为仁。一日克己复礼,天下归仁焉。为仁由己,而由人乎哉?"②"克"为"能够"之意,通过自身的力量来行使礼制,和谐处理群己关系,从而体现出"一体之仁"。礼制、纲常构成了主体间能够互相认可的公共领域,而"克己"、"由己"是个体的德行,"天下归仁"是整体的公共善。在儒者看来,以亲情为构架的私人领域与以规范为构架的公共领域通过"一体之仁"可以得到沟通,个体的道德与整体的道德可以达成一致。

通过比照,我们可以发现,儒家理想的公共性既注重"一体之仁"的公共善,又强调主体自身的自由选择,并在主体间的交往与责任上确立公共领域,这在某些方面类似于西方共和主义。在西方社会,共和主义的政治体制容易抹杀个人的意见,于是受到自由主义的制衡。在东方社会,儒家的礼制与纲常在帝制的异化中,更成为助纣为虐的帮凶,而

---

① 张载:《张载集·正蒙·乾称篇》,中华书局1978年版,第62页。
② 《论语·颜渊》,载(宋)朱熹《四书章句集注》,中华书局1983年版,第131页。

有"以理杀人"之恶名。中国的佛老思想在一定程度上可以化解礼制与纲常的异化。儒学鉴于入世的精神而有公共性的论述,而佛老偏重于出世,并不注重公共性的论述,甚至对于异化的公共领域能够保持应有的警惕和适度的消解。如老子所言:"善行无辙迹,善言无瑕谪,善数不用筹策,善闭无关楗而不可开,善结无绳约而不可解。"① 在儒家看来,行有辙迹、言有瑕谪、数有筹策、闭有关楗、结有绳约。"一体之仁"必然具有礼制纲常的轨迹,而老子则否定轨迹的必然性,并认为轨迹在一定程度上会妨碍善道的真正展开。佛教也有类似的旨趣,如慧能所说:"心平何劳持戒,行直何用修禅。"② "持戒""修禅"是依照规范来修行,但此规范若没有发自修行者自身,就徒具外在的形式,而失去了本来的意义。慧能更愿意强调"心平行直"的自身内在的认可。

3. 协商民主:兼具主体道德与公共善的参与模式

西方社会形态基于共和主义的,容易导向集权,基于自由主义的,容易沦为虚无。对照这两方面的流弊,当下中国公民对于公共领域的参与,一方面要杜绝领导说了算的"一言堂"模式,此模式容易诱发当权者的腐化,借集体之名行一己之私,同时也压制了群体的主体意识,造成服从的惯性,只有臣民的道德,而没有公民的道德。另一方面,公共领域的参与也不应贸然照搬西方式的民主模式,因为此模式容易滋生众多"自私自利"的"理性经济人",公共领域成为众多个体私利的角逐,互相拆台而难以达成公共的福祉。

中国儒释道三家传统既承认道德的主体性,亦即个体真正的自由选择;又承认道德的普遍性,亦即公共善的存在。这就为协商民主奠定了文化基础。协商民主要求尊重每个个体的主体选择,并且以公共善的实现作为对话平台。在协商民主的进行过程中,公共善虽然作为潜在的存在,但却是大家一致认同的方向,由此而有协商的可能。协商的过程是

---

① 《老子·二十七章》,载(晋)王弼《老子道德经注校释》,中华书局2008年版,第70—71页。

② (唐)慧能:《六祖坛经》,江苏古籍出版社2002年版,第60页。

交流、沟通、理解、对话的过程。在此过程中,个体之间得以修正自己的选择,最终达成理性的共识。此理性共识就是对潜在的公共善的最为切近的彰显。"协商民主不仅使社会政策更具合法性,也是社会成员相互尊重和友谊的标志。向着协商民主模式的转向就使得关注公民品德问题更显得紧迫。如何保证公民们在公共场合的行为是公共的而不是自利的,这就对公民品德提出了更高的要求。民主制度下的公民不仅要积极地、非独断地参与对权威的批判,而且要通过协商追求'相互理解'而不是'讨价还价'。没有这些品德,自由主义的民主制就不能实现它的正义承诺。民主的社会的确需要这些积极参与协商民主的公民,人们也越来越多地看到了公民品德的重要性。"[1] 如此,公民的道德性的个人维度与公共维度都可以在协商民主的参与过程中得以实现。

合理整合全球文化资源是全球化时代背景下建设公民道德的重要文化路径。在道德性与公共性上衡量西方社会公民理论与中国儒释道三家文化,以协商民主的方式整合个人道德与公共道德的方式可以合理扬弃自由主义公民道德与共和主义公民道德的优长与不足,从而开启了中国公民道德建设的一个重要理论维度。

第三节　公民道德的中国文化源流

中国公民道德建设是当前中国的大势所趋,与中国经济、政治、文化的未来发展具有紧密的联系。虽然经由政府提倡、学者提倡、民众参与,公民道德已在大众中具有了大致的认识,但是在具体的建设路径上,尚缺乏真正而确切的省察。

事实上,公民道德牵扯到古今中西的问题。我们基本上可以将公民道德看作是较早出现于西方社会的但却具有普世价值的社会理念。所以

---

[1] 刁瑷辉:《围绕公民身份理论的分歧及弥合的可能性》,《理论与现代化》2011年第3期。

我们既要善于归纳公民道德的抽象普遍性，也要注意依附其上的西方的历史文化特质。在建设公民道德之际，我们不能执有纯粹的拿来主义，而是需要从中国历史文化中寻找可以会通之处，在源头上触发其普世思想的开启之机；在源与流的双向层面上，发掘出公民道德的嫁接之处，不但在思想传承上更显理论厚度，而且在具体实践上也具有更大的民众认可性。

儒学是中国传统文化的主流文化形态。在传统中国，儒学涉及社会的诸多层面，儒学文化本身也变得极为复杂，其功过是非也被后人褒贬不一。但不可否认，儒学思想已然成为中国传统道德思想的核心学说，对于当下中国人的道德观具有潜在的影响。由此，儒学文化源流是当下公民道德建设一个重要支撑点，对话儒学是公民道德建设的必然路径。

一　对话儒学：公民道德建设不可躲避的研究视域

近百年来，中国遭遇到前所未有的大变局。传统帝制已经黯然退出历史舞台，自由、民主、科学的呼声逐渐深入人心。儒学一度被视为落后、反动、封建、专制的产物而遭到批判指责。五四运动的打倒孔家店运动，将儒学视作自由主义的对立面而进行批判；"文革"时期的臭批孔老二，则将儒学视作共产主义的对立面而进行批判。儒学俨然成为阻碍现代性的反动力量，它既与自由主义格格不入，又与共产主义格格不入。在中国近代化的历程中，帝制的推翻使儒学失去了肉身的依附，自由主义和共产主义的批判使儒学泯灭了灵魂的维持。儒学成为既死之物，仅仅存在着史学研究的价值。

然而，文化发展的要义在于自身的不断回溯与更新。雅斯贝尔斯认为公元前200—公元800年为世界的核心时代，轴心时代的创造为后世提供了不竭的精神动力，人类每一次新的飞跃都要回顾这一时期。而反省近百年来的中国思想历程，则是现代与传统的断裂。中国人急于抛弃旧的包袱，吸收西方文化，为中国寻找新的出路。切断自身源头的方法导致了文化上的虚无主义，中国人之所以成为中国人的东西没有被中国人自身所认可，名义上追寻现代化的中国人实质上踏上了西化之路。中国人缺乏自我认同,成为无根的族群。在此期间,现代化占有显性话语霸权,而中国的中国性仅仅是抵御西方文化的外烁之物,缺乏自身本有的源头。这种彻底的拿来主义在初始阶段上,或许具有一定的实际效用,但长久以往,则在国人的文化心理上导致"事事不如人"、崇洋媚外的自卑心态。民族认同感和国家认同感会大大降低,缺乏崇高则转投实效,功利主义与拜金主义之风也暗然滋生。

历史的趋势总是由分裂走向融合,由对立走向团结。当中国重新踏上人的全面发展的康庄大道时,人们逐渐意识到,现代意识与传统文化并不对立,而是相资互补的关系,传统文化日益成为新时代文化建设的丰富资源。中国的官方思想开始接纳传统文化。2001年10月24日,中共中央下发了《关于印发〈公民道德建设实施纲要〉的通知》,提出了"在新的历史条件下,从公民道德建设入手,继承中华民族几千年形成的传统美德"以及"促进依法治国与以德治国的紧密结合"等要求,并在同年颁布了《公民道德建设实施纲要》。十八大报告提出了"建设优秀传统文化传承体系,弘扬中华优秀传统文化"以及"弘扬中华传统美德,弘扬时代新风"的发展目标。结合传统文化资源来进行公民道德建设是党和国家进行中国特色的社会主义建设事业的长期任务。在民间,近年来大陆的国学复兴运动也促使儒学焕发出新的活力。私塾与读经运动在各地都有相当程度的出现,弥补了应试教育中道德教育的缺位。在学术研究上,绝大部分学者跳出了唯心唯物的范式束缚,而是采用了更为多元的研究视角,很多学者对儒学采取了同情之了解的研究态度。以港台为代表的自由主义思想也与儒学有很好的融合。早在1958年,港台新儒家牟宗三、徐复观、张君劢、唐君毅就联合发表了《为中国文化敬告世界人士宣言》。《宣言》否定将中国文化当作博物馆中的死的化石,而是活的客观精神生命之表现。《宣言》声称:"如果任何研究中国之历史文化的人,不能真实肯定中国之历史文化,乃系无数代的中国人以其生命心血所写成,而为一客观的精神生命之表现,因而多少寄以同情与敬意,则中国之历史文化,在他们之前,必然只等于一堆无生命精神之文物,如同死的化石。然而由此推断中国文化为已死,却系大错。这只因从死的眼光中，所看出来的东西永远是死的而已。然而我们仍承认一切以死的眼光看中国文化的人，研究中国文化的人，其精神生命是活的，其著的书是活的精神生命之表现。我们的恳求，只是望大家推扩自己之当下自觉是活的之一念，而肯定中国之历史文化，亦是继续不断的一活的客观的精神生命之表现，则由此研究所得的结论，将更有其客观的意义。"① 契于现代新儒家等文化学者的不懈努力，儒学思想近年来在台湾社会获得了较好的发展，也打下了较为厚实的民意基础。

中国文化的当下发生与未来开展需要儒学的融入，在更为广阔的视野中建立起真正具有中国性的中国道路。儒学的重生不需要依附于帝制，相反，帝制或者独裁政权经常盗用儒学尊卑之名来维持其不义的政权。能够撇开帝制的纠缠则更能显现出儒学的纯粹精神。

儒学的重生需要不断与其他思想进行平等的对话。"五四"与"文革"的举动在现在看来，都是强坐儒学为某种标签化的对象，从政治需求出发进行批判打击从而树立新的意识形态模式。这些运动在标签式的片面解读儒学的同时，也相应地暴露了自己片面的立场。只有在真正平等的对话立场上，双方才不至于工具性地将对方置于死地，而是能够相应理解对方学说的真正意涵，从而展开具有建设性的理论批判和会通融合。由此，儒学、共产主义、自由主义可以从对立走向融合。儒学也可以在此氛围中得以新的发展。事实上，儒学文化在中国这块土地上已经绵延了两千多年，其思维模式、价值观念、审美情趣等，都已伴随着汉语言文字、传统习俗渗透到中华民族精神生活的各个领域，成为构成民族文化心理素质的重要因素。激活此一文化因素，则为传统的回归开启一扇大门。值得注意的是，传统回归并不是完全回到古老的陈迹而拒绝西方与现代性，而是在继承传统精神的基础上来面向西方与现代性，这可谓是返本开新、旧邦新命的道路。

公民道德建设在当下中国的开展，一方面是中国现代化的必由之径，

---

① 牟宗三、徐复观、张君劢、唐君毅：《为中国文化敬告世界人士宣言》，载张君劢《新儒家思想史》，中国人民大学出版社 2006 年版，第 560 页。

另一方面也是激活儒学资源的重要契机。在中国当下的环境中，我们讨论道德问题，需要重新审视儒家的心性学说；我们讨论公民问题，需要重新审视儒家的外王学说。尽管儒学的心性学不等同于公民道德的道德理念，外王学也迥异于公民道德的公民理念，但这些差异为新的诠释和融合准备了一定的空间。在此张力中，显现出未来理论的开展方向。对话儒学，可以为今天的公民道德建设提供可以借鉴的思想与方法。

二 儒学德目与公民道德的继承批判性

近年来，关于中国公民道德与儒学关系的研究已经出现了不少优秀的成果。学术界从2005年至2011年已经连续举办了五届"儒家伦理与东亚地区公民道德教育论坛"，而相关专著与论文也在逐步面世。大家愈发意识到传统文化对于现代社会的积极正面的效用。儒学思想已经由一种化石般的遗产转变成活生生的文化资源。

从这些成果来看，学者们广泛认为，儒学对于公民道德建设的贡献，普遍表现在儒家德目的历史继承性上。瞿林东认为："儒家伦理中有一些优秀的东西在今天仍然可以被我们所借鉴，用来丰富我们的道德内容，推动我们道德教育的发展。……在做人的准则方面，仁、义、诚、信是最基本的。……儒家伦理中讲修身的地方也很多，其中有一个最突出的特点，是在修身之中寄寓着远大的社会理想，即把个人修身的价值同国家、天下的命运结合起来，反映了儒家伦理中关于人的社会责任、社会理想的本质所在。"[①] 儒家很多德目具有积极的社会现实价值，可以直接继承和提倡。而张岱年先生更是指出儒家伦理具有超时代、超阶级的特性。他归纳出了两条基本生活准则，"最显著的就是信、义。信，就是说话算数，不说假话，不互相欺骗，这是任何社会的人都必须遵守的起码的公共生活规则。义，就是尊重别人的人格，尊重别人的财产，尊重公共财产。信、义，在当今社会更应该讲。……其次，是儒家所讲的恕或

---

① 瞿林东：《儒家伦理的历史作用与现代价值》，载北京东方道德研究所编《儒家伦理与公民道德》，中国工商联合出版社1996年版，第61页。

恕道。……在人民内部，这是一个基本的道德原则。以上两条是最基本的生活规则，要特别重视"①。信、义原则即是人的自我的善性的确立，而忠恕之道则承认他人的善性，在承认他人善性的基础上与他人进行良性的互动。在吸收儒学资源的同时，也需要进行适当的扬弃，对于那些僵化的仅具历史价值的规则需要批判和抛弃。"对三纲应加以批判，对五常，应加以分析。仁者爱人，以及义、礼、智、信，应加以肯定。"②

笔者认为，儒学与公民道德建设的对话除了德目上的继承性之外，还有更为广阔的研究空间需要作进一步的拓展，这主要表现在两个方面。

1. 儒学德目与德性之源的关系

公民道德吸收儒学的道德学说，不能止于德目，而需进至德性。当我们说一个人的行为是道德的时候，意味着这个人的道德行为是发自此人的真实的自我意识。此自我意识没有遭到外在强力或者其他目的的制约，意识本身即是目的，并且此人为自我意识所抉择的行为担当起主体的责任。如果此人由于其他原因而有道德行为，道德行为仅仅成为满足其他原因的手段或者工具之时，这种道德行为就很难说是真正的道德，甚至可以说是一种伪善。

德目具有概念化的规范性意义。它要求某些人针对特定的对象而有相应的心理状态和行为表现。德目如果缺乏内在的德性的支持，就容易蜕变为外在的规范。而儒家所言说的德目是在自我意识的德性支持下得以实施的，孟子说："心之官则思，思则得之，不思则不得。"③ 自我意识对于善性的追求，才成为道德行为自身的绝对律令。由此不忍人之心的发动而有所施设，才相应呈现为具体的道德行动。固然在德目的层面可以有不同的内容，但对于儒家而言，这些不同的德目都是同一的仁心处于不同的场景中或者针对不同的对象而显现的差异。如王阳明所说："此

---

① 张岱年：《对儒家伦理的分析》，载北京东方道德研究所编《儒家伦理与公民道德》，中国工商联合出版社1996年版，第4—5页。
② 张岱年：《对儒家伦理的分析》，载北京东方道德研究所编《儒家伦理与公民道德》，中国工商联合出版社1996年版，第4—5页。
③ 《孟子·告子上》，载（宋）朱熹《四书章句集注》，中华书局1983年版，第335页。

心无私欲之蔽，即是天理。不须外面添一分。以此纯乎天理之心，发之事父便是孝，发之事君便是忠，发之交友治民便是信与仁。只在此心去人欲存天理上用功便是。"① 如果我们仅仅强调孝、忠、信、仁等德目，而遗漏了天理良知本身的发动，那么这些德目就成为无根之木、无源之水，仅仅具有光鲜的外表，而遗失了真正的活力。由此，儒家的德目也就成为外在的概念规则，道德成为外铄而非内铄，最终沦落为假大空的道德说教。因此，儒学的德目需要与内在的德性之源紧密地联系在一起才具有真实的效用。

很多学者谈论公民道德，认为公民道德需要继承儒学的德目。但是如果仅仅是德目而缺乏德性，则只是将以往的道德说教换了一套另外的形式而已，仍旧为假大空的说教。此外，儒学一些具体的德目尚且局限于具体的历史迹象上，如臣子对于君王的忠，妻子对于丈夫的顺，这些德目作为规范也不符合时代的要求。我们师法儒学，不能仅仅在德目上模仿，而需要提倡"良知天理"的道德意识。由此活生生的德性源头为支撑，来处理与领导的关系、与丈夫的关系，都可以产生新的德目。

自我"良知天理"的道德意识具有两个相互联系的面向。从良知一方面看，其具有主体性的特征，从天理一方面看，其具有普遍性的特征。这两者是一物的两个面向，不能仅仅侧重一面而忽略另一面。如果仅仅注重主体性而忽略普遍性，那么此心的发动就是原子式个体的自语，而不是健康的群己关系中的道德；如果仅仅注重普遍性而忽略主体性，那么此心就会失去其自由的意识判断，成为饱受压制的心灵。德性向主观性滑落，则可以一人一种德目的表现、千人千种德目的表现，根本无法成立规范性的德目。德性向客观性滑落，则德性自身的自我决定、自我主宰的意义丧失，德性自身沦落为德目。前者之弊如被斥为流于狂禅的阳明后学，后者之弊如被斥为以理杀人的理学末流。只有真正健全的德性，才是生成德目的力量之源。因此，公民道德不仅体现在德目继承上，更需要继承儒学在德目中显现出来的对于人性光明面的肯定。

---

① （明）王阳明：《传习录》，江苏古籍出版社2001年版，第5页。

2. 儒学德目与公共道德的关系

公民道德需要突出公共领域的道德与私人领域的道德的区别。此公共领域在传统儒学的学说范围中未能有很好的展现。传统儒学所依附的载体是帝制，而此帝制又是以家国一体来进行开展的，如"求忠臣必于孝子之门"。可以说，传统儒学的齐家治国的理想并不具有现代社会公共领域的意义。

现代社会的公共领域是契约组成的共同体。它建立在每个个体自愿的假设之上，并在既定的契约中规范其中的每一个成员，以期达到构建契约共同体时所构想的既定目标。契约论本身只具形式意义，它并不能说明构成契约共同体的目标是基于善或者基于恶。

如果我们将人与人看作狼与狼的关系，那么在此性恶论的基础上构建的契约共同体，仅仅是将契约共同体作为手段来保证个体利益的最大化而已。如果没有契约共同体，自然的人与人只有争战不休，掠夺不止，最后落得两败俱伤。而在订立契约之后，共同体的强制力量可以维持个体的最大利益。两害相权取其轻，故契约共同体是维护自利的最佳选择。在这种设定下，作为个体的人本身无所谓道德可言，他们只是为自我利益最大化而作出貌似道德行为的让步；而作为公共领域中的规范也无所谓道德可言，遵守与违背仅在于畏惧惩罚。可以说，自私自利设定下的公民遵守公共规则是为了间接获取个人利益以及避免受到违规的强制惩罚，而他们自始至终违反规则的冲动倒是出于其自然人性的永久呼声。

如果我们将人与人看作自由而平等的关系，每个个体都具有自我发展的权利并且也承认他者的发展权利，那么在此性善论的基础上构建的契约论就是为了借助契约共同体来增进人类全体的幸福，防范人性的堕落。由此，在传统的个体意识自律维度上增添了一层客观性的标准——契约规定的行为准则。基于每个个体自愿订立契约的逻辑前提下，行为准则本身就构成了群体性的规则认定。只有在上述设定下，公共规则的道德性才可以获得成立。在此层面上，公共道德可以看作是公民个体对于公共规则的自我认可和自行遵守。固然，在违反公共规则的情况下，公民会受到一定程度的惩罚。但公共道德的道德性并不建立在公民畏惧违规后的惩罚上，而是建立在自我认可的基础上。即使公民违反了公共规范，那么公民受到的惩罚也应该视作经由公民自身在契约中的承诺而作出的补偿措施。

儒家的道德很容易被诟病为私德，并被指责为将私人领域的道德僭越至公共领域。笔者认为，儒家欠缺公共领域的契约论式的德目或可说之，但儒者的道德绝不是纯粹私人领域的道德。儒家的道德是基于一体之仁，只是此一体之仁最容易发端于亲友之间，但绝不能以亲友之爱为儒家道德之基础。儒家理想的道德状态是"大道之行也，天下为公"。良知天理作为德性之源，此心"推恩足以保四海，不推恩无以保妻子"[①]。德性发端于私人领域，如夫妻之间、父子之间，则可以构成私人领域的德目；德性发端于公共领域，可以构成公共领域的德目。传统意义上的四海、天下概念既不属于私人领域，也不属于契约论的公共领域，而是人与天地一体的合一状态。在此境界中，人不是作为公民的存在，而是作为与天地参的天民、君子的存在。[②]

以宋明儒学的义理来说，夫妻、父子的分别是气命上的分别。儒者正在此分别上能见良知天理。良知天理由此而发端，进而扩充推广，润泽一切气命之波动曲折，而使其获得全幅道德意义的贞定。因此，儒者论理、论气、论理气本一的浩然之气，在中国历史传统中已然具足。契约论的政治共同体是气上翻出的新的波动曲折。如果缺乏理的贞定，即是形式化的，或者性恶论的；如果获得理的贞定，则是性善论的，必然气上见理，最终亦达成理气本一的浩然之气。

[①] 《孟子·梁惠王上》，载（宋）朱熹《四书章句集注》，中华书局1983年版，第209页。

[②] 传统儒学中提倡的臣子对于君王的忠，君王对于子民的仁，仍是一体之仁的表现，亦不具有契约论式的公共领域的特征。而传统社会的礼乐在某种程度上具有公共领域的意思，但从出于圣人建制、民众认同的角度上看，也与现代公共领域不同。或者说，传统的气命上的波动都是直接性的良知天理的发动，而现代契约共同体则是间接性的良知天理的发动。传统儒学中最具间接性的发动的特色的是三纲理论。纲是一体之仁的客观性的表达。君要服从君纲，若君王与君纲不一致，则沦为独夫。但在传统社会，对于独夫式的君王的制裁或弹劾缺乏合法的程序，儒者于庙堂之上仅仅凭一股正气而以天道责君，或者豪杰出于绿林而以天道起义除暴。这不但对于儒者与豪杰不公，亦是政道上的不畅。故中国政治非有契约的政治架构，则难以防止位于高位者的负面人性的暴政。

契约论的政治共同体非中国历史现实所有，故儒学亦缺乏此一维度的德目。但儒学所揭示的天理良知可以在中国历史现实所具有的家国一体的气命波动上显现出相应的德目，亦可以在未来的中国契约共同体上显示相应的德目。德目依仗气命而有所不同，但作为旨归的良知天理则有共同而普遍的德性之源。因此，我们现在谈公共道德，不能将传统儒学的德目直接拿来使用，而是需要真正继承德性之源，并在现代新的气命波动的契约建构中建立新的德目。

综上所述，公民道德吸收儒家德目的同时，需要真切发扬儒学的德性学说，促发每个公民的道德理性，使德目真正获得活生生的力量。而对于传统儒学所缺乏的公共领域的德目不能以私人领域的德目代之，而是要在继承生生不息的德性的前提下，应对新的契约共同体的生活现实，提出新的德目。

三 儒者的生活世界与现代公民的社会生活

儒学德目需要有德性之源的维持，德性之源不是外在于人间世界的超绝之物，而是整个文化生活的整体。道德生活的保证并不是出于德目的说教，真正的道德心灵的萌动需要整个文化生活的共同参与。

《礼记·礼运》中有一段十分精彩的表述："大道之行也，天下为公，选贤与能，讲信修睦。故人不独亲其亲，不独子其子，使老有所终，壮有所用，幼有所长，矜、寡、孤、独、废、疾者皆有所养，男有分，女有归。货恶其弃于地也，不必藏于己；力恶其不出于身也，不必为己。是故谋闭而不兴，盗窃乱贼而不作，故外户而不闭。是谓大同。"[1]

儒家的道德生活与大道合为一体。在大道运作的情况下，天下呈现出公平正义的良好状态。"大道之行也，天下为公"是儒家的社会整体的目标与使命。在此总纲下，建立"选贤与能"的人才选拔机制，"讲信修睦"的人际交往关系，"皆有所养"的社会福利保障，"男有分"的多样职业选择，"女有归"的妇女权益保障，"货、力不为己"的自我奉献精

---

[1] 《礼记·礼运》，载（清）孙希旦《礼记集解》，中华书局1989年版，第582页。

神,"谋闭不兴、盗贼不作、外户不闭"的社会安全体系。韩愈则在《原道》中对《礼运》的思想做了进一步的拓展,视之为整个文明人的日常生活共同体,其曰:"博爱之谓仁,行而宜之之谓义,由是而之焉之谓道,足乎己无待于外之谓德。其文:《诗》、《书》、《易》、《春秋》;其法:礼、乐、刑、政;其民:士、农、工、贾;其位:君臣、父子、师友、宾主、昆弟、夫妇;其服:麻、丝;其居:宫、室;其食:粟米、蔬果、鱼肉。其为道易明,而其为教易行也。是故以之为己,则顺而祥;以之为人,则爱而公;以之为心,则和而平;以之为天下国家,无所处而不当。是故生则得其情,死则尽其常。郊焉而天神假,庙焉而人鬼飨。曰:斯道也,何道也?曰:斯吾所谓道也!"① 韩愈所描述的大道,包含了文教、礼法、身份、衣服、食物、道德准则、宗教信仰等。这些既是"大道之行"的存在域,又是古代中国人最为完整的日常生活共同体。

由《礼运》篇与《原道》篇中的描述,可以看出,儒者的生活方式涵盖了人类生活的整体。它不但包含了经验性的事物以及人际交往,更包含生活的意义与价值。作为整体的生活世界,大道不断地在生活世界中默默地发挥着作用,于是儒者的天下具有了自我完善的能力。每一个人都是道的承载,每一个人在"我"的视域中既有作为一个具有善性的人而受到普遍性的尊重,又有一个与"我"相对而有的特殊身份者的形象而获得具体地交往。因此,他人对于"我"并不是工具性的物,而是与"我"共在的活生生的人。在此共在的世界中,人与人以及人与人对于物的占有都建立在相互尊重对方人格的前提下,并由此而设置生活世界的礼法。公平正义之所在,即是大道运行之所在。在此天下状态中,人伦交往趋于和谐,事物安排趋于合理。正是在此层面上,儒学资源给予公民道德建设以更多的参考价值,即:道德并不能仅仅限于德目的继承,而是需要基于全面生活方式的考量。在德化的整体的生活世界中,道德的挺立才能获得全幅的支撑。

---

① (唐)韩愈:《原道》,载《韩愈文集汇校笺注》卷一,中华书局2010年版,第3—4页。

儒学的生活世界迈向现代社会形态不是本质上的扭转，而是在原有规范上的扩充。在传统儒学中，每个人心中本有的良知天理是自我完善、世界整体完善的依据，而德目、礼俗、法制可以视作三种有助于人性醒悟的助缘。良知天理的发动需要在人与人之间的互动中得到体现，而德目则侧重于人际关系中的自身意识，彰显着积极的善行；礼俗侧重于人际关系中的直接的群体意识，诱发并维持着个体善行；法制侧重于人际关系中的契约规定（间接的群体意识），防范着个体恶行的蠢动。在《礼运》篇与《原道》篇中，儒者的生活世界充满了德性、德目与礼俗的积极建构，但在法制上尚有欠缺，常以礼教代替法制。而现代社会形态即突出公民对于公共事务的参与，公民的群体意识间接体现在法制、规则这一契约论的层面上。儒学传统的生活世界与现代社会形态的特质可以进行良好地融合与互补。从现代社会形态的契约特质上看，儒学世界原本具有德性、德目和礼俗，扩而充之发展出契约式的法制，如此进一步加强了每一个个体扬善去恶、全面发展的外在保证。从儒学的道德意旨上看，真正的现代社会形态不以形式化的契约共同体的法制为限，进而寻找德性之源，融德目、礼俗于一体，从而真正确立社会的道德属性。

因此，现代社会形态并不与儒家的生活世界相互背离，而是相互取资为用，在最终方向上同归一途。现代社会形态的德性需要以儒学的生活世界作为背景而得以展开，获得真正的德性之源；同时儒学的现代性发展，亦要在气命层面上接受契约共同体的时代变局，将之视作更好地防范幽暗人性的有效手段。现代社会形态的成立与儒学世界的更新由此可以站在共同的方向上，携手并进。现代社会形态不单是现代性的，更是源于传统的根脉；儒学世界不单是传统的，更具有面向未来不断发展的活力。这两种途径的合而为一，我们不妨称之公民儒学。

在公民儒学的生活世界中，个体在本体境界上与天地一体，成为与天地参的君子；在具体生活场景中将此一体之仁展现出来，又有各异的道德表现。如对于父母、妻儿的挚爱，可以成为家庭中的模范丈夫；对于事业的热忱，可以成为工作中的模范员工；对于国家命运的关切，可以成为政治共同体中的模范公民。君子不需要脱离丈夫、员工、公民等身份而单独存在，丈夫、员工、公民都是君子人格的体现，而不是在丈夫、员工、公民之外再有一个避世逍遥的君子。

四 从遗产到资源：公民道德建设的儒学文化源流

儒学已然从遗产变为资源，从死沉沉的古董变成活泼泼的生命。公民道德所依赖的现代社会形态虽然发端于西方社会，但其契约式的特征并非不能融入儒学传统之中。儒学传统亦非僵化之物，而一味排斥现代思想。"生生不息"[①] "苟日新，又日新，日日新"[②] 是儒学发展的真谛。公民儒学即是儒学发展一个方向，可谓儒学在新时代的流变。中国当下的公民道德建设，即在儒学文化的根源与流变中汲取养料，从而开始新的整合，在综合的创造中迈上新的历史台阶。

第四节 公民道德与儒家公私伦理

儒家公德与私德的关系既有内在的联系，又有相对的冲突。如果简单地看待这些问题，容易产生两方面的误解。一方面，将公德看作是私德的推移与扩大，公德仅仅是更大范围内的私德，从而为裙带关系的存在寻找到文化上的劣根性；另一方面，将公德与私德对立起来，大义灭亲、刻薄寡恩成为道义的代表，从而为现代性的科层系统的无人的客观化运作提供理论背景。

如果深入省察儒家的伦理思想，能够发现上述的误解可以获得进一步的澄清。传统的裙带关系的负担并非是儒家伦理的本义，现代的科层系统的开展也难以与儒家伦理有完全的相应。

儒家伦理发端于侧重亲情的私人领域，张举于指向公义的公共领域。

[①] 语见《系辞上》"生生之谓易"，载（明）李道平《周易集解纂疏》，中华书局1994年版，第561页。

[②] 《大学》，载（宋）朱熹《四书章句集注》，中华书局1983年版，第5页。

亲情的品德表现为孝悌，公义的品德表现为忠信。孝悌与忠信貌似适用于不同领域，但这些伦理价值并非截然两分，而是具有更为密切的关系。

一 孝悌与先天的血缘性家庭

孝是子对父的道德情感，悌是弟对兄的道德情感。孝悌在儒家伦理思想中占有最为重要的地位。在最为通常的情况下，人生之早期，即为人子之时，他可以与社会隔绝，但不能与家庭隔绝。有人子，则必然有人父、人母，这层道理无所逃于天地之间，乃为天伦之意。兄弟姊妹较之父母而稍疏，但亦在天伦之列。换句话说，血缘式的家庭关系是先在于个体存在而存在的，继而也是伴随着个体生长而存在的。这样的一种家庭关系，并不是先有独立的个体，随后集合独立的个体而成；而是先有群体关系，个体从群体关系中逐渐孕育而成。血缘式家庭关系网构筑了子的自我价值与存在意义。子与父的关系，子与兄的关系都已经先天的蕴涵在这张关系网上。

从一个个体而言，其所认识的存在世界就是一个血缘式的家庭环境。父子、兄弟的天伦关系从人生的初始阶段就伴随着生命而存在。不是先有一个我，再有我的父亲、我的兄长，而是在天伦关系的实践互动中获得我、父亲、兄长的认识，由此而成就儿童身份的认同与自我的定位，这正如皮亚杰所说："认识既不是起因于一个有自我意识的主体，也不是起因于业已形成的（从主体的角度来看）、会把自己烙印在主体之上的客体；认识起因于主客体之间的相互作用，这种作用发生在主体和客体之间的中途，因而同时既包含着主体又包含着客体，但这是由于主客体之间的完全没有分化，而不是由于不同种类事物之间的相互作用。……一开始起中介作用的并不是知觉……而是可塑性要大得多的活动本身。"[①] 由于家庭关系的先在性，孩童认识中的我之为我，父之为父，兄之为兄，必须在这样的背景与基础之上才可以获得真正的开展。

---

① ［瑞士］皮亚杰：《发生认识论原理》，王宪钿译，商务印书馆1981年版，第21—22页。

孩提只要发生认识与情感，就必然具有与此血缘家庭相关的认识与情感。

从儒家的传统来看，这正可以印证孟子的那句话："人之所不学而能者，其良能也；所不虑而知者，其良知也。孩提之童，无不知爱其亲者，及其长也，无不知敬其兄也。"① 个体自我的意识的形成需要血缘家庭的存在空间作为孕育和成长的摇篮。个体与家庭成员之间的关系，既是先天性的，又是经验性的。孩童对于家庭的认识与情感是与孩童自我认识同时形成与确立的。在这些认识与情感的发生中，孩童逐渐树立了自我的主体意识，也认识到他人也有与他自己相类似的主体意识。由自我的主体意识出发，始可以谈"尽己之谓忠"的忠道，由自我的主体意识而推想他人的主体意识，始可以谈"推己及物"的恕道。忠恕之道得以立，那么作为仁的道义的显现就获得了发生的机缘。

有子说："君子务本，本立而道生。孝弟（同悌）也者，其为仁之本与！"② 在这段话中，有子标举了孝悌、仁这两个儒学中的重要概念。但这段同样也容易引发疑问，即：孝悌与仁哪个更为根本？从文辞上看，似乎孝悌为仁之本，这样孝悌是第一性的，而仁是第二性的。但是，从程伊川与弟子的对答中，又指向了另一种答案。弟子问："孝弟为仁之本，此是由孝弟可以至仁否？"程伊川答曰："非也。谓行仁自孝弟始，孝弟是仁之一事。谓之行仁之本则可，谓是仁之本则不可。盖仁是性也，孝弟是用也，性中只有个仁、义、礼、智四者而已，曷尝有孝弟来。然仁主爱，爱莫大于爱亲，故曰孝弟也者，其为仁之本与！"③ 在程伊川看来，仁属于性，孝悌属于用。仁的作用就是爱。孝悌属爱的一种，也是最为重要的一种。有仁就有爱。在事父事兄的场景中的仁，表现出来的爱就是孝悌。因为，父兄所在的血缘式的家庭环境是人生来就最先遭遇的所在。

---

① 《孟子·尽心上》，载（宋）朱熹《四书章句集注》，中华书局1983年版，第353页。
② 《论语·学而》，载（宋）朱熹《四书章句集注》，中华书局1983年版，第48页。
③ （宋）朱熹：《四书章句集注》，中华书局1983年版，第48页。

家庭与孝悌之情有机地联系在一起。通过家庭之境与孝悌之情的孕育涵养，忠恕之道的仁义由此而生。从程伊川的回答中，可以看出儒家对于孝悌之爱与仁义之性的不同。仁义之性是先天本具的超越体，而孝悌之爱是后天起用的经验事物（此后天而起之说仅仅与仁义之性的超越义相比而言。就经验事物本身而言，则是经验事物中最为源发与初始之物）。先天的超越之性为人人所本具，但也并非在人初生的状态下就毕显无余，而是需要后天的工夫磨砺才逐渐能够涵养扩充得以展现。而在后天的工夫磨砺中，亲情之爱则是最为简易直截的方法。由后天的亲情之爱而显先天的仁义之性。如此，仁义之性与亲情之爱就成为一贯之物。仁义之性因亲情之爱而流露毕现，亲情之爱成为涵养引发仁义之性的最好的摇篮。在此意义上而言，孝悌则为行仁之本。行仁者，仁义之性的实践。孝悌作为亲情之爱，是仁义之性实践的根本所在。孝悌是用，仁义是体。孝悌是仁义之体最为重要与根本的用。儒家希望可以在此最为重要与根本的用上而达到超越之体，此谓即用而见体。

正是由于血缘家庭环境最为简易的即用见体之功效，儒家十分重视这么一个生活存在场所，并尽一切力量维持此场所的正当运行。"生，事之以礼；死，葬之以礼，祭之以礼。"[①] 由生到死，都需要呈现此一孝悌的存在氛围，从而凸显儒家的人文价值。个体在此价值生存中获得自身的意义。

二 忠信与后天的社会性组织

当个体从家庭迈入社会，其在社会中的状态与在家庭中的状态是不一样的。个体在家庭中是先由家庭的群体关系而后有逐渐分明的个体以及个体与亲人们之间明确的认知与情感；个体在社会中是先由已经确立的个体与已经成型的社会，个体再以自我确立的身份进入社会之中。因而，个体与社会不是基于原发性孕育的一体关系，而是后发性构筑的相

---

① 《论语·为政》，载（宋）朱熹《四书章句集注》，中华书局1983年版，第55页。

合关系。其间，可能相合，也可能不相合。

在儒家看来，相合与否的关键在于仁义。在社会上，人与人交往的德目为忠信，所谓"为人谋而不忠乎？与朋友交而不信乎？"① 朱熹注曰："尽己之谓忠，以实之谓信。"②"尽己"之己，为真正的自我，即非感官欲望的自我，而是道德主宰的自我。从道德主宰的自我出发，并由自我的实践来实现自己的承诺，则为"实之"之信。此忠与信，根源上来自于仁义的力量。

因此，忠信与孝悌虽然都属于德行，但它们与仁义的关系具有微妙的差别。孝悌比忠信含有更多的情感色彩，孝悌是人生先在的，忠信是人生后发的。以通常情况而言，在家庭环境下，人由孝悌之亲情而滋长仁义之性，由此人格自我获得确立（在亲情中感知到道德我的存在）。人在仁义之性本具的情况下，与社会上的他人交往，而有忠信之德。简而言之，虽然孝悌与忠信皆含有情的成分与义的成分，然而孝悌偏重于情，忠信偏重于义。家庭生活由情而生义，即用而见体；社会生活由义而生情，由体而达用。

在儒者看来，君子的社会交往注重义，由义而生情；小人的社会交往注重情，因情而忘义。"君子周而不比，小人比而不周。"③ 君子看重公共普遍的义，故"群而不党"④；小人拘泥一己之偏的情，故结党营私。故从君子看来，从义则合，非义则离。《论语》记载鲁定公问孔子君臣之道，孔子对曰："君使臣以礼，臣事君以忠。"⑤ 尹焞注曰："君臣以义合者也。故君使臣以礼，则臣事君以忠。"⑥《孟子》中也说："君之视臣如手足，则臣视君如腹心；君之视臣如犬马，则臣视君如国人；君之视臣如土芥，则臣视君如寇雠。"⑦ 君臣关系缺失了义的准则，可以导致"君

---

① 《论语·为政》，载（宋）朱熹《四书章句集注》，中华书局1983年版，第48页。
② （宋）朱熹：《四书章句集注》，中华书局1983年版，第48页。
③ 《论语·为政》，载（宋）朱熹《四书章句集注》，中华书局1983年版，第57页。
④ 《论语·卫灵公》，载（宋）朱熹《四书章句集注》，中华书局1983年版，第166页。
⑤ 《论语·八佾》，载（宋）朱熹《四书章句集注》，中华书局1983年版，第66页。
⑥ （宋）朱熹：《四书章句集注》，中华书局1983年版，第66页。
⑦ 《孟子·离娄下》，载（宋）朱熹《四书章句集注》，中华书局1983年版，第290页。

有过则谏,反覆之而不听,则去"① 的结果。

在社会生活中,人与人之间的横向的伦理关系是相对的。人与仁义之性的纵向关系则是绝对的。如果依循于仁义之性而建立人与人之间的伦理关系,此伦理关系就有牢固的基础;如果依循于情感利益而建立人与人之间的伦理关系,此伦理关系就不具备稳定性。

儒家伦理的五伦说,即偏重于横向的人际关系而言,但其间已经隐含着纵向的意思;而儒家伦理的三纲说,则偏重于纵向的天人关系而言,并成为横向关系变化的基础。"先秦的五伦说注重人对人的关系,而西汉的三纲说则将人对人的关系转变为人对理、人对分、人对常德的单方面的绝对的关系。……三纲说认君为臣纲,是说君这个共相,君之理是为臣这个职位的纲纪。说君不仁臣不可以不忠,就是说为臣者或居于臣的职分的人,须尊重君之理,君之名,亦即是忠于事,忠于自己的职分的意思。完全是对名分、对理念尽忠,不是作暴君个人的奴隶。唯有人人都能在其位分内,单方面地尽他自己绝对的义务,才可以维持社会人群的纲常。"② 为臣者,心系天下而出仕,故为臣之忠,忠于自心,忠于天下,非忠于君王一人。黄宗羲论臣道之言曰:"缘夫天下之大,非一人之所能治,而分治之以群工。故我之出而仕也,为天下,非为君也;为万民,非为一姓也。吾以天下万民起见,非其道,即吾君以形声强我,未之敢从也。"③ 君臣之义在于两者都为天下负责,"夫治天下犹曳大木然,前者唱邪,后者唱许,君与臣,共曳木之人也。"④ 君臣都是伐木之人,伐木为治天下之喻,都需为天下负责。故君臣关系,虽然在经验上是横向的,但根本上是纵向的。君与臣都要为天下负责,有此君臣之义,君臣关系就融洽。如果臣仅仅为君私人负责,君不为天下而只为自己的享乐,于是就仅剩横向的君昏臣谄沆瀣一气的关系,是为君不合君的职分,

---

① 《孟子·万章下》,载(宋)朱熹《四书章句集注》,中华书局1983年版,第324页。
② 贺麟:《五伦观念的新检讨》,载《文化与人生》,商务印书馆1988年版,第60页。
③ (明)黄宗羲:《明夷待访录·原臣》,载《黄宗羲全集》第一册,浙江古籍出版社2004年版,第4页。
④ 同上书,第5页。

臣不合臣的职分。

三　公私伦理的分际与矛盾

在家庭生活中，由孝悌之情而激发出人之本有的仁义之性；在社会生活中，由仁义之性生发显现为忠信之情。在家庭生活中，即用而见体，横向的孝悌之情与纵向的仁义之性弥合无间、浑无罅缝；在社会生活中，由体而达用，横向的忠信之情与纵向的仁义之性十字打开，纲举目张。因此，家庭生活与社会生活就打开了中国生存其间的两个不同空间。"门内之治恩掩义，门外之治义断恩。"①（恩者，情也。）一个是以社会生活为主体的公共空间，一个是以家庭生活为主体的私人空间。公共空间以义统情，私人空间以情统义。

私人空间中，情莫大于父子；公共空间中，义莫大于君臣。然而，子道与臣道虽有相同之处，但绝不能作完全的类比。"或曰：臣不与子并称乎？曰：非也。父子一气，子分父之身而为身。故孝子虽异身，而能日近其气，久之无不通矣；不孝之子，分身而后，日远日疏，久之而气不相似矣。君臣之名，从天下而有之者也。吾无天下之责，则吾在君为路人。出而仕於君也，不以天下为事，则君之仆妾也；以天下为事，则君之师友也。夫然，谓之臣，其名累变。夫父子固不可变者也。"② 父子关系的情与义糅和在一起，难以分出彼此，甚至在私人空间中，即使为父者之不义，为子者也能以一气之相连而因情而谅之，从而维持此源生道义的摇篮。君臣关系的情与义自有分际，此为此，彼为彼，在公共空间中，为君者之不义，为臣者需要以天下之公义而不得不谏，谏而不听，或去之，或易位，从而维持天下的健康运转。

在以家庭生活为主体的私人空间中，当父母有不义之举，则子所作所为，应该考虑两方面。其一，应该从道义上勉力相劝；其二，相劝应

---

① 《礼记·丧服四制》，载（清）孙希旦《礼记集解》，中华书局1989年版，第1469页。
② （明）黄宗羲：《明夷待访录·原臣》，载《黄宗羲全集》第一册，浙江古籍出版社2004年版，第5—6页。

以不宜损害亲情为限。如孔子所说："事父母几谏，见志不从，又敬不违，劳而不怨。"① 相类似的有《礼记》中的记载："父母有过，下气怡色，柔声以谏。谏若不入，起敬起孝。说则复谏，不说，与其得罪于乡党州闾，宁孰谏。父母怒，不说，而挞之流血，不敢疾怨，起敬起孝。"② 谏劝父母是晓之以义；敬而不违、劳而不怨、不敢疾怨，起敬起孝，是通之以情，从而可以维持亲情延续。而如孔子所说："父为子隐，子为父隐，直在其中矣。"③ 孟子所说："父子之间不责善。责善则离，离则不详莫大焉。"④ 这些话都暗含着"门内之治恩掩义"意思。

如果在私人空间中，父母之不义超过了一定的限度，从家庭范围中的不义扩展到公共空间的不义，从违反家法演变到违反国法，那么为子者就不能因情而恕之了。《孔子家语》中记载着曾子耘瓜的事例，如下：

  曾子耘瓜，误斩其根。曾晳怒建大杖以击其背，曾子仆地而不知人，久之有顷，乃苏，欣然而起，进于曾晳曰："向也参得罪于大人，大人用力教，参得无疾乎。"退而就房，援琴而歌，欲令曾晳而闻之，知其体康也。孔子闻之而怒，告门弟子曰："参来勿内。"曾参自以为无罪，使人请于孔子。子曰："汝不闻乎，昔瞽瞍有子曰舜，舜之事瞽瞍，欲使之未尝不在于侧，索而杀之，未尝可得，小棰则待过，大杖则逃走，故瞽瞍不犯不父之罪，而舜不失烝烝之孝，今参事父委身以待暴怒，殪而不避，既身死而陷父于不义，其不孝孰大焉？汝非天子之民也，杀天子之民，其罪奚若？"曾参闻之曰："参罪大矣。"遂造孔子而谢过。⑤

---

① 《论语·里仁》，载（宋）朱熹《四书章句集注》，中华书局1983年版，第73页。
② 《礼记·内则》，载（清）孙希旦《礼记集解》，中华书局1989年版，第737页。
③ 《论语·子路》，载（宋）朱熹《四书章句集注》，中华书局1983年版，第146页。
④ 《孟子·离娄上》，载（宋）朱熹《四书章句集注》，中华书局1983年版，第284页。
⑤ 陈士珂：《孔子家语疏证》，上海书店出版社1987年版，第101页。

父亲责打儿子，如若错在父亲，对在儿子。对于儿子而言，小棰则待过，大杖则逃走。小棰仅仅是皮肉之伤，受损者为儿子个人，不义仅仅在家庭环境中，所以为子者以父子亲情而忍之，待父亲气平之后再劝之。大杖则有击毙的危险，父亲要由之触犯刑法而获罪，不义从家庭环境蔓延至社会环境，所以儿子要保全性命，不让父亲犯罪。

孔子论孝："三年无改于父之道，可谓孝矣。"① 此"父之道"还需看是否无违于道义。若"父之道"不合于义，在私人空间——尤其以子为不义之承受者的情况下，改与不改尚无大碍。在公共空间——以其他人为不义之承受者的情况下，就必然从义而弃情。《左传》中有相应的例子，如下：

> 初，魏武子有嬖妾，无子。武子疾，命颗曰："必嫁是。"疾病，则曰："必以为殉。"及卒，颗嫁之，曰："疾病则乱，吾从其治也。"及辅氏之役，颗见老人结草以亢杜回，杜回踬而颠，故获之。夜梦之曰："余，而所嫁妇人之父也。尔用先人之治命，余是以报。"②

魏武子遗命有二，一为合义之嫁其嬖妾，一为不合义之殉其嬖妾。魏颗选择合义之命为其父之道。这才是儒家所说的"无违"③（义理）之孝。

在以社会生活为主体的公共空间中，儒家认为执政者应该执法如山，反对徇私枉法。孔子赞同叔向："叔向，古之遗直也。治国制刑，不隐于亲。"④ 在公共空间中，亲情需要附属于道义，不能因亲情而废道义。

上述的私人空间的伦理道德与公共空间的伦理道德具有一定的分际，

---

① 《论语·学而》，载（宋）朱熹《四书章句集注》，中华书局1983年版，第51页。
② 《左传·宣公十五年》，载杨伯峻《春秋左传注》，中华书局1990年版，第764页。
③ 《论语·为政》，载（宋）朱熹《四书章句集注》，中华书局1983年版，第55页。
④ 《左传·昭公十四年》，载杨伯峻《春秋左传注》，中华书局1990年版，第1367页。

在通常情况下可以区分开来。而在一些极端的情况下，儒家的公私伦理叠加在一处，这就产生了矛盾。如《孟子》中的一段记载，如下：

> 桃应问曰："舜为天子，皋陶为士，瞽瞍杀人，则如之何？"孟子曰："执之而已矣。""然则舜不禁与？"曰："夫舜恶得而禁之？夫有所受之也。""然则舜如之何？"曰："舜视弃天下犹弃敝屣也。窃负而逃，遵海滨而处，终身訢然，乐而忘天下。"①

瞽瞍杀人，舜作为最高执政者，应该让他手下掌管司法的皋陶秉公执法，按照道义之所在而行。舜只有"弃天下"（从一个执政者变成一个平民，从公共空间退出而进入私人空间），才能以私人空间的平民身份"窃负而逃"。这则故事仅仅是个假设，后面蕴涵的义理是注重道义的公共空间和注重亲情的私人空间都需要得以维持。当两者的要求产生矛盾的时候，不能举一而废一，只能依靠个体身份的转换而进行协调。当个体身份无法协调之际，或许只有舍生取义、杀身成仁（舍生、杀身来牺牲自我而予以感化之悲情，取义、成仁来依循道义而维持社会之公义）才能获得解脱。当然，这是极端情况下酝酿出来的悲剧，并非生活之常态。

四 儒家伦理为创造性地转化现代公民伦理

现代公民伦理的建立需要继承和发展传统的儒家伦理。儒家伦理可以创造性地转化为现代公民伦理。儒家的孝悌忠信的德行蕴涵着私人空间与公共空间的分际和联系。由私人空间的孝悌而涵养超越之义，由超越之义而表现为公共空间的忠信。由此，义既来自于天然的家庭群体性关系，义又可以构筑人为的社会群体关系。

儒家伦理创造性地转化为现代公民伦理，可以从以下四个方面着手。

---

① 《孟子·尽心上》，载（宋）朱熹《四书章句集注》，中华书局1983年版，第359—360页。

1. 儒家的孝悌忠信的伦理思想可以转化为公民伦理的道德诉求

公民的生活空间必然包含着家庭的环境。只要有家庭的养育，私人空间中的孝悌的道德感情就必然存在。公民的生活空间更注重的社会的环境，而此环境中的人与人的交往不应该建立在情感的基础上，而应该建立在独立意识自我选择的基础上，这样就产生了忠信的道德情感。忠信孝悌后面隐含着道义，故有舍己而从道的贡献精神。

2. 儒家的超越性的道义可以转化为公民伦理的权利需要

道义是超越性的法则，它来自于每个公民自心的忠恕，继而形上化为每个公民的职分。从职分上讲，又可以规定每个公民权利与义务。如此，义就成为公民在公共空间订立契约的形上基础。契约的稳定性不仅仅是横向的个体之间的权利制衡，而是纵向的纲常在经验世界的具体落实。

3. 儒家的公私伦理的分际可以避免私情延伸到公共空间

小人将私人的情感带入公共领域，组建非正式团体，以小团体利益为重，以整体利益为轻，在小团体中，又以自我利益为重，以他人利益为轻。整体是成就小团体利益的工具，小团体是成就小人自身利益的工具。这么一来，裙带关系，潜规则所构成的关系网就四处横行、肆无忌惮，俨然要架空社会公共空间的正常运作秩序。儒家传统十分反感这些小人的作为，提倡君子的大公无私的作为。在公共空间，不以私情来枉断公义，而是要从公义出发来统御私情。

4. 儒家的公私伦理的分际可以避免规则僭越于私人空间

西方公民伦理的发展逐渐有将所有公民原子化的趋向。社会生活由原子化的个人之间的契约关系所构成。这种思想影响到家庭领域，导致人际关系冷漠，人与人之间缺乏真诚的交流。儒家一直坚持维持家庭中的亲情关系，可以抵制西方公民伦理思想的相应弊端。为规范化、秩序化的公共空间留出一个道义生发之本的摇篮。不然，私人空间若没有亲情，道义的存在就僵化，道义所维持的契约就会落入个体之间横向的权利制衡。契约最终在制衡的波动中坍塌，公共空间也将不复存在，人与人重新回到丛林状态。

儒家伦理转化的现代公民伦理，既要承认个人对于公共群体的归属的情感，又要维持个人在公共群体中独立自主的权利。前者是一种立足于私人空间的舍己的道德诉求，后者是一种立足于公共空间的利己的权利需要。通过道德诉求，才会让开自己，从而成就天下每一个人，让每一个人都获得自我的权利需要。通过权利需要，才会赢得自我的独立地位，从而让自我的选择出于自己的本心，发出真正的道德诉求。因此，道德诉求与权利需要并非截然对立，其间是相互奠基、相互弥补的关系。

第 四 章

儒家空间理论建构中的具体伦理要求

儒家公私空间的架构为普遍的公民道德的建立奠定了基础。普遍的公民道德，可以表现为在社会中的任何个体，无论其从事何等行业，都必须奉行的道德准则。此章继续深入探讨具体的伦理要求。这些伦理要求，主要分为物质和精神两个方面。在物质方面，主要论述了财富的生产与财富的分配中所蕴含的伦理要求。在精神方面，主要论述了知识精英和娱乐人物的伦理要求。

第一节 企业生产的道德要求

随着我国市场经济的深入发展，现代企业已经由原初作为国民经济重要组成部分的经济单位逐渐延伸出各种新的功效。现代企业不能仅仅限定于经济上的生产，而是逐渐成为现代人的一种常态化的生活方式。这预示着一种隐性的变革。如果说传统农耕社会以家庭作为经济单位，那么现代社会化生产则需要以企业作为经济单位。事实上，传统社会以家庭空间作为经济单位的同时，家庭空间也发挥着超过经济单位的其他功效，只是我们似乎更看重其伦理血缘层面上的意义。而面对现代社会化生产下的企业，我们一度仅仅注重其经济作用，而忽视其本应具有的多面维度。

相对于传统的家庭空间而言，企业通过商业运营而构成的组织，已经成为现代人主要的生活空间。当此组织中每个人将其最为年富力强的岁月消磨在此同一空间中时，如果以单向度的视角来考察企业的经济效益，则显得远远不够。企业组织空间应当呈现出更为丰满的意义，在一定程度上构筑起组织中诸多个体可以栖居的家园。

然而，这种生活空间意义的重塑并没有获得一个持续健康的发展方向。当传统的家庭空间在社会化生产下被现代经济生活边缘化后，企业的组织空间没有发挥应有的功效反而被化约为谋生的工具，于是个体的伦理生活无所依傍，逐渐失去家园的存在感而落入道德虚无的境地。在此层面上，我们或许可以借鉴儒家思想，对于组织空间的意义重塑提供理论资源与实践途径。

一　商道之殇：资本生产模式下的企业道德危机

从西方企业发展史上来看，企业的繁荣源于封建庄园的衰落与市民社会的兴起。农民与土地的分离，既剥离了农民赖以生存的生产资料，又徒然创造了需要新的生产资料的劳动力。农民由土地的依附者转变为一无所有的自由者，成为原子化的个体。他们的身份、性情、出生等特殊性的东西都变得极为次要。在资本家眼中，他们仅仅是劳动力商品的交换者而已。

市民社会的市场运作的关键在于，每一个个体都成为原子化的劳动者，他具有自由出卖自己劳动力、等价交换自己商品的权利。在出卖劳动力与交换商品时，他天然地在法律范围内可以追求自我利益最大化。少部分幸运者由此而拥有大量的资本，并通过现代生产方式而获得更大的积累。当这种"人人为自己"的状态得到真正普及时，市场这只"看不见的手"的自我调控也就发生了作用，于是"上帝为大家"的客观效果也将最终展现出来。

"人人为自己"成为市民社会人性论的经典设定，即所谓的"理性经济人"，而"看不见的手"成了市场运营的客观规律，"上帝为大家"也成为市民社会合法运作的证成性保障。然而，就在这貌似合理的状态中，却隐藏着人为物役的深层危机。

在现代资本生产模式下,经济规律成为客观而正确的事物,而人的主体性则成为规律函数式中的填充物。在此情况下,一方面,个体被赋予了极大的自主性,他可以充分展示自我的特殊爱好,但此特殊爱好无法进入公共的生产领域。另一方面,个体却又受到了极大的限制性,他只有以符合规律的行为才能真正进入公共的生产领域。所有关于人的全面发展的维度都成为资本生产模式下被规避之物,而留在个体的附属物的阴影之中。人被单向度地规划为资本积累的劳动供给者。当人之所以为人的核心价值从丰富的整体异化为资本积累的机器运作中的一个环节时,人在公共性上即丧失了自我,主体性被彻底物化,仅仅余下在个体私人领域中的无尽的欲望和漂泊的情感。于是,人被化约为公共生产模式下的资本与私人领域的欲望情感。人的分裂所获得的回报是资本的反馈,这或许就是"上帝为大家"在资本生产模式下的体现,而分裂的人再也回不到健全的一体之中。正是在此分裂的生产状态中,一体的人已经与古代的传说一样存在于乌托邦式的幻想故事里,人在怀念田园牧歌的同时,已经无法寻找其生命的归属感,仅仅在利与欲的波动中摇摆自己的根基,现代企业的道德危机由此而生。

我国的社会主义市场经济建设在一定程度上借鉴了西方的经济模式。在通过市场有效配置资源的同时,西方资本生产模式的负面作用也在我国的经济生活上产生了较大的影响,我国企业也面临着严重的道德问题。当西方话语已经成为现代性的普遍代言时,企业道德问题就成为我国现代化进程中必须走出的困境。

我国企业道德缺失的问题按其发展过程可以分出以下四个层次。第一,完全从"投入—产出"的经济系统来衡量企业。企业被理解为一种非道德的存在体。它仅仅以效率的高下为判断标准,忽略了企业组织空间中人的生存感。这种源自于西方资本主义早期发展的泰勒制的生产模式在我国某些地区仍旧存在。第二,在追逐效益的同时,偏于单向度发展组织空间中的物的因素,而扭曲了组织空间中人的因素。这样,企业从非道德的存在体进一步滑落为不道德的存在体。企业在高效生产商品的同时,完全无视企业对于社会的道德责任和对于环境的道德责任。企业排放的工业废水、化学废料污染了人与动物的生存环境,破坏了人与自然的生态平衡。第三,企业过度趋利而行,导致不道德的企业伦理最终影响了其自身的存在价值。原材料是与账本不符的劣质品,经济运行的生产报表是名不副实的虚假数据,产品是欺骗顾客的低质商品。企业对于原材料提供商赊账欠款,对于员工拖发薪水,对于顾客缺乏售后服务,对于产品品牌抄袭复制。企业的不诚信扭曲了自己的存在价值,企业组织空间的存在逐渐倾覆在虚假的地基上。第四,企业的不道德演变为经济生活中的常态。由于绝大多数的个体都生活在企业的组织空间中,这种经济生活的不道德的常态化容易影响人的价值取向,转变人的思维模式,并进一步腐化人类生活的其他领域。这导致人际关系的物化。人与人之间互相利用,充斥着唯利是图的交往关系和普遍的不信任感。人在这样的生活状态下或失去生命存在的意义而引发富士康式的跳楼事件,或失去正确的是非观与理性的处事态度而由小争执激发起群体性事件。

上述四个层次的问题,既存在着企业的组织空间内部的道德问题,又存在着组织空间与组织外部空间的道德问题,还存在着组织空间与其他组织空间的道德问题。而这些问题的核心,则来自于组织空间本身的管理理念,即:组织空间本身的自我认定。

组织空间与外部空间、其他组织空间的道德问题是组织空间自身道德败坏的恶果。而组织空间本身的自我认定,又以管理者的管理理念为根本。管理理念的形成则来自于现代资本生产模式。由于现代资本生产模式分裂了健全的人性、隐藏了存在的意义,故重塑企业道德,需要进一步辨析人性与呼唤存在。

二 人性之辨:X 理论难以走向 Y 理论的现实困局

企业道德建设的核心在于改善相关管理理念,进而超越现代资本生产模式。相当多的学者与有识之士都看到了"理性经济人"存在的缺陷,并以一种道德人的标准来要求企业从业人员。中国学者从中国传统资源出发，寻找出诚信、和谐等原则，并要求企业家具备"公而忘私、虚怀若谷、正直公道、诚实守信、以身作则、宽恕谦和、真诚待人、严于律己、从善如流、言行一致、联系群众、勇于自我批评"①等品德，并认为具有这些品德才是真正的人性体现。

这种对于积极健康的人性的召唤在西方管理思想中表现为麦格雷戈的管理理论。道格拉斯·M.麦格雷戈（1906—1964）是美国行为科学管理理论的代表人物。他提出的X-Y理论是研究企业人性方面的杰出之作。麦格雷戈把在他之前的传统管理与控制的观点称之为X理论，而把他自己揭示的管理与控制的观点称之为Y理论。麦格雷戈揭示出X理论的特征为：由于人们具有厌恶工作的本性，因此必须对他们进行强制、控制、监督以及予以惩罚的威胁，才能促使他们努力向组织目标奋进。而Y理论的特征为：要想促使人朝着组织目标奋斗，外在的控制及惩罚的威胁并非唯一的方法。人为了达到自己承诺的目标，自然会坚持"自我指导"与"自我控制"。人之所以对目标做出承诺，是为了得到实现目标后的各种酬劳。在各种类型的酬劳中，尊重需要及自我实现需要的满足可以驱使人们朝着组织的目标而努力。②任何管理手段都与管理对象与管理目标具有紧密的联系。当X理论、Y理论具有共同的管理目标时，针对管理对象的不同认识就决定了管理手段的差异性。"在X理论中，人讨厌工作，因此人执行工作需要依靠外在的力量。人为了外在的原因（获得薪金或避免惩罚）而工作，且并不愿意为工作承担责任。这暗含的意思是，处于初始状态的人的本性并不追求目标。因此，追求目标的过程是被迫的，人性不是自我完善的。在Y理论中，人热爱工作，因此人执行工作出于内在的力量。人为了内在的原因（自我实现）而工作，愿意为工作承担责任。这暗含的意思是，处于初始状态的人的本性追求目

---

① 徐树英：《传统文化的诚信、和谐理念与企业文化构建》，《经济问题探索》2006年第8期。

② 参看〔美〕麦格雷戈《企业的人性面》，李宙、章雅倩译，中国人民大学出版社2008年版，第33、46—47页。

标。因此，追求目标的过程是自愿的，人性是自我完善的。"① X 理论中的人本性不愿意追求目标，故管理手段需要依仗外在的引诱与强制；Y 理论中的人本性愿意追求目标，故管理手段仅仅需要激励与引导。

中国学者提出的注重企业人员的道德品性与西方学者的 Y 理论有很大的相似之处，他们固然看到古典管理学派的弱点，并希望通过道德人的提法可以弥补此一缺憾，但这一设定在很多场合却没能发挥出理想的功效。"麦格雷戈把古典学派的组织方法同 X 理论联系在一起，这个方法在某些场合确是很成功的，但正如麦格雷戈自己所指出的那样，在另一些场合它是行不通的。同时，以 Y 理论为基础的那个方法，虽在某些情况下产生了良好的结果，但也并非总是如此。那就是说，每一种方法在某些情况下是有效的，在另一些情况下则不是这样。"② 在现实的管理实践中，X 理论难以走向 Y 理论。

人们或许以 X 理论或道德人为一种理想的目标，而现实中的人都是坐于利欲胶漆盘之中。然而仅仅对于道德衰落的哀叹恰恰最为无济于事。与道德人一样，理性经济人其实也是一种假设。之所以理性经济人的假设能够大行其道，并不是这种假设更符合真实的人性，而是与此假设配套的制度制约着个体不得不以理性经济人的方式来存活其间。

从中国的儒家学说的视域来看，人性具有超越的价值，但它不是孤立的存在，而是与其所处的境域的互动有着紧密的关联。即使认为人性之善可以成为道德天然确立的基础，但继善成性的后天塑造仍然是道德实现与否的重要保障。或许在偶然的个体身上，道德的显现可以无关乎外在环境的苛刻，但若以一种统计的眼光来看待群体的道德问题，那么群体道德的真正显现仍旧需要作为助缘的外在环境。外在环境的引导作用则显得至关重要，外缘的改善则成为唯一可以努力的工作。这正如 D. S. 沙文所指出的那样："X 理论的行为就是我们到处看到的那种行为。

---

① 朱光磊：《麦格雷戈 X - Y 管理理论与儒家思想的会通》，《福建论坛》2012 年第 5 期。
② ［美］J. J. 莫尔斯、J. W. 罗尔施：《超 Y 理论》，载《哈佛管理理论文集》，孟光裕译，中国社会科学出版社 1985 年版，第 145 页。

这种行为可能是部分地由于雇员们在早年所处的家庭环境和学校环境。但我相信,工作环境起决定性的作用。如果Y理论的管理风格受到有关组织工作的一些假设的压制,这些假设不让雇员去满足他的心理需要,那么我们真能指望Y理论的管理风格取得很大的成就吗?环境选择行为,企业的组织选择X理论的行为。有关组织工作的基本假设要能适合Y理实论对人性的假设,在这之前,Y理论的行为可能仍旧只是一个信仰问题。"①

人性论的困局并非人性中已经丧失了自我实现的崇高的道德追求,而是这种追求的公共空间已经消解,就如急欲发芽的种子缺乏应有的阳光雨露那样,种子本身的生命力就掩埋在荒瘠的泥土下面。

三 价值之维:社会整体视域下企业存在的终极意义

人性论回答了人之所以为人的问题,但是我们不能仅仅停留在"所以然"的超越层面,而需要从"所以然"重新回到"然"的现实层面。因此,人性论的追问不可避免地需要直面人的整体存在。而现代的企业组织作为人生存的主要空间,也需要超越单向度的经济功效而显现出更为终极的意义。

梅奥著名的霍桑实验揭示出正式组织中的非正式组织,"一方面有正式组织及其规则、秩序和工资制度的存在,另一方面又有非正式组织及作为其基础的各种情绪和人际互动的存在,这就给管理带来了问题。非正式组织不应该视为坏的,而应该视为正式组织的一个必要的、彼此依赖的方面。将组织视为一个社会系统,有助于管理层处理正式组织所要求的'效率逻辑'与非正式组织要求的'情感逻辑'之间的冲突"②。西方管理思想家看到人性不能满足于正式组织所提供的存在需求,而渴望在非正式组织中得到补偿。这在相当大程度上已经发现了理性经济人化

---

① [美] D. S. 沙文:《赢得职工献身于企业的战略》,载《哈佛管理理论文集》,孟光裕译,中国社会科学出版社1985年版,第412页。

② [美] 丹尼尔·A. 雷恩:《管理思想史》,孙健敏、黄小勇、李原译,中国人民大学出版社2009年版,第335页。

约整体人性的误区，但由于他们仍以经济效益的产量为目标，所以满足人性的其他需求仅仅成为提高产量的一种手段。人性的光辉与存在的意义仍旧晦暗在经济效益普照的单色光芒下。

固然在中国传统中，存在着与西方现代经济思想完全相反的"重农轻商"的观点，持这种观点者认为商人逐利，无商不奸。但从先秦儒者以及后世很多开明的儒者看来，商人如果不仅仅以经济效益的利己性上着眼，而是从社会整体的需求出发，则仍旧可以通达健全的人性与存在的意义。《大学》言："生财有大道，生之者众，食之者寡，为之者疾，用之者舒，则财恒足。仁者以财发身，不仁者以身发财。"① 仁者通过使用财物来成就健全的自身，不仁者通过物化自身来追逐不义的财物。《系辞》言："备物致用，立成器以为天下利，莫大乎圣人。"② 财物器具离不开商业，商业生产财物器具是为了致用而遍利天下，这才是圣人的所为。而后世的儒者更是看到士农工商不同行业对于社会整体的积极作用。王阳明认为："古者四民异业而同道，其尽心焉，一也。士以修治，农以具养，工以利器，商以通货，各就其资之所近，力之所及者而业焉，以求尽其心。其归要在于有益于生人之道，则一而已。士农以其尽心于修治具养者而利器通货，犹其士与农也；工商以其尽心于利器通货者而修治具养，犹其工与商也，故曰：四民异业而同道。"③ 张居正认为："古之为国者，使商通有无，农力本穑。商不得通有无以利农则农病，农不得力本穑以资商则商病。"④ 黄宗羲认为："世儒不察，以工商为末，妄议抑之。夫工固圣王之所欲来，商又使其愿出于途者，盖皆本也。"⑤ 商业可以畅通货之有无，也是整体社会的健康运营所必需的组成部分。而更为

---

① （宋）朱熹：《四书章句集注》，中华书局1983年版，第12页。
② （明）李道平：《周易集解纂疏》，中华书局1994年版，第604页。
③ （明）王阳明：《节庵方公墓表》，载《王阳明全集》，上海古籍出版社1992年版，第941页。
④ （明）张居正：《赠水部周汉浦榷竣还朝序》，载《张太岳集》，上海古籍出版社1984年版，第99页。
⑤ （明）黄宗羲：《明夷待访录·财计三》，载《黄宗羲全集》，浙江古籍出版社1985年版，第41页。

重要的是，商业人员也可以由此而通达天地之间的安身立命之道。

从中国儒家传统的立场来看，企业以追求经济效益为目的的正式组织并不是企业根本意义之所在，而企业对于社会整体的贡献才是其根本意义之所在。换句话说，商道之本，在于商品的使用价值，而非商品的价值。如果单方面着眼于商品的价值，则会走上资本积累的生产模式，形成人性的分裂感与家园的丧失感。而着眼于商品的使用价值，则可以看到生产商品能够满足消费者的日益增长的物质文化需求，就是王阳明所谓的"生人之道"，由"生人"而"生财"，此为"生财有大道"。个体参与商业运作，可以开物成务，满足他人的需求，在成就他人的同时，也提升了自己。如果说现代资本生产模式是以生产商品的使用价值为实现交换的手段，以获得商品价值为目的，那么儒家的商道即以商品的价值为实现交换的手段，以提供商品的使用价值为目的。在儒家思想的视域中，不是人物役于资本，而是资本为人所服务。因此，企业在现代社会中，可以依靠经济维度这个最初面向，将诸多个体团结成为一个群体，而此群体通过生产又可以对于社会整体作出贡献。个体不是被资本链的客观化运作模式束缚在某一生产单位里，而是每个人的自由劳动推动社会整体的健康发展。在企业中的劳动不是为了攒钱谋生而不得不采取的手段，而是劳动者寓居于此生产单位并能够安身立命的家园式的本然活动。

单向度的组织空间重新绽放其价值之维，个体在群体中获得存在的意义而具有了奋斗的方向，这就为组织空间的本真敞开做好了奠基性的准备。

四 组织之臻：确立企业道德的未来发展方向

每个个体都具有潜在的健全人性与呼唤家园的内在需求，一个良好的管理者所需要做的事情不啻乎将封闭的组织空间敞开，将单向度以经济效益为标的的所谓"正式组织"敞开为多维存在意义的公共空间。同时，此公共空间仍需借助经济手段以获得其自身开展，由此而不失企业之特性。个体在组织空间的敞开中获得归属感，组织空间也由个体的实践而获得完整的意义。

20 世纪 80 年代在西方发达国家开始盛行的"工作生活质量运动"（Quality of work life，缩写为 QWL）在一定程度上可以说代表着组织空间向健全人性敞开的发展方向。"QWL 运动以人性为中心，强调通过对人力资源的综合、全面开发，提高组织机构的各种效率，同时实现提高员工在工作质量的目的。……首先，它强调 QWL 是一个'过程'（有些文章用'运动'一词），它适合于全球各个国家的各种组织，是伴随着组织机构的发展而持续进行的一场运动。其次，它突出了 QWL 运动的两个基本目标，并强调二者是'孪生'的。实现这两个目标的前提是让全体员工全身心地积极参与，将组织目标与每个个体的目标结合起来，既发展了组织，又提高了个人的工作质量。它强调企业应该放弃一味追求生产效率的做法，重视每个员工的个人价值在工作中的体现，通过个人价值的实现，反过来促进组织效率的提高。"[1] 在 QWL 的企业模式中，组织与个人的发展目标达成一致，人再也不是资本生产模式下只具个体特殊欲望的原子式个人或者束缚在机器化链条中的了无生机的螺丝钉，而是具有共同奋斗旨向的自由个体的联合。个体在此真正敞开的组织空间中找到自我，并以企业的生产劳动的存在方式而实现自我、发展自我。这种以人性的健全发展为目的的企业生产模式已经突破了资本生产模式下唯经济效益至上或者以人性需求为工具手段的限制，从社会发展的整体视角关注人性的健康全面发展。因此，人的情感可以超越一己之私域而趋向社会全体的共同繁荣，人的知性可以超越片面的量化思维而予以自身一个适当而附属的工具理性地位。情感和知性由于组织空间的敞开而从两分的状态中重新统摄于整体的理性之中，并在为人为己的道德精神的主宰下发挥积极的效用。

群体性的企业道德的确立无法通过道德劝说或者道德人的假定来达成，而是需要与人性发展相应的组织空间的成熟来开辟道路，从而达成

---

[1] 谢晋宇、翁涛：《工作生活质量运动与企业人力资源开发管理》，《外国经济与管理》1998 年第 9 期。

个人发展、组织发展、社会发展三位一体的企业文化格局与相应的企业管理理念。在此文化理念的革命性影响下，管理者需要改良组织结构，引导人性觉醒，在个人发展与组织发展的层面上解决组织空间的内部人员存在的道德问题；在组织发展与社会发展的层面上解决组织空间与组织外部空间存在的道德问题以及组织空间与其他组织空间存在的道德问题。

儒家文化视域下的企业道德问题的解决，关注了个体、企业存在对于社会整体的意义，并对物役化的资本生产模式进行了反思与批评。企业道德的真正确立，需要将个体、组织、社会视作有机的整体，在人本化与家园感的组织空间中获得真实的生命。

西方社会从泰勒的古典管理模式发展完善至 QWL 模式，已经逐渐走出人性分裂的误区。中国正处于经济政治的转型时期，在现代性的发展方向上，既要吸取西方企业文化资源，也要明鉴西方路径的覆辙，从而发挥自家优秀传统的作用，走出一条中国特色的企业道德建设之路。

第二节　财富分配的正义理论

当下我们谈及正义理论和财富观念，无疑具有现代性或者西方话语的政治哲学背景，但正如郭齐勇先生所说："第一，不妨以西方政治哲学中的理念为参照系去透视、反观中国传统政治文化资源，发掘其中可以与今天的民主政治相接济与会通的因素，把这些因素调动出来为今天的中国政治改革所用；第二，进一步发现中国传统所有而西方现代所无的优秀政治文化的观念、智慧、方略、制度架构、机制及民间土壤等，并予以创造性的转化。"[①] 中国当代的学术发展，需要古今中西的视野，贞下起元、旧邦新命，在综合地创造中作出新的理论贡献。

---

① 郭齐勇：《再论儒家的政治哲学及其正义论》，《孔子研究》2010 年第 6 期。

正义理论和财富观念在儒家传统语境中属于义利问题。在这个问题上，儒家可以基于自身传统以及普遍的仁性来谈出自己的看法。需要指出的是，这种看法并非仅仅适用于儒者或者古代中国人。儒者的天下观具有普适效用，在义利之辨中所讨论的解决之路也具有一种普适的方法学意义。

义利之辨显示了正义与财富的关系。正义并非蹈空而纯粹的形而上思辨，而是需要具体落实在日常生活之中，并在日常生活的交往中来显现自身。财富是日常生活中的重要组成部分，在财富观念的界定与思辨中，可以充分展现贯彻于其中的正义力量。

一　儒家的正义理论

正义论是一个现代政治哲学的关键术语，但其背后的哲学论辩与思维特征为儒家正义理论开启了一条思想路径。儒家的义就具有正义的特性，基于儒家经典的文献诠释可以进一步挖掘出儒家正义理论的深刻内涵。

1. 儒家正义论的基本架构

"义者，宜也。"① 宜是应当的意思。为什么应当呢？《说文》的解释是"所安也"，《增韵》的解释是"适理也"。安是指心安，属于主观性的标准；理是指天理，属于客观性标准。某件事应当与否，主要在于心安与否、合理与否。儒者将心安与合理都包容在仁中。仁是人最为本真的心灵感动，它既是主体性的心灵发动，又是普遍性的心灵状态。孟子以四端之心来言仁，彰显了此两重维度，他说："恻隐之心，人皆有之；羞恶之心，人皆有之；辞让之心，人皆有之；是非之心，人皆有之。恻隐之心，仁也；羞恶之心，义也；恭敬之心，礼也；是非之心，智也。仁义礼智，非由外铄我也，我固有之也，弗思耳矣。"② 四端之心，人皆有之，则仁就不是个体随意的情感，而是具有其普遍性；四端之心，我

---

① 《中庸·第二十章》，载（宋）朱熹《四书章句集注》，中华书局1983年版，第28页。
② 《孟子·告子上》，载（宋）朱熹《四书章句集注》，中华书局1983年版，第328页。

固有之，则仁就不是外在于我的规范，而是具有其主体性。

"正"是"守一以止也"①。"一"是大道，守住大道而不变。"一"作为大道，在儒家的系统里，也就是安心与合理的仁。"守一"就是持守仁，"止"就是不离开仁。"正"可以理解为守住仁而不离开仁。

"正义"一词是偏正结构，以"正"来修饰"义"，兼具了"正"与"义"的意思，可以看作是符合仁的应当。在一般情况下，"义"字的意义已经包含了"正"字的意义，"义"可以视为"正义"的简化表达。

仁是人之为人的根本。以此作为始端，那么人在面对生活世界中所遭遇的事物都会持有一种应当如此的态度。"仁，人之安宅也；义，人之正路也。"② 仁是安居的房屋，义是中正的道路。仁是根源，义是根源所发出的指向，指向的对象是生活世界中具体的事物。如王阳明所说："以此纯乎天理之心，发之事父便是孝，发之事君便是忠，发之交友治民便是信与仁。"③（阳明的心相当于作为德性的仁，阳明所说的治民之仁相当于作为德行之仁，是作为德性的仁在治民上的表现。）

义的一头联接着作为大本大源的仁，另一头联接着生活世界的事物。义就是需要给生活世界中的事物给予调适安顿。仁者看到生活世界的这些事物的不完善而不能心安理得，故需要通过实践行为将其改善为合理状态遂能心安理得。这种实践行为既表现了实践主体的德行，又改善了实践客体的状态。当仁者需要长久维持实践客体一种较好的均衡状态时，就需要成就一套礼制。客体的实然改善是经验状态，而制定的礼制则是一套形式化的架构。这套架构规范了生活世界中各种事物应该维持的状态。儒家的礼制又叫礼乐之教，"乐也者，和之不可变者也；礼也者，理之不可易者也。乐合同，礼别异。礼乐之统，管乎人心矣"④。一方面，由于事物本身不齐，礼就可以如其所是的将此不齐赋予相应的分别，使其各安本分，以此来安顿不同；另一方面，又由于事物是一气之所感的

---

① 陈廷敬、张玉书等：《康熙字典》，社会科学文献出版社2008年版，第637页。
② 《孟子·离娄上》，载（宋）朱熹《四书章句集注》，中华书局1983年版，第281页。
③ 陈荣捷：《王阳明传习录详注集评》，华东师范大学出版社2009年版，第17页。
④ 《荀子·乐论》，载（清）王先谦《荀子集解》，中华书局1988年版，第382页。

共在，乐就可以舒展人的情感来交流融通，将其不齐的差异和谐地联系在同一个整体系统之中。这种和而不同的礼乐设置又都来自于人的仁心。

鉴于儒家正义论"仁—义—礼"的理论构架，义位于仁与礼乐的中间，具有一种转化功能，即将内在的感受的仁转化为外在的普遍化的礼乐制度。由于仁是根源性的，所以仁本身生生不息，古圣今贤，四海君子，人同此心心同此理。而礼乐则是针对具体对象而发，具体对象都有时空差异，所以礼乐不能一成不变，而是随着时代、环境的变化而有所损益。

2. 实施正义的主体

礼作为一种普适天下的制度可以依照时代、环境变化而变化，因地制宜、因时制宜地构建适应当地当时的制度。但是这种变化表面上是随着外在的对象变化而变化，但根本的决定性的基础仍旧是仁者的决断。哪些人可以成为仁者呢？

在儒家看来，人人皆有良知，涂之人皆能成圣人。人之所以为人的地方就是因为人有仁。因此，在最为本源的意义上说，所有的人都是仁者。但是，在现实生活中，人可能由于某些缘故，最为本真的仁心有所遮蔽，而显示出不完善的心智状态。那么义的源头就只能属于一部分心智的完善程度充分展现的人。在儒家的理想中，圣王就是这样心智的完善程度充分展现的人。黄宗羲说："有生之初，人各自私也，人各自利也；天下有公利而莫或兴之，有公害而莫或除之。有人者出，不以一己之利为利，而使天下受其利，不以一己之害为害，而使天下释其害；此其人之勤劳必千万于天下之人。"[①] 最初的社会状态，人都在谋求个体发展，而有一个人能够从自我的世界中解放出来，为谋求每个人的个体发展而努力，这个人就对自我的关爱扩充至对其他所有人的关爱，这个人的仁心所观照的范围就不仅仅是一己之私，而是整个天下。那么，这个人就是仁者，可以被大家拥戴为圣王。圣王与普通人的不同，就是仁心

---

① （明）黄宗羲：《明夷待访录·原君》，载《黄宗羲全集》第一册，浙江古籍出版社2005年版，第2页。

所观照范围的差异。普通人可能只关心自己，或者自己的家人以及朋友。但可以拥戴为圣王的人，他的仁心可以观照整个天下。张载称这种状态为"民胞物与"，王阳明称之为"一体之仁"，王阳明说："大人者，以天地万物为一体者也。其视天下犹一家，中国犹一人焉。……是故见孺子之入井，而必有怵惕恻隐之心焉，是其仁之与孺子而为一体也，孺子犹同类者也；见鸟兽之哀鸣觳觫，而必有不忍之心，是其仁之与鸟兽而为一体也，鸟兽犹有知觉者也；见草木之摧折而必有悯恤之心焉，是其仁之与草木而为一体也，草木犹有生意者也；见瓦石之毁坏而必有顾惜之心焉，是其仁之与瓦石而为一体也，是其一体之仁也。"① 正是由于此"大人"具有"以天地万物为一体"之仁，所以依于此仁而生成的义就指向了天地万物，所规范的礼就保护了天地万物。这样的"大人"可以成为公共生活的管理者。如果反过来，以普通人有限的仁为基础，那么他的仁心可能仅仅观照自己的家庭与朋友，对自己生活圈子之外的人和物就麻木不仁，那么他所发动的义，只对自己的生活圈子是义的，对自己生活圈子之外就是不义，这样的人就不能成为公共生活的管理者，最多只能成为自己生活圈子的管理者。

儒者理论中的圣君贤相都是这样的"大人"。黄宗羲认为君王与大臣共治天下，就像共同伐木之人，他们地位是均等的，治理天下要相互配合、相互协调。儒者这样的理想建构，其实是想把社会的管理权交给那些能够真正施行正义的群体中。不是成为君王就能够代表正义，而是代表正义者可以成为君王。孟子与其弟子万章曾讨论过政治合法性的问题，孟子认为，某人能够代表正义，主要来自三个方面的依据。其一，前任统治者的推荐；其二，上天的接受；其三，民众的接受。这三点用现代语言来诠释，就是统治的合法性需要：知识精英的认同；普通大众的认同；以及统治本身合乎正义。前任统治者是知识精英，在一般意义上具有辨别继任者是否具有一体之仁的能力。至于作为天道的正义如何体现，孟子用了《尚书·太誓》的话"天视自我民视，天听自我民听"。统治者

---

① （明）王阳明：《大学问》，载《王阳明全集》，上海古籍出版社1992年版，第968页。

的治理政策应该符合民众的物质需要和精神需要,而不是压迫人的物质需要和精神需要来成就一个远离于人的日常生活的宏伟目标。普通大众的认同和统治本身合乎正义具有内在的一致性。

3. 保障正义的公论

儒者将作为天道的正义单独列举出来,而不是直接归入社会精英或者社会民众是具有一定道理的。儒家并不纯粹地崇尚君主集权,也不纯粹地崇尚绝对民主。集权本身闭塞了天下的活力,不符合儒家新民觉民的道德自我觉醒的要求。绝对民主虽然完全放权,貌似彻底地还权于民,但民众也很容易受到传媒、舆论、宗教的影响,甚至达到集体无意识的状态,最后反而造成非理性的群氓的行动。因此,单独提出正义原则,就显得非常重要。无论是君主还是民众,都需要符合正义原则。而正义原则就是民众本真的生活,故其本质是维持人类健康有序的生活状态。

在现实的历史发展中,儒者的任务不是反对民众的无知,而是反对君主的集权。如果君主是"大人"式的君主,则正义在君主身上体现,儒者可以与君主共治天下;如果君主是桀纣式的昏聩的君主,则正义在君主身上隐没,那么儒者就应该从道不从君,从道不从势。孟子认为,如果君王没有达到君王应该具有的善政,那么民众就可以弹劾君王,甚至诛纣不算诛君,只是诛一独夫而已。

判定君主是不是仁者,行不行正义,则来自公论。"人莫不有是非之心。充是心也,行于朝廷则为公道,发于士君子则为公论。"[①]公道代表着政府知识精英的正义,公论代表着社会民众的正义。"公道废而后公论兴,公论息则天理灭。"[②] 在上者以公道行公法,"在下为公论,在上为公法。公法立则公论行而不显,公法亡则公论显而不行"[③]。政府有公道有公法,则社会已经以正义行事,公论无需太彰著;当政府无公道无公法

[①] (元)黄溍:《跋朱掾辩诬诗卷后》,载《黄溍全集》,天津古籍出版社 2008 年版,第 206 页。

[②] 同上书,第 206 页。

[③] (明)王世贞:《奉樗庵先生》,《弇州四部稿》卷一百二十六,载《景印文渊阁四库全书》第 1281 册,台湾商务印书馆 1986 年版,第 117—118 页。

时，则社会的公论开始发挥力量。如果一旦连社会的正义呼声都没有了，那么就要亡天下，整个社会就要发生革命了。

基于以上分析，我们可以看到：儒家的正义，从核心架构上看，由人人皆有的仁心而扩充至天下万物一体之仁，并以之为基础而发出公义，定立礼乐制度。具有一体之仁者才能成为国家的管理者，而判定一体之仁的根据则在于政府、民众、和正义。公道、公法代表着政府与正义的结合，公论代表着民众与正义的结合。最好的理想状态，政府有公道，社会有公论。而在中国历史上，经常以社会的公论来抵抗政府的不公道。

二 儒家个体境界中的财富观

儒者之义，既可以置于个体的道德境界中来说，也可以置于社会的公共交往中来说，前者是一种个体道德意识，后者就需要形成一套礼乐制度。儒家对于财富的看法，与义有紧密的关联，既可以置于个体道德境界中来谈财富观，也可以置于公共交往的制度建设中来谈财富观。儒家个体境界中的财富观，是以自我的道德意识为中心来讨论财富问题；儒家公共生活中的财富观，则以他人的生活完善为中心来讨论财富问题。这两者，相当于正义联接的两头，前者是作为仁的道德意识，后者是作为对象的他人生活。

1. 义利与公私的内在关系

从儒家个体境界中的财富观来看，义利之辨的实质可以转化为公私问题。这里的公私还不是现代性的公共领域与私人领域的意义，而是指人的心量的范围。如果某人对自己的事情非常关切，而对自己之外的人与物漠不关心、麻木不仁，那么这是一种起始状态。某人如果固守这种状态，甚至于对自己的父母妻儿都漠不关心、麻木不仁，这才是私；如果某人由对自己的关切开始，继而关切自己的父母妻儿，再进一步推己及人，关切亲戚邻人及其父母妻儿，那么就可以渐入佳境，仁心的心量逐渐扩大，那就是公。儒者虽然有心怀天下的期盼，那仅仅是对圣王的要求，并不意味着要人人都达到这样的境界。心怀天下是个体自身的道德追求，不能成为要挟他人的道德借口。对于每一个个体，只要不断地对私的限定状态有所突破和发展，就值得肯定。

心有所关切，自然会追求心之所欲，并将所欲之物给予所关切的对象。财富是心之所欲的物质层面。心量无论是限定还是扩充，都决定了具体的生活实践中对于物质财物的生产和分配的状况。心量在私的状态，则心所关切者是自己，一切财富都分配给自己，在生产财富时甚至不惜侵犯他人的权益。例如：先秦的杨朱贵养生，拔一毛而利天下不为也，这就是极端自私的状态，儒者就非常反对他们的学说。即使以一个国家为心量关切的范围，而同时却损害周围国家的利益，这在儒家看来也是私。孟子称赞大禹的治水而批评白圭的治水，因为大禹将洪水排到大海中，自己国家与周围国家都得到益处；而白圭仗着自己国家地势高，将洪水排到邻国中。与邻为壑也是私心的表现。心量在公的状态，则心所关切者是自己所关切的人，他们可以仅仅是自己的亲人，于是一切财富都分配给自己的亲人；他们也可以是自己所管辖的子民，于是一切财富都分配给自己所管辖的子民；他们甚至可以是整个天下，于是一切财富都分配给天下生民。在这些分配中，自己也算做接受分配的一个部分，但在"鱼与熊掌不可得兼"的情况下也可能抛弃自身的财富而将所有的财富都分配给自己关切的其他所有人。《孟子》中记载，齐宣王所欲的东西有很多，比如喜欢听音乐，喜欢财富，喜欢美色。孟子不是要齐宣王清心寡欲，杜绝欲望，而是要让他正视天下人也喜欢听音乐，也喜欢财富，也喜欢美色，并要求他在满足自己的可欲的同时与天下人共之，让天下人都可以听音乐，让天下都有财富，让天下人都有婚配。在这种公利的意义上，仁心就得以显现出来。

儒家谈的义，是以仁心之公为基础。以仁心之公施行义的实践行为，财富的生产和分配都不是仅仅为了自己，而是为了天下生民。因此，儒家谈义，不是没有利，而是利需体现出公的精神。反之，儒家谈的利，则是以私心为基础，财富的生产和分配都是为了自己。因此，儒家谈利，就是指私利，意味着不义。由此可见，义并不是单单指道德，利也不是单单指财富。义是指公心以及财富分配给所关切的大众；私是指自私心以及财富只分配给自己。儒家的义利之辨，是让人扩大自我的心量，推广自我的爱心，在财富的分配上考虑到天下整体。

2. 利的公共性与义的无待性

长期以来，社会上对于儒家义利思想具有一种根深蒂固的误解，即儒家的君子是追求道德的，而不追求财富；小人才追求财富，而不追求道德。这种误解来自于《论语》"君子喻于义，小人喻于利"①。事实上，儒家的义利之辨需要澄清两个问题。其一，儒家不是不谈利，谈的是与仁心相应的公利，公利中包含着自己的权益。其二，儒家仁心是自由意识，是自发地不容己的绝对律令，故儒家的道德心不以利的回馈为基础。

在第一个问题上，还是以"君子喻于义，小人喻于利"为例。与孔子这里谈到的义相应的是公利，与孔子这里谈到的利相应的是私心。孔子认为，小人即一般的民众，心量只关切自己，相应为自己谋利；而君子可以心怀天下，为大众谋利。需要指出的是，儒家并不会提倡舍己为人、舍己为公。在为大众谋利的情况下，自我也是大众中的一分子。孔子说："不义而富且贵，于我如浮云。"②"富而可求也，虽执鞭之士，吾亦为之。如不可求，从吾所好。"③ 只要在正义的情况下，为自己获取财富也是可以的；但若谋取财富不合正义，那么情愿安守贫穷。只有在极端的情况下，才会有舍己为人、舍己为公的事例。如果一旦产生这种事情，虽然在个人境界中可以说是道德，但是却表明公共生活的道德圆满还有欠缺。

在第二个问题上，可以从孟子的"孺子入井"的例子来看。"今人乍见孺子将入于井，皆有怵惕恻隐之心，非所以内交于孺子之父母也，非所以要誉于乡党朋友也，非恶其声而然也。"④ "乍见"是突然看见，当下没有经过刻意思考的状态。孟子认为，人在这种状态下看到一个小孩子有掉到井里的危险，都会激发其怵惕恻隐的道德心。这种道德心的发生不是因为要与小孩子的父母结交，不是因为要博得见义勇为的声誉，

---

① 《论语·里仁》，载（宋）朱熹《四书章句集注》，中华书局1983年版，第73页。
② 《论语·述而》，载（宋）朱熹《四书章句集注》，中华书局1983年版，第97页。
③ 同上书，第96页。
④ 《孟子·公孙丑上》，载（宋）朱熹《四书章句集注》，中华书局1983年版，第237页。

也不是因为厌恶这孩子的哭叫声。也就是说，外在的原因都不是导致道德心产生的原因。道德心是自发无待地产生的。利是外在的要素，不是产生道德心的原因，最多是道德心产生之后的结果。行义不是手段，求利不是目的。行义之时，不容己的仁心、道德心的自然显发本身就是目的。因此，对于行义的主体而言，真正的道德不应该为了求取回报。在此前提之下，即使受恩者没有作出任何回馈，行义者也不会反悔。如此来看待义的自然性、无待性，则可以显豁道德自身的超越与崇高。

三　儒家公共生活中的财富观

儒家公共生活中的财富观的侧重点在于正义投射的对象上。在公共性上，个人基本生存的财富保障需要维持，并依靠个人为社会作出的贡献（基于仁心的公利）而给予财富的回馈。因此，儒家公共生活中的财富观可以分为两点论述，其一，公共生活中的基本财富的保障；其二，公共生活中的德福一致的保障。

1. 公共生活中的基本财富的保障

在一般的理解中，中国古代传统中似乎财富仅为代表国家的统治者私有，而民众不具有财富的私有权。论者经常引用《诗经·小雅·北山》中"普天之下，莫非王土；率土之滨，莫非王臣"这句话以为佐证。而事实上，这句诗一直被后人断章取义，它在整首诗中的意思并非是君王具有天下的所有权，而是指一位大臣在抱怨劳逸分配的不匀衡。既然天下都沐浴君王的德政，为什么我干得多，其他人干得少，我为公事忙碌地连赡养父母都来不及。《孟子》中记载："咸丘蒙曰：……诗云：'普天之下，莫非王土；率土之滨，莫非王臣。'而舜既为天子矣，敢问瞽瞍之非臣如何？'曰：'是诗也，非是之谓也，劳于王事而不得养父母也。曰："此莫非王事，我独贤劳也。'故说诗者，不以文害辞，不以辞害志。'"[①]在孟子看来，作为王事，应该让相关的大臣共同承担，为什么让某位大臣一人承担。也就是说，王事起码应该满足两个条件：其一，权责分配

[①]《孟子·万章上》，载（宋）朱熹《四书章句集注》，中华书局1983年版，第306页。

明确；其二，不侵犯私人生活，比如赡养父母。如果做不到这两点，就不符合王事，政治就不是仁政。司马相如对这首诗又有引申，他说道："且《诗》不云乎：'普天之下，莫非王土；率土之滨，莫非王臣。'是以六合之内，八方之外，浸淫衍溢，怀生之物有不浸润于泽者，贤君耻之。"① 这句诗在这样的诠释中完全成为君王对于天下所负的责任。仁政应该包含天下所有的事物，应该对天下人事的处理持有公平正义的态度。如果君王做不到这一点，就不是一个合格的君王。

厘清上面的一种误解，我们可以在仁政的理解中，追寻儒家对于公共生活中基本财富保障的态度。《论语》中有一段记载："子适卫，冉有仆，子曰：'庶矣哉。'冉有曰：'既庶矣，又何加焉？'曰：'富之。'曰：'既富矣，又何加焉？'曰：'教之。'"② 庶之、富之、教之是儒者施行仁政的进程。《孟子》中说："无恒产而有恒心者，惟士为能。若民，则无恒产，因无恒心。苟无恒心，放辟邪侈，无不为已。及陷于罪，然后从而刑之，是罔民也。焉有仁人在位，罔民而可为也？是故明君制民之产，必使仰足以事父母，俯足以畜妻子，乐岁终身饱，凶年免于死亡。然后驱而之善，故民之从之也轻。今也制民之产，仰不足以事父母，俯不足以畜妻子，乐岁终身苦，凶年不免于死亡。此惟救死而恐不赡，奚暇治礼义哉？王欲行之，则盍反其本矣。五亩之宅，树之以桑，五十者可以衣帛矣；鸡豚狗彘之畜，无失其时，七十者可以食肉矣；百亩之田，勿夺其时，八口之家可以无饥矣；谨庠序之教，申之以孝悌之义，颁白者不负戴于道路矣。老者衣帛食肉，黎民不饥不寒，然而不王者，未之有也。"③ 孟子继承孔子的思想而有进一步的发挥。有恒产而有恒心，先有物质财物的满足，然后有精神文明的建设。孟子认为，作为一个合格的施行仁政的君王，先要保障民众的基本产业，让他们可以种植养殖。在温饱问题解决的基础上，再施行道德教化，这样就会产生良好的社会

---

① 《司马相如传》，载班固《汉书》第八册，中华书局1962年版，第2585页。
② 《论语·子路》，载（宋）朱熹《四书章句集注》，中华书局1983年版，第143页。
③ 《孟子·梁惠王上》，载（宋）朱熹《四书章句集注》，中华书局1983年版，第204页。

效果。

因此，在儒家的仁政思想中，一个合格的君王之所以合格，就在于他能保障民众基本的财富，并由之而发展道德教化。黄宗羲发展孟子的仁政思想而作《明夷待访录》，指出："三代之法，藏天下于天下者也；山泽之利不必其尽取，刑赏之权不疑其旁落，贵不在朝廷也，贱不在草莽也。"① 与具有"一体之仁"的君王相应的是"三代之法"。这样的礼法所秉持的正义原则，就是藏天下于天下。天下不是君王的天下，而是天下人的天下。利益来自于天下，用之于天下；刑赏来自于天下，用之于天下。君王与礼法所存在的价值，就是要维持每个人的生存和发展，公共生活中基本财富的保障是藏天下于天下在物质方面最为基本的表现。

2. 公共生活中的德福一致的保障

在恒产的基础上，需要进一步实施恒心的培养。恒心就是人的道德感。这在儒者看来，人人本来具有道德的心性，道德感的发出根本上在于人自身，后天仅仅需要一定条件的诱导，就可以让这种道德感沛然发出而莫之所御。这种诱导如果从正义原则上看，就需要一种普遍的架构，即德福一致。也就是说，公共生活中人与人交际上，让好人得到好报，让坏人得到坏报。如孟子所说，有天爵者，必有人爵。

从个体的道德境界上而言，我救人并不要求有回报，如孟子"孺子入井"的例子。这是显现出义根源于仁心，本身所具有的无待性。但从一个具有道德心的旁观者而言，如果我知道某人救人反而被讹诈，如农夫与蛇的故事那样，我的心灵一定不能安。因为，救人者虽然不求回报，但这是救人者个体的善，并不具备一种公共性的整体的善。我需要看到一方面某人救人并不求什么，而另一方面被救者也感谢这位救人者；反之，某人害人，最后受到应有的惩罚。这种善有善报恶有恶报的状态，才是圆满的公共性的善，我的道德心灵才会感到安宁。《吕氏春秋》中有一段记载："鲁国之法，鲁人为人臣妾于诸侯，有能赎之者，取其金于

---

① （明）黄宗羲：《明夷待访录·原法》，载《黄宗羲全集》第一册，浙江古籍出版社2005年版，第6页。

府。子贡赎鲁人于诸侯,来而让不取其金。孔子曰:'赐失之矣。自今以往,鲁人不赎人矣。取其金则无损于行,不取其金则不复赎人矣。'子路拯溺者,其人拜之以牛,子路受之。孔子曰:'鲁人必拯溺者矣。'孔子见之以细,观化远也。"[1]孔子对于子贡与子路的不同态度,说明了孔子认为做好事后接受回报是可行的,而且对于一个良性的社会秩序的建立也是必须的。

孔子所说的以直报怨与以德报怨的区别也在这个层面上进行理解。以德报怨是个体的道德境界,可以是个体自我对他人的态度。但对于公共性的正义,则一定是以直报怨。以直报怨的意思是以一种公正而无私忿的态度来回馈德与怨。这种直道的态度需要在国家层面上得到落实,让好人得到奖赏,坏人得到惩罚,在制度上确立起"积善之家必有余庆,积不善之家必有余殃"[2]。一个正义的礼法制度必然导致"周有大赉,善人是富"[3] 的状态,而不是无论好坏一律宽大处理,这样就会姑息养奸,造成社会制度的混乱、公共生活的不正义。当然,公共性的奖赏不一定是给予财富,惩罚也不一定是剥夺财富,但奖赏与惩罚一定是肉身性、物质性的人爵,而并非纯粹的精神性的天爵。

需要指出的是,这种奖惩虽然源于本体的仁心,但真正的实施需要依靠作为客观性架构的礼法制度。因此,并非本于圣人一心的主观性就可以随意进行奖罚,而是需要依照正义原则建立公共平台,将这些奖罚置于公共平台上从而得到客观性的认可。在中国历史上,君王的个人意见不能够成为国家的准则,而是需要由知识分子组成的文官制度共同商定,并进一步客观化为制度层面的礼法准则才能有效实施。从现代社会上看,社会大众中的每个人为共同体辛勤劳作,他从客观性的劳务系统中应该得到劳作的回报;某人的突出善行得到社会舆论的赞同,他依照客观性的奖励条款而获得额外的奖励;某人违背法律,侵犯他人利益,

---

[1] 《吕氏春秋·察微篇》,中华书局 2009 年版,第 419 页。
[2] 《易·坤·文言》,载陈鼓应、赵建伟《周易今注今译》,商务印书馆 2005 年版,第 44 页。
[3] 《论语·尧曰》,载(宋)朱熹《四书章句集注》,中华书局 1983 年版,第 193 页。

则应该由客观性的司法机构依照相关律法条文而受到惩罚。

综上所述，儒家的财富观念以正义理论为其根本依据。无论是个体道德境界中的财富观还是公共生活交往中的财富观都秉持着正义的原则。儒家在财富观中体现的正义，就是保障每个个体的生存与发展的物质基础，从而构建了以仁心为本源，以礼法为构架，以德福一致的公共性的圆满之善为旨归的财富正义理论。

第三节 知识精英的时代召唤

道德信用可以视为人与人之间的一种重要的伦理关系，"它涵盖了社会生活的所有领域，不仅包括经济方面的信用，也包括政治方面和人际交往方面的信用。人们在经济活动中的约定，无论是书面的正式契约还是口头的承诺，都形成了一种信用伦理关系，并内含了信守诺言、履行契约的道德要求"[①]。知识精英与公众人物是文化领域的代表。他们的道德信用关涉整个文化界的道德水准，并对广大公众的道德生活产生至关重要的影响。

中国当下正处于巨大的社会变革之际，关于道德的认识也处于不同系统的诠释转变的过程中，显现出古今中西不同传统的文化特征。在这些不同的系统中，对于道德的理解也具有不同的样态，而这些系统对于当下中国道德评判的适用度仍旧存在着较为模糊的空间。知识精英与公众人物处于这种文化氛围的缓慢转变中，难以选择一种可以确立的道德系统，由此在一定程度上易于迷失自我。因此，厘清中国当下的道德理解，并确立道德证成的各种外缘条件就显得十分重要。在此基础上，知识精英与公众人物在道德生活上才能引领风气之先，树立起良好的道德信用，而广大公众也在此群体性的伦理关系中得以保存住文化生活的安身立命之所。

[①] 王淑芹：《论法律信用与道德信用的特性》，《道德与文明》2003 年第 5 期。

知识精英一词使用得相当广泛，在不同的语境下，可以有不同的陈述，并赋予更具差异性的价值意义。① 卡尔·曼海姆提供了一种最为宽泛的解释，他认为："在每一个社会中都会有一些社会群体，其任务在于为其社会提供一种对世界的解释。我们称他们为'知识阶层'。"② 知识精英可以视作此知识阶层中最为杰出的代表。

任何解释都离不开作为前提的价值立场。当一种貌似客观的实然叙述确立之时，则已经隐含着应然判断。在不同价值立场以及其组建的知识结构中，世界将会呈现出不同的面貌，从而具有不同的定位，以及不同的变革方向。在一些极端的情况下，这些定位与变革甚至可以相互抵触，南辕北辙。

在一个价值一元的时代，知识精英秉持着共同或类似的价值观与世界观，他们对于世界的解释以及相应的定位与变革就容易趋于一致；而在一个价值多元的时代，知识精英具有多元的文化知识背景，故在定位与变革的主张上存在不可避免的冲突。这些冲突或者可以通过对话得到沟通，或者对抗至底而无法消融。

在一般的意义上看，知识精英具有高于社会普遍状况的学识，他们对于世界的解读与对未来发展趋势的揭示被认为更为接近事物变化的本质。因此，知识精英对于社会民众与国家政治的影响力远远大于其他社会阶层，他们是最具影响力的社会群体。

一 时代背景的大变局

当下的中国社会正处于传统与现代转变的历史大背景中，它既有传统中国社会价值一元为主导的文化背景，又兼具现代社会多元价值取向的文化特征。

在中国的传统社会中，儒家思想作为主导价值得到官方和民众的普

---

① 关于知识分子概念的省定，请参看叶启政《谁才是"知识分子"》，《国外社会学》1998年第1期。

② [德] 卡尔·曼海姆：《知识阶层：一个社会学课题》，《国外社会学》1998年第1期。

遍认同。在儒家思想源流的熏陶下，知识分子对于世界的理解具有整体的定位，并对现实世界提出严厉的批评，以及借用三代之治来为中国未来的开展指出方向。

儒家知识分子对于世界的解释充满了生命的体验。世界的本质在于道，正是由于道的存有而保证了世界的生生不息。世界的物质层面是氤氲气化的阴阳五行，品物流形而成为具体的人与物。但儒家知识分子并不仅仅用气论解释世界的创生与存在，而是将注重点置于天地之间的人上。人是气之灵者，人在天地之间担当着道体的开展。道在天地万物间，由人的本真实践而获得真正地朗现。人的生命体验，需要透过气质的蒙蔽而通达本真的道体状态，这可以由人心的逆觉与器物的格致而重返天地之道，并在躬身践履中逐步将道的全幅涵义实现出来。

道在个体中的正当体现与实践发用就是德。儒家知识分子将个人的道德开展分作内圣与外王两个阶段。内圣只在个体领域中体验道体从而扩充开拓。外王则需要在公共领域中将道体落实为群体的相处规则。鉴于客观普遍的道体的严肃与崇高，儒家知识分子可以担当起先觉觉后觉的角色。一方面，儒家知识分子需要对民众进行开导与教化，引导出仁义礼智信的道德信念；另一方面，儒家知识分子需要对国家政治作出批评与规整，劝诫统治者不要窒息天下的生机。尽管儒家知识分子的个体力量可以十分薄弱，但是由于承担了天道的力量，故他敢于纠正不合理的乡风民俗，并直谏昏聩的君王，抵制错误的国家政策。在与政治权力的关系上，儒家知识分子既充当政治权力的一部分，又被政治核心所边缘化。统治者需要儒家知识分子运用他们的智慧来治理国家，又要在根本上稳住自己的权力，维护君主的私利。因此，儒家知识对于乡风民俗的影响可以通过依靠自身的道德力量与行政权力来实施，但对于高层政治的干预，则更多地依靠自身道德品性的支撑；甚至在罢黜出庙堂之后，也可以在民间养成一股清流的力量，从而对政治起到一定的干涉作用。

从以上特征可以看到，儒家知识分子对于世界的解释以及对于现实世界的批评与理想世界的诉求，都出于道体生生不息的整体世界观。尽管儒家思想内部有心性派与功利派之争，并在心性派中还有理学与心学的对峙，但他们的核心仍旧可以视为整体一元的价值世界。因此，在日常生活中申天理人欲之别与治国方向上格君心之非都可以视作儒家精神的一贯体现。

自明清鼎革始，儒家的价值世界开始逐步瓦解。清政府的政治高压消磨了儒家的批判精神与人文理想，仅仅剩下维护王权的奴化意识形态。知识分子的生命力转入考据训诂的客观化研究。晚清西方列强带来了西方文明，加速了一元价值世界的崩溃。五四运动中的打倒孔家店，"文革"时期的臭批孔老二，几乎将儒家思想彻底推向了历史舞台的边缘。

随着儒家思想的没落，现代性思想兴起。现代性思想充满了科学主义的气味，追求价值的中立，注重事物的实然状态。数学统计的社会学研究方法逐渐占有了优势地位，让事实本身说话成为了异于道德价值的另外一种价值。一方面，传统的价值世界仅仅成为科学世界中的人文社会学科中的一种已经过时的观点，它与中国古代其他思想——如道家、佛教的思想一样，已然成为历史研究的对象而丧失了指导社会的权威力量。另一方面，随着社会的发展，分工越来越细，每个部门都有自己的专门知识，所有学科为着效率而组织起来。学者成为专家，他们仅仅对自己的那一部分的研究对象有所精通，而对于其他事情则不甚了了。知识分子丧失了整体的充满价值判断的世界观，取而代之的是科学与逻辑的世界观。他们冷静的研究在自己领域中的思想学说，但需要尽可能地以旁观者的身份来客观对待，以防止自己牵入其中。当代的知识分子，无论是自然科学还是社会科学，都埋首于客观规律的探索，由此而淡化了人文的价值诉求。由于仅仅在自己的领域进行深入研究，故他们对于其他领域漠不关心或力不能及，由此而提不出全面的建议。任何具有价值意味的训导都可能建基于不同领域的研究基础上，由于那些领域彼此不同，故针对现实提出的训导意见也可能完全相反。在这种相反的状态下，没有理由认为那些训导孰优孰劣。由于知识的分化，科学判断只能在某一领域中或以某一指标为依据作出限定范围内的最优化选择，而人文判断则被理解为判断主体趋利避害的生物本性的文饰反映。

知识精英的影响力来自于其掌握的对于世界的解释与判断的能力。

在中国由传统社会向现代社会的过渡中，这种解释与判断的支撑点也发生了巨大的转移。

在传统社会中，知识精英的影响力来自于对于儒家一元论的价值世界——天道的领悟。鉴于儒家思想本身的特征，对于天道的领悟需要如实地体现在个人的道德操守上，而对于科学知识的研究则附于次要的地位。儒家知识分子通过个体的道德操守，而与天道为一，以此为生命支撑的力量而敢于冒犯并纠正任何违反天道的事物。儒家知识分子俨然成为天道的代言人。而无论是社会普通大众还是集权的君王，都需要认同天道。天道本身不说话，故他们需要在天道代言人的教导下纠正自己错误的言行。因此，儒家知识精英俨然是道德的担当者，正是由于自身的操守，他们才能在社会上获得最大的影响力。也就是说，传统社会具有一元价值观的世界背景，而儒家知识精英通过道德而获得影响世俗的话语权，并且侧重于在伦理层面对世俗社会施加影响。

在现代社会中，一元论价值观已经瓦解，世界变成中性的客观自然物。任何价值观都被嵌合在此中性的世界框架中而得到一席之地，但却无法形成唯我独尊的局面。科学主义成为普世的理念。于是，主观的价值衰落，而客观的知识得以兴起。人与人之间缺少建基于共通的形上学基础上的情感浸润，而分解为独立的原子化的个体。每个个体都可以具有自己的价值观世界观，这是他的自由，只是这种自由不要侵犯其他原子式的个体的自由即可。因此，多元价值的存在就成为必然。固然，多元价值观可以有融合为一体的可能，但这种情况并不是必然能够达成的。更多的实际情况是，人与人之间的价值观与世界观根本没有交集与商谈的空间。在这种普遍情况下，人与人的交际就无法以价值论为前提，而需要寻求一个更为客观普遍的基础。于是，客观化的知识图景成为现代社会的基石。知识精英不再是道德操守的承担者，而是客观知识与普遍规律的发现者。

如果说道德的存在是基于人类普遍共有的应然的诉求，道德的实现需要人去奋斗与践履；那么知识的存在就是人类通过不断发展的手段揭示出自然界本身实然隐藏的客观规则，并利用此规则去改造事物。因此，对于社会的实然状态的评判就会产生出于两个不同的系统。在道德系统下,实然的状态并非尽善尽美,即使社会运作在技术规律方面已经达到登峰造极的地步,但由于在人性要求上未能促使人达到完善,那么实然的状态就需要改进。实然状态既在此道德标准下受到谴责,又在此道德标准的召唤下得到发展。在科学系统下,实然的状态也可以进一步提高,但其基于的标准并不是一种"于心未安"的道德召唤,而是对于更为精确的客观规律的探求。现实的实然状态之所以有待完善,是因为实然状态的设计者并没有真实地把握到客观规则,从而在其执行过程中渗入了更多的主观臆测,导致了事物发展与客观规律之间发生了人为的偏差。正是在发现偏差的意义上,现实的行为状态可以受到谴责;在纠正偏差的意义上,现实的行为状态可以获得发展。

　　道德系统与科学系统作为两个评价标准,后面基于不同的价值观与世界观,分别代表着传统与现代的基本特征。由于评价标准的不同,知识精英在不同时代所具有的影响力及其支撑点也不同。在传统社会,道德伦理知识的掌握者与道德伦理的实践者被视为知识精英,他们以自身的道德伦理知识与操守而获得社会地位,产生社会影响,其基于的判断标准更多的是道德判断。而具体技术知识的掌握者仅仅处于工匠的地步,并不具备多少影响力。即使在一个需要科学技术知识的水利工程面前,工匠仅仅提供相关数据和技术上的可行性分析,儒家知识分子则思考这项工程的实施是否有利于民众的利益。在现代社会,道德问题逐渐划归为个人领域。公共领域成为科学理性驰骋的场所。不但自然科学需要定性定量分析,而且社会科学也需要定性定量分析。于是,专业知识的掌握者与运用者成为知识精英,他们以优于其他人的专业技能而产生社会影响,其说服民众的方式并不主要依靠道德力量,而是依靠他的专业知识。事实上,这些知识精英在个人私生活上可以毫无道德可言,但这并不影响他们的专业能力,故而也不影响他们的社会影响。

　　由道德系统转向知识系统,这样的变局导致了知识精英影响力支撑点由道德操守转向知识掌握。道德型的知识精英转向为知识型的知识精英。

二 道德与知识的争锋

道德系统与科学系统成为知识精英具备社会影响力的两套范式。固然，道德系统与科学系统不一定完全对立，道德系统中可以包含知识，即一个道德型的知识精英可以拥有丰富的专业知识；科学系统中也可以包含道德，即一个知识型的知识精英可以具有严格的道德操守。但是，这两套范式在理论基点上却不具备交集，在特定的情况下，就难以避免产生冲突。道德系统注重知识精英言行一致的主体性，科学系统注重知识精英言论自身的客观性；道德系统注重所处理人事的价值应然意义，科学系统注重所处理人事的事件实然规律。在这些根本点上，道德系统与知识系统针锋相对，无法调和。

中国当下的状态兼具道德系统与科学系统。道德系统的影响来自于传统，固然国人与传统已经发生较深的断裂，也不一定赞同天道生生不息的价值观，但在传统社会中与天道一元价值观相联系的道德伦理却在隐没了天道根源的前提下仍然影响了当下的国人。父慈子孝，兄友弟恭，以及待人以诚信等伦理意义仍旧被大家视作道德的体现。科学系统的影响来自于近代以来西学的影响。洋务运动对"西用"的吸收，五四运动对"赛先生"的推崇，改革开放后对"科学技术是第一生产力"的提出，表明了科学系统在中国不断发展的过程。在当下中国，道德系统虽然已经失去了传统社会的一体的世界观，但在日用伦常层面仍旧具有广泛的民众认同感；科学系统正处在日益强化的过程中，但远未及西方发达社会的普及程度。因此，当下对于中国社会的评判标准，就混杂着道德系统与科学系统的两重判断。他们对于知识精英，也具有道德和科学两重要求，知识精英的社会影响的支撑点也需兼具道德操守与专业知识两点。

但是，这样的要求对于当前中国的知识精英来说，则显得压力过大。对于知识精英而言，由于他们接受更为全面的信息，故相较一般大众而言，更能领会知识系统的优长。而对于一般大众而言，一方面由于缺乏专业知识，故对于知识精英的专业解读不甚重视，另一方面由于受到传统习俗的潜移默化，故更偏重以道德标准来要求知识精英。即使在知识精英的群体中，也有相应的分化。对于接受中学为主的知识精英而言，他们偏向于道德系统而忽略科学系统。对于接受西学为主的知识精英而言，他们偏向于科学系统而忽略道德系统。

上述这些隔阂很容易产生相关问题。比如，大众对于知识精英的专业解读不信任，怀疑他的诚意，并认为其人是替利益集团讲话；同时，大众反而容易被道德话语所煽动，产生群体性的"以理杀人"的倾向。在知识精英内部，也有道德与知识的相互敌视。比如，西学背景的知识精英对于中医的围剿；以及中国大陆新儒家对于西方政治文明的批判。这些问题的实质是，在道德型的知识精英以道德系统来批判现实并指出未来发展方向之际，他受到知识系统的质疑，而大大削弱了社会影响力；在知识型的知识精英以知识系统来批判现实并指出未来发展方向之际，他受到道德系统的质疑，而大大削弱了社会影响力。如何协调并处理这些难题，则成为当下中国道德建设的主要课题。

三 青年知识分子的思想发展及其道德启蒙

青年知识分子是知识精英的后备军，主要"指35岁以下，受过高等教育，以知识作为工作手段的人，包括在校大学生、企事业单位的青年技术人员、专家、学者，以及政府机关的青年工作人员等。之所以把研究对象定义得如此宽泛，其目的就是要讨论怎样把这些在社会上掌握了平均水平以上的知识，政治上尚未完全成熟，价值观、世界观没有最后成熟的青年人培养成真正的知识分子，培养成具有高度社会责任感、使命感的精英群体"[①]。如果说当下的知识精英在中西古今的话语系统中已经遭受不同话语力量的对峙问题，那么随着中国改革的加速，各方面信息的充分共享，青年知识分子所要面对的问题将会更加尖锐和棘手，他们的道德发展与道德启蒙将会变得非常重要和关键，这对于民众道德生活的引导以及国家的未来发展都具有至关重要的影响。

在道德系统与科学系统两个不同的评价体系中，关于道德的理解就

---

① 高军：《青年知识分子》，中央编译出版社2009年版，第8页。

具有很大的差异。

在道德系统中，道德具有其形上学的根源。依照中国传统思想，道德一词具有本土化的解读。"'道'是'总体的根源'，'德'是'内在的本性'，'道德'就是回溯到那总体的根源。顺此根源，恰如其分地发展，落实于人事物中，而成为它内在的本性。顺着这样，我们说它是有道德，不顺此，或有缺失，我们说它在'道德'上有缺失。"[①] 根源与本性并非截然两物，而是从两个方面对此"唯一之物"的不同称呼。从道的方面看，根源就具有普遍性，任何个体在最本质处都归于此根源。从德的方面看，本性就具有主体性，普遍的规范的真正成立需要每个主体的认同。因此，在中国文化传统中，人的道德的挺立，需要结合道的普遍义与德的主体义，即：道德需要每个人内在本性的自我觉醒，而此觉醒是通过每个特殊的个体而通达整体的普遍。道德的本性需要由形上学来保证，道德的表现则落实为日常生活的德行。因此，日常生活的伦理表现就可以视为个体通达道德本性后的正当表现。

在中国传统中，每个人都具有德性之源，现实中很多不具备德行之人并不是他没有德性，而是因为他受到周围事物的纷扰，暂时自我蒙蔽而不去领悟心中本有的德性。因此，对于一个人的道德教育，不是依靠外铄的方式来订立其必行的规则，而是依靠启发与诱导的方式，促使其本心中既有的萌芽发端出来。在一定的教育方法上，我们可以暂且要求某人依照道德规范行事，但他若是怕不遵守此规范而遭受惩罚故而才遵守此规范而行，那么这就不算作真正的道德。因此，强制性的道德规范只在一定程度上起到启发与诱导的作用，真正的道德需要自我意识的认可与践行。

在科学系统中，自然科学系统是中性的，无所谓道德与不道德而言。只有在社会科学系统中，才能有所谓的道德。然而，即使在社会科学系统中，由于契约论的自由主义思想的盛行，道德成为私人领域中的事情。

---

① 林安梧：《为当前的教育进一言》，载《佛心流泉》，当代中国出版社 2011 年版，第 60 页。

在私人领域中,某人的道德与某人的不道德并不构成多大的不同。某人在其私人领域中可以自由做任何事情,只要这些事情不干扰其他人的自由。为了防止某人干扰其他人,故需要制定规则,通过规则保证每个人都具有自己的私人空间。因此,规则就具有了公共性,是所有人都需要遵守的;倘若谁违背了规则,就要受到相应的惩罚。此外,如果某人愿意与他人产生互动联系,他需要在他人同意的前提下与他人订立互相认可的契约,互相都有相应的责任与义务,并以处罚来杜绝违反契约的行为。因此,在私人领域中,由于不牵涉他人的自由,故其行为无论道德与否,都不牵涉他人。在此意义上,某人的道德仅仅是传统意义上个体与形上学的关系。这种状态在契约论的社会制度中可以视作个人信仰而任其自由发展。而在公共领域,人际交往并不需要诚信、友善等道德行为来保证,而是诉诸法律的武器。遵守契约则能达到双方订立契约时默认的互惠的结果,而违反契约则会遭到惩罚,使违约一方得不到好处,而不违约一方也可弥补损失。因此,人际之间的契约行为,在订立时是基于利益的考虑,执行契约也是基于利益的考虑,其顺利完成并不依靠主体的道德觉悟,故也无所谓道德而言。传统道德在契约论的系统中,道德本性成为个体的信仰划入私人领域,道德行为转变为契约的规范划入公共领域。本来体用一源、显微无间的道德本性与行为被截成两段。道德本性在私人领域中,丧失了其普遍性的维度,仅仅留下主观感受的维度。故其本性成为主观的本性,只在私人领域中起作用。这就意味着,这种道德本性与一个不伤害人的疯子的臆想没有丝毫的差别。道德行为在公共领域中,也不依靠形上学作为保证,而是依托于规范的双方自愿订立以及强制执行的方式来运作,故其徒具诚信经营的表象,而背后真正起作用的是趋利避害的人类生物本性。

因此,在科学系统中勉强要说道德,则只能说自觉遵守规范,不钻规则的漏洞。但这种说法其实是妄自揣度他人的心理。事实上,我们只能看到他人遵守契约的行为,至于他是基于趋利避害还是诚实守信,则无从知道。在公共领域认为他人出于诚实守信的说法,已经僭越了自由主义划定的权限范围,因为自觉与否属于私人领域,个体可以在自我的私人领域中谈自觉与否，但他人自觉与否则属于他人的私人领域，他人无论自觉还是不自觉都与其余人无关。

1. 青年知识分子的思想发展

当前的青年知识分子的成长之路，具有其特定的社会环境。此社会环境极大地影响了青年知识分子的道德发展，同时也导致青年知识分子需要以一种成熟的状态来应对此社会环境。成熟应对的关键，则取决于青年知识分子的道德启蒙。

青年知识分子的道德发展离不开与其相应的社会背景，而地区差异，家庭状况以及学校教育则对于青年知识分子的道德发展具有极大的影响。

从地区差异上看，主要有经济不发达地区与经济发达地区的差异。经济不发达地区主要分布在我国西北部，以农村为代表；经济发达地区主要分布在我国东南部，以城市为代表。近年来，从地区差异上看，很多经济不发达地区并不重视教育，农村青少年仅仅在完成中学教育后就到经济发达地区打工谋生。高等院校来自农村的优质生源减少。而经济发达地区的家庭愿意让子女接受高等教育。这样导致的结果是，青年知识分子东南地区多于西北地区，城市人口多于农村人口。

农村人世代持守着传统的血缘家族制的生活方式，具有更为浓厚的儒家思想的影响。而城市人则更容易接受西化的商品以及相应的思想观念。在道德理念上，农村人以道德系统为标准，城市人虽然仍旧有道德系统的影响，但相较于农村人则渐渐可以接受科学系统。当青年知识分子的培养之路逐渐由城市人大于农村人之时，青年知识分子容易断绝中国传统的地气，而趋于西化的思维方式。同时，农村青年在进城打工的过程中，也会发现"兄弟义气"等品德反而容易被讥为愚蠢，他们没有签订合同和维权的意识，容易成为弱势群体。这样隐性的结果是，道德系统是一种落后的农民式的评价系统，而科学系统是一种先进的白领式的评价系统。

从家庭状况来看，当今的青年知识分子大都以独生子女为多数。独生政策虽然在控制人口增长上具有正面的价值，但却不利于独生子女的人际关系的沟通。很多独生子女都比较自我、内向，不善于与人交往。

一旦与他人发生矛盾，很难有比较理性的处理方式，容易在情绪失控的状态下走向极端。青年知识分子虽然受过高等教育，但学校教育主要以学科知识为主，缺乏真正有效的人际沟通的教育。虽然他们具有高学历，但很有可能也拥有低情商。现代社会宅男、宅女增多，人与人更愿意通过邮件、QQ来联系，而避免直接面对面的交谈。他们更愿意沉浸在自我的封闭领域内，通过虚拟网络来了解外面的事物，而不愿意更多地介入公共领域。这种状态一方面体现了人们对于私人领域的重视，只有在私人领域中个性化的东西才能充分展现；另一方面也说明在每个人都要展示自我的前提下，个性的对峙容易导致人际沟通的困难以及公共性的缺失。

从学校教育来看，鉴于就业的考虑，高等院校倾向于培养专门性人才、应用型人才、理工科人才。学生也倾向于成为专门性人才、应用型人才、理工科人才。重理轻文、重应用轻理论。在人文学科中，学生对研究人类历史文化的文学、史学、哲学专业备受冷淡，而对经济学、管理学、法学等注重规范条约、易于实际操作的专业则趋之若鹜。高校针对人文学科教师的学术考核也越来越以理工科标准马首是瞻，各种量化的指标与学术自由的人文精神格格不入。这也俨然成为当下教育界急功近利的一代学风。青年知识分子多出自高等院校并在高等院校谋职，这种学风对其所认同的评价系统的选择产生很大的影响。

综合以上三个方面的影响，青年知识分子偏向于选择科学系统而非道德系统。"在生活价值观方面，他们极力谋求成为'工具合理性'人才，以自己的劳动和所具知识技能去谋求自身生存。他们的交际圈日益缩小，人际交往简单，且讲求实用和功利，对无兴趣之人和事非常冷漠，十分欣赏'走自己的路，让别人去说吧'、'喜欢干什么就干什么'的生活态度和方式。他们视野广阔，兴趣广泛、思维活跃，易于接受新生事物。没有经历过多的苦难，生活乐观向上，方式更加丰富多彩，他们最迷恋的是电脑，以及其他一些生活所需的日常工具和方式，没有勤俭节约的习惯，在一些日常生活琐事上有懒惰而心烦的心理。互联网吧、实验室是常去的地方。这一代青年知识分子由于受时代的运行模式影响，他们一方面追求更为实用的知识技能的学习和更新（许多人拥有多类资格能力证书），追求高学历、高职位、高待遇，学习任务重；一方面又贪图个人享乐，推崇我行我素，责任感比较弱。他们不是父辈那种理想的、奉献型的群体本位主义者，而是倾向于务实的、功利性的、享乐式的个体本位主义者。"①

在科学系统中，懒惰、功利、追求私人利益、贪图享乐、我行我素、责任感弱只要限定在私人领域，并无所谓不道德之说。而谋求工具合理性等则又使他们能够在公共领域中获得合适的位置，谋得自身的发展。事实上，在工具合理性的前提下，贡献与自私都是私人领域的事情，没有高低之分。在这种情况下，人们基于趋利避害的生物本能更愿意选择自私，而不是贡献。

2. 青年知识分子的道德启蒙

在世界现代的进程中，青年知识分子在道德发展的道路上，走向了知识化的道德中性的方向。知识分子再也不是百科全书式的人物，他仅仅以传授知识以及应用知识为其谋生手段。金岳霖先生年轻时期在欧美求学，就有类似的感受，他说："知识是中性的，影响不了我们的爱好和口味；它的分寸感太强，使我们不能靠它来解决它的恰当范围以外的问题；它太外在，不能支持我们以信仰来行动；它太软弱，不能为我们提供帮助，它不是情感和欲望的主宰者或伙伴，相反，它成了它们的奴隶。"② 这种情况，在金岳霖所处的时代，西方社会比中国社会更为突出。但是以现在眼光来看，中国与西方面临着同样的境遇，中国青年知识分子与当年的金岳霖碰到了相似的问题。情感和欲望需要更为坚实的主宰者，当此主宰者被人们所放逐，那么情感和欲望就僭越为人的主宰，中性的知识变成用来满足情感和欲望的工具。在仅仅承认科学系统的社会中，道德心灵仅仅被视为情感和欲望的一种，中性的科学系统遮蔽了道

---

① 高军：《青年知识分子》，中央编译出版社 2009 年版，第 121—122 页。
② 金岳霖：《哲学与生活》，载刘培育编《金岳霖英文论著全译》，生活·读书·新知三联书店 2005 年版，第 173—174 页。

德本心的崇高性。如果我们还需要承认道德的存在，那么必然不满足于这种状态。当青年知识分子觉得心有未安时，一种真正的道德启蒙即将发生。

当下有关知识分子的文化问题是：青年知识分子偏向于科学系统，在道德上持中性的态度，即在私人领域无所谓道德与否的问题。而广大民众仍旧持有道德系统的评判标准。当知识型知识分子以知识为支撑点发表意见时，别人以道德的理由而反对之；同理，当道德型知识分子以道德为支撑点发表意见时，别人以知识的理由而反对之。

青年知识分子的道德启蒙处理的是价值与知识的问题。此问题可以有两个方面：一方面，从传统的道德系统中如何开展出知识系统；另一方面，从西化的科学系统中如何接纳道德系统。这既是一个理论的问题，也是一个实践的问题。从理论上看，道德启蒙需要重新整合古典主义与自由主义，并在两者的融合中开展出一条全新的理论路向。这种理论整合的努力已经体现在中西多位哲学家的理论创造中。从社会伦理的实践层面上来看，道德启蒙的现实影响会产生更为巨大的作用。

在理论建构上，道德系统与知识系统背后的世界观与价值观虽然具有对峙的成分，但两者也可以进行更为深入的整合。一本多元的理论设想或许有助于解决两者的困局。在多元上承认每个个体的特殊性，此诸多特殊性并非不具备共性，他们需要具有一本的设定。但此一本并不能具有先行的实质性的内容，也不为任何后来者所赋予的内容所固定。特殊性为实，而一本为虚，此虚的一本不是外于诸种特殊性的规定或理念，而是多元对话构成的共识。既然特殊性可以沟通，则其沟通必然具有一个根本的平台与依据，由此平台和依据则可推论此一本必然存在。但它仅是形式化的存在，其质料内容需要诸多个体的对话沟通协商来进行解决。由于承认多元，故可以接纳自由主义的个体殊性；由于设置一本，故可以融摄古典主义的一元价值。规范明晰了群己界限，但这种界限仅仅是消极的最低限度的界限，由此为底线而保证每个人的基本人权。但人生并不以此为满足，而是需要在此基础上进一步促成每个人的自我完善。价值在知识的规范下获得了基本的规范，从而拥有其合理的生长途径。

在生活实践上，青年知识分子需要明晰工具合理性与价值合理性。在工具合理性上，可以认识到依照客观规律办事可以提高事物的效率，但并不能以此来左右人生。在价值合理性上，可以认识到人的主观愿望可以突破自身的局限而包容他者而调适上遂，但这也不意味着可以无视客观规律的制约。打个比方，科学系统的工具合理性类似于诗词的格律，而道德系统的价值合理性类似于诗词的精神。格律对于每个语段都有必然的规定，但此规定并不能阻止诗意的表达。在伟大的诗人手中，格律的限制反而能够帮助诗人酝酿更好的诗句出来。格律下的语段自有定限，但又作为整体的有机部分而联系紧密。知识型的知识分子的社会影响需要提供专业化的意见，在此层面上不能以道德要求而贬低知识本身的效用，但同时也不能以此为限，需要一种道德价值理念来衡量此知识作用是否对社会有用。道德型的知识分子的社会影响需要引导社会舆论，在此层面不能以不具备专业知识而忽视道德直觉的呼声，而是要充实客观的社会学、统计学的知识来作为道德判断的有效参考。

作为青年知识分子，一方面固然需要学习专业知识，另一方面也需要完善道德人格。事实上，青年知识分子的道德启蒙既是针对自我的启蒙，也是面向大众的启蒙。青年知识分子对于科学与道德的追求，也会影响社会大众对于科学与道德的追求。通过普及科学知识来训练人的科学思维，通过普及人文知识来引导人的道德情感。两者合则兼美，离则两伤，德才兼备才是青年知识分子的正确发展方向。

青年知识分子的成熟即成为知识精英。青年知识分子的道德发展与道德启蒙奠基着若干年后知识精英综合创新的道德生活之路，为道德系统与科学系统矛盾的化解提供了可能性。

四 思想领袖、道德导师的困境辨析与可行出路

伦理是人伦之理，启蒙是去除蒙蔽。康德说："启蒙运动就是人类脱

离自己所加之于自己的不成熟状态。"① 在人与人的关系上由不成熟状态转向成熟状态,这是一种伦理启蒙。"公众要启蒙自己,却是可能的;只要允许他们自由,这还确实几乎是无可避免的。……这一启蒙运动除了自由而外并不需要任何别的东西,而且还确乎是一切可以称之为自由的东西之中最无害的东西,那就是在一切事情上都有公开运用自己理性的自由。"② 在伦理启蒙的过程中,公开运用自己理性的自由是十分必要的。人在既定的存在状态中,不可避免地受到各个方面的约束与蒙蔽。而理性自身的超越性可以具有破除这些约束的愿望,并在理性指导的实践活动中逐渐解开自身思想的制约以及外在环境的束缚,从而进入一个新的更为自由的状态。

回瞻中西伦理思想史的发展,文明的崛起与发展无不与这样的伦理启蒙息息相关。而在这些伦理启蒙的过程中,知识精英占据了引导者的重要地位。德国哲学家雅斯贝尔斯提出世界文明的轴心时代的观点。在这个伟大的时代中,中国出现了孔子,印度出现了释迦牟尼,而希腊出现了苏格拉底。"这个时代的新特点是,世界上所有三个地区的人类全都开始意识到整体的存在、自身和自身的限度。人类体验到世界的恐怖和自身的软弱。他探询根本性的问题。面对空无,他无力解放和拯救。通过在意识上认识自己的限度,他为自己树立了最高目标。他在自我的深奥和超然存在的光辉中感受绝对。"③ 经过这个轴心时代,中国、印度、希腊都走出了原始的人类早期状态,进入了开启生命觉醒的时代。"直至今日,人类一直靠轴心期所产生、思考和创造的一切而生存。每一次新的飞跃都回顾这一时期,并被它重燃火焰。自那以后,情况就是这样。轴心期潜力的苏醒和对轴心期潜力的回忆,或曰复兴,总是提供了精神

---

① [德]康德:《答复这个问题:"什么是启蒙运动"》,载《历史理性批判文集》,何兆武译,商务印书馆1990年版,第22页。
② 同上书,第23—24页。
③ [德]雅斯贝尔斯:《历史的起源与目标》,魏楚雄、俞新天译,华夏出版社1989年版,第8—9页。

动力。对这一开端的复归是中国、印度和西方不断发生的事情。"① 正如西方文艺复兴是由中世纪神学重返古希腊而获得新的文化动力，宋明儒学亦是从摆脱隋唐佛学的影响重新遥契先秦孔孟精神从而走上儒学复兴之道。② 周濂溪、程明道、程伊川、张横渠、朱晦庵、陆象山、王阳明、黄宗羲、王夫之等儒者在对于先秦儒家经典的解读中，获得更为深入的理解，并认为自己的学说真正阐发了孔孟精神的要义。

1. 中国的伦理启蒙

从长时段的思想史历程着眼，我们可以发现中国的伦理启蒙可以大致分作两期。一是血缘伦理向德性伦理的转变；二是德性伦理向公共伦理的转变。从伦理启蒙的角度上看，德性伦理促使了自我的觉醒，而公共伦理促使了自我对于他者关系的觉醒。

第一期是血缘伦理向德性伦理的转变，在先秦开始发源，以孔子、孟子的学说为代表。先秦儒家，转变了殷周遗留的血缘伦理，而促使其面向德性伦理的方向发展。这种转变最初发生在殷周之变中。小邦周代替了大邦殷，以周公为代表的知识精英为周革殷命赋予了一套新的解释。原来的殷商认为自己的政权来自祖先神与天帝的密切关系，这种注重血缘关系的政权理论促使商纣勤于祭祀而不去关注百姓的疾苦。而周人认为"皇天无亲，惟德是辅"，政权的转移与祖先神的血缘无关，而为政者的德性才是权利的基础。

孔孟继承了周公的核心精神，并对德性进行了全面而深入的研究，提出了仁与不忍人之心的核心价值。于是，原本周代分封制所建基的血

---

① ［德］雅斯贝尔斯：《历史的起源与目标》，魏楚雄、俞新天译，华夏出版社1989年版，第14页。

② 现代新儒家唐君毅先生认为："春秋战国之诸子思想好比希腊思想。魏晋六朝隋唐之佛学，好比中古基督教思想。宋明之儒学复兴，正好比文艺复兴以后之西方学术。"由此，唐君毅又一一作了个案比较，在第一期，孔子与苏格拉底，孟子与柏拉图，荀子与亚里士多德具有相似性；在第二期，基督教与空宗，经院哲学与隋唐诸宗，宗教改革与六祖革命具有相似性；在第三期，周敦颐与笛卡尔，邵康节与莱布尼兹，张横渠与斯宾诺莎，王阳明与康德，王船山与黑格尔具有相似性。这三期的发展，颇类黑格尔的历史哲学，第一期为"从自然中创造人文"，第二期为"人之精神上升，而上达超人"，第三期为"由超人，重返人文、人间与自然"。（唐君毅：《人类精神之行程（上）》，载《人文精神之重建》，广西师范大学出版社2005年版，第445页）。

缘伦理被儒家赋予了忠义的德性基础，而原本君子与小人仅仅限于贵族与平民的区分也赋予了道德与否的意义。如果仅仅停留在血缘的意义上，则人与人的关系是被限定的。人出生则已经背负着血缘的差别，这些先天的区别不应该成为划分人后天社会地位的根本依据。人与人的关系应该在人能够选择的基础上而基于其所作出的选择而进行新的判定。正如孟子所说，"挟泰山以超北海"是能不能的问题，"为长者折枝"是愿不愿的问题。德性的发现，就是将愿不愿的道德意识置之于能不能的客观限制之前。德性是人之所以为人的根本。从血缘到德性，这是对人的理性的自由运用的一个大幅度的跨步。德性需要人自由地选择去做善意的事情。因此，作为知识精英的先秦儒家，通过自身的不懈努力，血缘的限制被安置在一个附属的位置，而德性精神则具有根本的地位，从而为人的存在奠定了基础，并进而开启了中华民族的发展方向。

第二期是德性伦理向公共伦理的转变。这一期时间跨度比较长，从宋明一直延续到近代，其间由于民族战争、王朝异代而有所断续。从一种严格的意义上说，这种转变尚未彻底完成。从宋代开始，儒家知识精英重新接续上先秦的儒学，并在心性论上取得伟大的成就。但是，宋明儒者知识精英还有一条发展线索，就是"君臣共治天下"的外王理论。这个时期的儒者开始更多地表现出天下的关怀，并且认为社会的公论就体现了天道。天道的根本不在朝廷，而在天下。德性在公共性上的体现，不是要个体舍己为公，而是满足每个个体生存与发展的权利。明清之际三大儒在思考明朝灭亡的问题上，更对公共伦理有了深入的思考。黄宗羲提出："藏天下于天下""天下为主、君为客。"顾炎武提出："合天下之私以成天下之公。"王夫之提出："王者虽为天地之子，天地岂得而私之，而敢谈天地固然之博厚，以割裂为己土乎？"由德性伦理向公共伦理的转向，成为明末儒学发展的一个显性线索。这种发展在明清鼎革的时代变局中被迫中断，而在洪杨之乱以后，汉族士大夫重新复醒，公共伦理的发展又有新的延续。从变法维新，到清末新政、到辛亥革命，这是儒家公天下的伦理要求在政治实践中的体现。华夏民族救亡图存、贞下起元的现代化历程就在这一时期获得前所未有的进展。晚清至民国的知识精英在力求中国社会变革的时代大潮中，关注中国的现代化问题。由于他们针对中国现代化指出不同的发展途径，于是又可以分为马克思主义、自由主义和保守主义三大立场，并在自我的立场上去批评或融合其他理论，以及通过实践运动而达到公共伦理的新的开展。

2. 知识精英与道德导师

所谓道德导师，需要在道德伦理的人生道路上给予后来者一定的引导。但是这种引导需要区分命令与教导。如果我认为他去做某件事情是对的，那么我怎么让他去做某件事呢？在生活场景中，老师对于学生，父母对于子女具有道德教育的权力与义务。道德教育的方式更多是靠强制性的规范。但是随着时代的进步，大家逐渐认识到通过打骂体罚的方式并不能取得理想的效果，真正的教育需要言传身教的模范作用。既然成年人针对未成年人的道德教育也要以教导为主而非命令，那么对于成年人与成年人之间的道德教育更应该相互尊重，循循善诱。

在教导他人之前，我或许需要反思，我认为他这样做是对的，真的是这样吗？或许我的认识是错的呢？他非得这样做吗？他是不是还可以有其他选择？这样就会对教导的主体施加反思，不会一副俨然真理在握的样子。继而，我可以继续想，如果我假设他这么做是对的，怎么才能让他这么做。如果依靠强制的力量，虽然表面上他这么做了，但心里并不认可，所以虽然做了其实对于他自身心里的成长并没有什么效用。因此，我会考虑引导说服的方式，而不是依靠强制性的规范力量。上述的思考，其实可以归纳为道德的自发性和道德的非强制性。

道德的自发性可以与德性伦理相联系，道德的非强制性可以与公共伦理相联系。道德导师需要引发他人的道德本性，同时这种道德本性的引发又需要在尊重他人的基础上，并不以强制性的手段迫使他人行动，而是让他人自身的觉醒来采取相应的实践行动。

从道德的自发性层面来看，注重德性伦理的孔、孟思想尤其突显心性的自觉自发。孔子说："人能弘道，非道弘人。""为仁由己，而由人乎哉？"并不是有一个道在人之外，需要人去弘扬它，而是人自身的道德实践就体现了道。孟子说"仁义礼智，非由外铄我也，我固有之也，弗思耳矣!"仁义礼智是由四端之心发展而来,这四端之心不是外面强加给我的,而是我自身本来就有的。我之所以没有表现出来仁义礼智诸般德性,是因为我没有用心去实现它。孟子强调,自心中的道德力量一直在生生不息的发挥着作用,只要碰到恰当的场景,这种外缘就很容易将内在的道德感激活。孟子说:"舜之居深山之中,与木石居,与鹿豕游。其所以异于深山之野人者几希。及其闻一善言,见一善行,若决江河,沛然莫之能御也。"① 孟子指出,舜最初身在深山中的状态如蛮夷一般,甚至连普通人都不如,但他碰到好的善缘,就能够发挥自身的道德本性,道德的力量就如决堤之水一样的冲了出来,挡都挡不住。

从道德的非强制性上看,注重公共伦理的明清之际的儒者尤其反对专制王权与程朱末流"以理杀人"之弊端。在中国传统中,能够"作之君、作之师"的人,可谓圣王。在儒家知识分子的理想状态中,圣王是因圣而王,即某人因具有超过普通人的道德、知识、能力而被大家推举为王。道德、知识、能力是圣,这种超过常人的力量来自于此人与天道的感通以及公天下的道德践履,他由此而成为一个觉醒者。正由于他的先觉,故他可以帮助后觉者觉醒。他成为圣王,普行教化之事,使天下都受到他的德行的润泽,从而促使天下人人皆能觉醒。在上述儒家的圣王理想中,圣王的领袖地位是由于德行而得到众人的推举,圣王的导师地位是由于德行而得到众人的仿效。然而,这种理想状态仅仅存在于儒家知识分子的美好愿望中,并没有真正实行于中国历史上。中国历史上的君主并非因圣而王,而是因王而圣。王权的获得并不是依靠自我的德行与众人的推举,而是凭借着武力与狡诈。在以武力与狡诈获得王位之后,统治者声称自己是圣王,臣服者也不得不称颂他为圣王,于是圣王就成为道德的幌子挂在统治者的门面上。他们灌输给被统治者以服从的美德,名义上为觉民而实质上为愚民,并以暴力机器维持自己的既得地位。因此,真正权位的获取是以武力为基础、道德为幌子。正是因为中国几千年历史中这样的"圣王"层出不穷,所以尤其需要警惕道德导师

---

① (宋)朱熹:《四书章句集注》,中华书局1983年版,第353页。

与政治权力的密切结合。黄宗羲说:"有生之初,人各自私也,人各自利也;天下有公利而莫或兴之,有公害而莫或除之。有人者出,不以一己之利为利,而使天下受其利,不以一己之害为害,而使天下释其害;此其人之勤劳必千万于天下之人。"① 最初的社会状态,人都在谋求个体发展,而有一个人能够从自我的世界中解放出来,为谋求每个人的个体发展而努力,这种人才可以成为圣王。因此,圣王不是要大家舍去小我,成就一个抽象的乌托邦的目标,而是要成就天下每个人的私,保障每个人都能够自我生存、自我发展。孟子说"有恒产者有恒心",道德教化是在满足每个人基础生活需求之上再引发出人的道德需求。

3. 重大社会转型与知识精英的重塑

在中国历史上这两次伦理启蒙的发展过程中,不但知识精英担当了道德导师的角色,促进了德性伦理与公共伦理的完善,而且知识精英在伦理启蒙的过程中自身也获得了新的定位,赢得了社会形象的重塑。

血缘伦理向德性伦理的变化发生在殷周更替中,其中主要的知识精英以周公与孔子为代表。周公之前的儒者具有巫祝的传统,可以与天相感通。比如,武王重病,周公就设坛向太王、王季、文王祈祷,愿以己身代替武王承受病苦,他的祝词写道:"惟尔元孙某,遘厉虐疾。若尔三王是有丕子之责于天,以旦代某之身。予仁若考,能多材多艺,能事鬼神。"② 但是周公并不以这种超越的神秘力量作为其统治的基础,反而依照习惯法制定周礼,重新奠定了周文化的德性基础。"周公的确是位伟大的政治家、思想家。之所以说其伟大,一是因他舍弃了自己运用巫术执政的特权,把依赖巫术执政的方式最终转变为依赖习惯法执政的方式;二是因为他舍弃了解释神意的垄断性特权,最终把神意归之民意,因此他是他那个阶层的一位无私奉公的杰出人物。"③ 周公的努力将超离的神

---

① (明)黄宗羲:《明夷待访录·原君》,载《黄宗羲全集》第一册,浙江古籍出版社 2005 年版,第 2 页。
② 慕平译注:《尚书》,中华书局 2009 年版,第 143 页。
③ 郝铁川:《周公为巫的历史意义——中外法史考辨札记》,载何家弘主编《法学家茶座》总第 36 辑,山东人民出版社 2012 年版,第 106 页。

圣拉向世俗，即着世间来发现神圣。孔子继续将周公的精神演绎发展，将这种德性的学说由官学下移到民间，于是所有人都可以接触到这样的学问。无论是贵族还是平民，血缘身份不再是垄断学识的障碍，个人德性的发明扩充才是人之所以为人应该注重之所在。通过这样的一种转变，儒者从最初的巫祝身份逐渐转变为教育者、士大夫的身份。

公共伦理的转变发生在宋明时期，并一直延续至今。"士大夫之生斯世，达则仁天下之民，未达则仁其乡里。能仁其乡里，苟达即可推以仁天下之民。"① 宋代的君主集权力量相对较弱，知识精英尚有"君臣共治天下"的气魄，他们希望通过"得君行道"用儒家的思想来影响政治，从而实现"仁天下之民"的政治抱负。但是这条道路被蒙元的更替所截断，而明代的君主集权又达到历史上高峰，故类似王阳明这样的儒者就开始由上层路线的"得君行道"转向下层路线的"觉民行道"，达到"仁其乡里"的目的。这样的学术教化运动，在阳明后学中得以继续推广，最后产生晚明的东林党、复社等一股在野知识精英的社会力量。儒家以社会力量来抗衡政府的君主集权力量，同时也赋予了晚明社会以极大的活力，商品经济、文化事业在民间社会得到前所未有的发展。我们仔细考察宋明知识精英的努力，可以看出宋代知识精英在公共伦理上的努力是通过公论订立规范而对王权有所限定，其很有可能走向"虚君共和"的君主立宪制的发展道路。而明代知识精英在公共伦理上的努力是培育社会，其发展前景很有可能是成为较少受到王权影响而能自我运作的大社会。大社会与小政府是儒家知识精英上下层路线的最终走向。明代的这种壮大社会的运动在清政府的高压的集权下被迫中断，只有到清代中晚期后，以曾国藩为代表的汉族知识精英开始依附社会力量崛起。湘军不是政府的正规军，而是来自民间社会的团练组织。这股军事力量代表着社会的重新觉醒，而对于君权的限制也在康梁变法以及清末新政中获得体现。在这种社会变化中，儒家知识精英由原本的士大夫的官方

---

① （宋）姚勉：《武宁田氏希贤庄记》，载《姚勉集》，上海古籍出版社2012年版，第414页。

性质增添另一种身份，那就公共知识分子的民间性质。

儒家由巫祝而变成教育家、士大夫，由士大夫变成公共知识分子。这些身份的重塑伴随着伦理启蒙而客观发生，并对于社会群体产生重大的社会影响。知识精英在改变社会的同时，也相应改变了自我的定位。

文化的道德信用不是强制性的规范，而是内在的自觉。无论是知识精英，还是公众人物，或者其他在公共领域中有所作为的人物，他们最为基础的公共行为需要建立在法制的基础上，并由此而调适上遂，觉醒自我的道德良知。那么，当我意识到我应该觉醒自我的道德良知，我是否需要一个思想领袖或者道德导师呢？或者，当我道德觉醒之后，我是否应该成为思想领袖或者道德导师来觉醒其他人呢？

4. 思想领袖与道德导师的甄别与择取

社会的正常运行既需要道德，也需要法制。中国当下的社会，旧传统已然瓦解，新传统尚未真正确立。传统的道德退出其本有的舞台，新的思想在涌入华夏大地之时，又对道德的确立缺乏真正的效用。法律作为底线都无法控制住恶行的持续，更何况立足于劝说引导的善言善行。在这片视道德为愚昧的荒漠中，我们是否需要模范榜样人物，成为我们的思想领袖与道德导师，引领我们净化思想，改善道德？

然而，思想领袖与道德导师的需要与否，却应该做出一个确切的甄别。在何种意义上，我们需要思想领袖与道德导师，在何种意义上，我们拒绝思想领袖与道德导师。

所谓领袖可谓之君，所谓导师可谓之师。君具有行政权，可以命令应该怎么作；师具有教育权，可以教导应该怎么作。我们所需要作出的甄别在于，谁来命令谁，以及谁来教导谁。在道德问题上，一个人是否具有权利去命令教导另一个人。在生活场景中，老师对于学生，父母对于子女具有道德教育的权力与义务。但是随着时代的进步，大家逐渐认识到通过打骂体罚的方式并不能取得理想的效果，真正的教育需要言传身教的模范作用。即使是成年人针对未成年人的道德教育也要以引导为主，那么对于成年人与成年人之间的道德教育更应该相互尊重，循循善诱。因此，命令与教导如果具有外在强制性的特征，那么这种思想领袖与道德导师并不适合现代人的生活。因为外在强制性已经由法律来承担，由此而保证人际交往的公平。命令与教导如果具有内在启示性的特征，这种启示可以觉醒自我的道德主宰，那么这种思想领袖与道德导师才是我们所需要的。由以上之甄别，我们可以发现中国传统思想中存在的问题，并尽量消除其消极影响，从而为新时期道德的建立铺平道路。

在中国传统中，能够"作之君、作之师"的人，可谓圣王。在儒家知识分子的理想状态中，圣王是因圣而王，即某人因具有超过普通人的道德、知识、能力而被大家推举为王。道德、知识、能力是圣，这种超过常人的力量来自于此人与天道的感通与践履，他由此而成为一个觉醒者。正由于他的先觉，故他可以帮助后觉者觉醒。他成为圣王，普行教化之事，使天下都受到他的德行的润泽，从而促使天下人人皆能觉醒。

在上述儒家的圣王理想中，圣王的领袖地位是由于德行而得到众人的推举，圣王的导师地位是由于德行而得到众人的仿效。然而，这种理想状态仅仅存在于儒家知识分子的美好愿望中，并没有真正实行于中国历史中。中国历史上的君主并非因圣而王，而是因王而圣。王权的获得并不是依靠自我的德行与众人的推举，而是凭借着武力与狡诈。在以武力与狡诈获得王位之后，统治者声称自己是圣王，臣服者也不得不称颂他为圣王，于是圣王就成为道德的幌子挂在统治者的门面上。他们灌输给被统治者以服从的美德，名义上为觉民而实质上为愚民，并以暴力机器维持自己的既得地位。因此，真正权位的获取是以武力为基础、道德为幌子。正是因为中国几千年历史中这样的"圣王"层出不穷，所以思想领袖与道德导师的联合容易让人联想得太多。

即使情形并不如上述那么恶劣，思想领袖与道德导师仅仅局限于文化领域中，他们的思想精神受到大众的赞同，他们的道德人格受到大众的膜拜，那么这种情况仍然值得我们反思。思想不能一元化，不然就容易僵化而失去创造力。文化领域的思想领袖与道德导师如果处于独尊的地位，则容易上升为一种意识形态，从而阻碍他人自由思考、理性论辩的能力。很多宗教都具有这种特点：教主并不依靠武力而是仅凭自己的人格魅力来影响信徒。信徒在其影响下则完全丧失了正常人的思维模式，成为任由该宗教思想摆布的人偶。

如果缺乏契约划界的保证，领袖则可以完全命令他的民众，导师可以彻底指挥他的信徒，那么思想领袖与道德导师就可以僭越自己的职责领域，并对他人的心智与身形产生强制性的影响。思想领袖之弊端在于麻痹自由的思想，道德导师之可耻在于强行伪善的道德，因道德之由反而造成了最大的不道德，这便是膜拜思想领袖与道德导师的警惕之处。

那么，基于上述诸种弊端，我们还需要思想领袖与道德导师吗？事实上，在这个时代，我们需要具有伟大的道德人格与开拓性的思想。我们所需要警惕的是，如何防止思想领袖与道德导师以泛道德主义的方式侵犯个体的权益。如果是在规范化个体的权益的基础上，那么思想领袖与道德导师自然是多多益善。思想系统可以多元，道德人格也不需要唯一，让诸多伟大的精神力量感染我们，由此树立起自我的道德理性，在和而不同的状态中共同发展。

五　心灵的本真觉醒是道德的根源

道德的本性不是外在的强制，而需要内在心灵的觉醒。我们固然需要模范人物的道德榜样，但如果仅仅是模仿学习，那么这种道德仅仅停留在德行层面，而未真正揭示德性之源。

孔子说："三人行，必有我师焉，得其善者而从之，其不善者而改之。"[①] 他人作为我的老师并不是强加于我，而是我自己的选择。我看到他人的优点，他人在这个优点上就是我的老师，我可以进一步学习；我看到他人的缺点，而反省自己是否也具有同样的毛病，他人对于我而言相当于是指出我缺点的老师，我仍可以进一步学习。因此，别人的道德与否，仅仅是一种助缘，而自我内心的选择，才是我们最好的老师。具有了内心的选择，就开启了德性之源，同时通过实践表现出来就是德行。这样由内而外的扩充拓展，才是逐步提升自我、健全自我的过程。

因此，思想领袖与道德导师如果真正存在，也应该内在于我们自己

[①] 《论语·述而》，载（宋）朱熹《四书章句集注》，中华书局1983年版，第98页。

的心中。王阳明说："夫学贵得之心，求之于心而非也，虽其言之出于孔子，不敢以为是也，而况其未及孔子者乎？求之于心而是也，虽其言之出于庸常，不敢以为非也，而况其出于孔子者乎？"① 无论孔子是多么的道德高尚、思想伟大，他只是外在于我的助缘，揭示我心灵本有的知善知恶能力的启示。从助缘与启示上看，则无论是孔子还是庸常之辈，善于学习的心灵都可以由此而总结出有益的教诲，并通过自己的自由意识作出选择。

同时，我们也应该注意到，固然真正的道德来自于心灵自由的选择，但并非所有自我的选择都是道德的。如果我们的心灵服从了自己的欲望，意念随着外物的迁变而流转，则容易迷失心灵内在本真的感动。于是，貌似自由的选择其实已经限定在肉身的逐欲之中。心灵已然失去自由，由此一切的行为可以在自我物质利益最大化的算计中得到准确的预测。

如何判断心灵的选择出自本然的自由意志还是处于逐欲的意念，则是一个十分困难的问题。他人都是外在的观察者，自己心灵的选择并不能被他人所知。他人仅仅能从一个人的言行中来把握其道德行为，并由此道德行为推测其心灵的选择。推测是间接的手段，且在他人的推测中又隐藏了很多主观因素。因此，确定一个人的心灵是否真正属于道德，则是独断而冒险的事情。事实上，或许只有出于选择主体自身对于自我选择的认知才是真正可以确定的。而这种状态，也只有自我从逐欲的意念中超拔出来，冷静地反思自己，才有可能获得实现。正是鉴于道德评价的内在化，所以道德评价由公共领域逐渐退回私人领域。一个人道德与否，并不是他人在公共领域中可以判断的事情。（即使他人对于某人的道德有所褒贬，也只限于他人的私人领域。）于是，道德成为自我的事情，是自己对于自己的要求。思想领袖、道德导师不在外面，就在我们自己的良心中。

我们在自我的内心深处寻找自己的领袖和导师，由此而产生的道德理性才能真正明白自己的天职。在这种道德情感的驱动下，我们具有了

---

① 邓艾民：《传习录注疏》，上海古籍出版社2012年版，第151页。

行动的方向以及行事的准则。固然道德理性并不储藏知识，但却可以激发知识理性去汲取知识，从而使道德理性的愿望得到现实的达成。譬如，当母亲看到子女挨冻，则于心不忍。由此母亲去学习缝纫技术，为子女做成一件保暖的衣服。于心不忍是为发自本心的道德理性，由此道德理性之驱动而去学习缝纫技术。缝纫技术属于知识理性的范围，其看似中性，却暗含着本身之外的意义与价值。如果仅仅具有道德理性的于心不忍，而没有缝纫技术的延续，则子女仍旧挨冻，善良的愿望无法达成；如果仅仅具有缝纫技术的知识理性，而缺乏道德理性的关怀，则知识成为无用之物，或是可善可恶的双刃剑。因此，道德系统并不与知识系统对立，道德系统的完成并不废除知识系统，而是需要知识系统的密切参与和亲密合作。

六 用道德提升自己，以法律规范人我

每个人的心灵深处都有自己的思想领袖和道德导师，这位领袖与导师所统辖的子民与弟子仅仅是个体自我。道德不应该跨越私人领域而去限制他人，而应该将自己的言行举止视为反思的对象。真正的道德只是针对自己，是自我提升的核心要素。

既然道德在私人领域提升自我，那么针对他人就需要依靠另外的方式。在公共领域，对于他人的要求则来自于法律。法律在我与他人之间建立了契约的联系，此契约由严格的奖惩来保证其顺利执行。我诉诸他人的要求需要建立在法律的基础上而不是道德的基础上。如果契约双方都依照契约规定来行事，则双方都能获得订立契约时双方所承诺的好处；如果契约双方违反契约规定来行事，则违约方需要为此而付出赔偿，履行方也能因此而减少损失。

私人领域的道德系统与公共领域的契约系统构成个人与群体相处的整体的生活世界。如果缺乏契约系统而仅仅留存道德系统，则道德将僭越私人领域而浸入道德领域，形成泛道德主义的风气，德性僵化为伪善的德行，伪善的德行继而僵化为"以理杀人"的霸王条款，成为操持在权力者手中的无形的思想锁链。由道德而异化为最大的不道德，正是道

德僭越自己的范围的必然结果。如果放逐道德系统而仅仅保留契约系统，则契约可以维持公共领域层面的平衡，但暗地里却助长私人领域中人性的堕落与放纵。原子式的个体极端地以自我为中心，漠视对他人的尊重，公共领域仅仅是维持自我私欲的手段工具。当个体膨胀到一定阶段，契约的超越性遭到破坏，契约被认为是权力角逐的暂时的结果，并将会随着权力的此消彼长而发生新的变化。于是膨胀的原子的鼓动进而冲破契约的框架而成为群氓的乱舞。群氓的思想行动又完全出于自我非理性的欲望冲动，人与人又陷入狼与狼的纷争之中。

　　道德系统与契约系统需要相互协助，才能促使社会具有一个良好的发展方向。用道德提升自己，用法律规范人我。法律提供了群体交往的底线，由此而保证了社会的正常运转，捍卫了每个人的个体自由不受外在的侵犯。但是法律并不对人的道德起到约束或引导的作用。人的自由的积极价值需要道德系统发生作用。而此系统仅仅限定在私人领域，即我与整体一元的价值世界的关系。当我并未寻找到心灵的本真状态时，我仅仅是浑浑噩噩过着生活。然而在某种外境的触动下，我领悟到了超越的力量，并感到自己往日的卑微以及希望趋于超越的倾向。在西方与东方不同传统的体认下，我可以追随超越或者与超越合而为一，由此达到了心灵恒久的感动，并为自己未来的人生道路作出庄严的选择。固然道德的人生可以帮助他人，启迪他人的德性，但并不等于他人违反道德准则就需要遭到惩罚。他人德性觉醒的根源完全在于他人自身。在道德的意义上，我只是他人的一个助缘；而在法律的意义上，我是他人的监督者，并要求他人不能违背法律。

　　综上所述，我们在新时期谈道德信用的伦理关系，需要兼顾道德系统与科学系统以及人与人的契约关系。从文化领域中看，道德信用主要体现在知识分子、演艺圈为代表的公众人物身上。从知识分子身上看，传统型的道德与现代型的知识都需要兼具于一身，并且以道德来统驭知识，以知识来达成道德；并且在对待异己上，需要尊重对手，通过知识的公开论辩来激发与引导公众舆论。从以演艺圈为代表的公众人物身上看，艺术工作者需要在艺术情感的波动中确立起道德理性，并且遵守人际之间作为底线的法律规范。鉴于公众人物的身份,他们需要在公共领域中接受公众监督与舆论褒贬。如果说知识分子突显了善与真的维度,那么艺术工作者就突显了美的维度。在真善美的追求中,既需要发自内在的本真感动,从而确立理性的积极基础,又要尊重他人的自由选择,从而规范理性的运用范围。在人己上达成消极的界限,以防止负面人性的僭越,在自我上达成积极的发展,以趋于人格的整全。

第四节 娱乐人物的道德信用

除了知识精英对于民众的文化生活产生影响外,公众人物对于民众的文化生活也具有深远的影响。"公众人物最初专指'公共官员',随着社会价值取向的多元化和现代经济、社会、文化产业的发展,一些社会上非政治领域行业的著名人物也成为社会广泛关注的焦点人物。公众人物以社会明星或社会热点人物(如影星、歌星、球星、畅销书作家、重大事件主角等)为主,而不少政府官员及社会活动家(如慈善家、热心社会公众事务的活动家等)也属此列。"[①] 如果我们从政府与社会的划分格局上去看,最初的公众人物就是代表政府的官员。政府属于由民众让渡的权利组成的公共组织。官员身份本身就是公共性的。其次,非政治的社会公众人物是基于社会自身的发展成熟而逐步产生的。这类公众人物主要是为公众提供公共文化商品,并由此而获得极高的关注度。这两类成员是公众人物的主要组成部分。

一 公众人物的公共性来源与社会影响

公众人物的公共性的来源是有区别的。对于不同来源的公共性需要从不同程度对其进行规范。公共性的来源大致可以分为三类。

第一类是权责明确的契约式的公共性,这也是最为传统的公共性。

---

① 朱涛:《公众人物的道德责任问题刍议》,《合肥学院学报》2011 年第 4 期。

公民让渡自己的一部分权力而组成国家，订立并维护公民群体生活和谐有效展开的国家秩序。维持这套秩序运作的政府官员，就是最为核心的公众人物。在这类公共性中，公众人物之所以为公众，是因为他们所在的职位就是公共权利所赋予的。这些公众人物在公开场合中的言行举止都不能违背公共要求，他们在私生活中的任何生活状态，都不能影响到他们的公共决策。也就是说，作为政府官员的公众人物在公开场合的任何言行都不能违反相关契约的规定。这种不能违反是强制性的，如果违反将会受到法律的制裁。如果官员的私人生活中的某些行动会导致其公共决策的公正性，那么这些私人生活就应该得以曝光。（比如，官员包养情妇，虽然是个人的道德问题，但这些事件的背后隐藏着公款私用或者官商结合等侵犯公共利益的情况。）

第二类是权责不明确的有机式的公共性。这种公共性来自于社会自身的发展与成熟。此类公众人物没有政府公职，而仅仅是社会中的知名人士。他们多从事于影视、体育、娱乐等艺术性的职业。这些现代化面向大众的服务性行业具有极为广大的观众群体。他们为大众提供文化服务，而大众需要付出相应的报酬。比如，一场演唱会或者球赛需要收取相应门票费用以及电视、网络的转播。这是一种市场经济下商品的自由买卖。在这个层面上，我们需要严格审视这些公众人物所提供的文化商品是否货真价实。如果他们所提供的文化商品具有欺骗性，如球赛吹黑哨、踢假球，那么这种公众人物就应该受到法律制裁。如果他们所提供的文化商品不具有欺骗性，即使他们私人生活有不道德的行为（但不犯法），公众也没有权利去干涉他们的私人生活。也就是说，如果此公众人物仅仅是处于生产公共性文化产品的立场上，那么针对他们的规范与其说是道德规范，还不如说是商业上的法律规范。在这一点上，他们和官员同样处于强制性的被规范地位。如果他们的私人生活的不道德没有影响到文化商品的质量，那么公众无权去侵犯公众人物的私人生活。

在此基础上，文化知名人士由于其具有广泛的关注度，在很多情况下，他们会善于利用这种关注度而获取更多的社会资源。那么他的公共性就从生产公共性文化产品的立场转化为以获取关注度为核心的立场。

在一个良性的文化事件中，一个文化名人以某种优质的文化商品获得市场好评，赢得广泛的关注。而由此广泛的关注，又会产生名人效应，这些效应可以用在广告宣传、品牌代言、走秀商演之中。文化知名人士在参加这些活动的过程中，可以获得极大的经济利益的回馈，但并不需要付出相应的实质性的艺术劳动。这里面的差额很多来自于他们名人效应的公共关注度，属于无形资产的利益回报。如果这些文化知名人士过多地在意其公众关注度，而且不从其文化商品的质量上去提高，反而以绯闻、丑闻来获得公众关注度，以此来赢得捞金的身价。那么，其获益的来源就失去了根基，反而造成舍本逐末的异化现象。文化商品是本，公共关注度是末。好的本会带来好的末，社会关注度的名人效应带来无形资产。如果一旦高质量的文化商品的本丧失了，那么只有依靠末的名人效应。名人效应又是来自于大众的关注，故在这样一个公共立场上的名人，其公共性就立足于大众的关注中。此名人之所以为名人，不在于他的文化商品，而在于他本身就是被大众关注者。因此，其公共性就是大众关注的公共性。他与公众之间的关系不如契约那么明确，但又具有有机的相互联系。正因为缺乏契约性的明确，故其言行举止无法用法律进行强制性规范；但又因为两者之间存在着有机的联系，故公众可以对其言行举止施加舆论压力，迫使其负起道德责任。

　　第三类是非自愿的公共性。某人在偶然的场合成为公众关注的焦点。但是这个事件本身不是一个契约型事件，或者此人是某个公众事件中被迫卷入的角色，其主观上并不愿进入公共领域。比如，感动中国的"最美"人物。这些人物并不是自愿进入公众视域，而是公众通过媒体报道被他们高尚的品德、不懈的奋斗所感动，而自愿去关注他们。又如：2013年网友人肉搜索济南芙蓉街"摔狗男"事件。人肉搜索的结果并非是真正的"摔狗男"，而是殃及了无辜。公众舆论谴责这些误认的"摔狗男"，于是误认的"摔狗男"被迫卷入了公众视野。这些公众人物并非是自愿型的，他们也没有刻意去利用公共资源来获取利益，故在公共领域不能以道德舆论去谴责他们。（有些人对于"最美"人物，挖掘其私生活中不道德的一面去谴责其虚伪，这种做法也是侵犯了隐私权。）

针对公共性的三种不同来源，对于这三种公共性所应承担的社会责任也具有差异。第一种是自愿型的政治公众人物，他们应该承担法律责任，并在在私生活领域牵涉到公正性的时候，其私生活也应该受到舆论的监督。第二种是自愿型的非政治公众人物，他们在提供文化商品的时候应该承担市场经济的法律责任；同时他们在利用其名人效应占用公众资源，并以此作为价码而获取高额利润的时候，应该受到舆论的监督，承担道德责任。第三种是非自愿型的非政治公众人物，他们的公众关注并非出于主观意愿，故他们不在公共性上承担道德责任。他们所承担的法律责任与任何一名普通人等同。

通过以上三种情况的分析，可以知道公众人物的公共性的不同来源与相应的社会责任。鉴于官员与知识分子已经在上文中有所讨论，故此处详细分析演员、歌手、电视节目主持人等娱乐圈、演艺圈的公众人物。

表面上看，娱乐圈、演艺圈的人士往往因为资源和职业的原因而呈现出一种文化审美的维度，其中虽然没有直接的道德表达，但若通过深入的伦理演绎，则不难发现其中暗藏的道德基础。

道德演绎可以分为两个层次来说。最为根本意义上的道德，是出于道德行为者发动的不忍人之心，正如孟子所说："今人乍见孺子将入于井，皆有怵惕恻隐之心，非所以内交于孺子之父母也，非所以要誉于乡党朋友也，非恶其声而然也。"[①]"乍见"是突然看见，当下没有经过刻意思考的状态。孟子认为，人在这种状态下看到一个小孩子有掉到井里的危险，都会激发其怵惕恻隐的道德心。这种道德心的发生不是因为要与小孩子的父母结交，不是因为要博得见义勇为的声誉，也不是因为厌恶这孩子的哭叫声。也就是说，这种道德心发动之关键在于人的自身，外在的原因都不是导致道德心产生的原因，道德心是自发无待地产生的。正由于道德心是自发无待的产生的，所以一切对于道德心发动的外在要求都不是道德心发动的必要条件。如果道德行为果真是由这些外在的道德要求而产生，那么这种道德就不是纯粹的道德，而是严格意义上的伪

---

① （宋）朱熹：《四书章句集注》，中华书局1983年版，第237页。

善行为。因此，在这个意义上，道德就不能使用强制手段，外在的压力只是促使其内在良知发动的助缘而已。

　　从对别人有所要求的立场上来看，就不能基于无待的道德心。如果我要求某人去做道德的事情，并且要求他基于他的自发无待的道德心去做道德的事情，相当于要求别人完全付出，但不需要任何收益，那么我就变成强制性地要求他人无私奉献，这反而反衬出我的"以理杀人"式的不道德。因此，对别人有所要求需要在付出与收益的相互关系上进行言说。之所以要求某人付出，是因为某人已经从应该付出对象上先期地获取了收益。他不能一味地收益而不付出，故可以对他进行一定的规范。从公众人物而言，就需要考察这位公众人物与大众的关系。如果公众人物与大众之间的收益与付出呈现出明确的契约关系，比如官员的公共职位与大众的权力让渡、艺人的文化商品与大众的文化消费，那么对于官员和艺人的要求就是法律关系。如果官员和艺人违背了明确的契约规定，则要受到法律的制裁。如果公众人物与大众之间的收益与付出呈现出不明确的有机关系，比如作为艺人的无形资产的身价，就与大众的关注度有关，由此而能产生名人效应。如果艺人将名人效应用在社会慈善等领域，则他们从社会上获取关注赢得身价，又反过来赋予社会以正能量，收益与付出具有等价的关系。如果艺人不断地以绯闻、丑闻炒作自己，进一步赢得关注度，这已经与其文化商品的质量无关，是一种名人效应异化的表现。在这种情况下，艺人从社会上获取关注赢得身价，却反过来给予社会以极恶劣的负面影响，这些收益与付出是不等价的。但是，艺人本身的行为并不触犯法律。而这种收益与付出关系本身又是不明确的，它们是有机联系地，无法量化计算，所以难以通过法律方式予以制裁。由此，公共舆论可以将这种恶劣的情况在公共媒体上予以曝光，进行道德规范。

　　第一种无待的道德心状态就是仁，仁是就主体自身的心灵而言。第二种明确的契约关系就是法，法是就对他人的强制要求上而言。第三种不明确的有机联系关系就是礼，礼是就对他人的次强制要求上而言。

　　仁可以视作是礼与法的基础。从仁的角度来看，自身的道德心灵的发动自然无所待,但仁者若作为一个旁观者,那么仁者自然希望看到善有善报恶有恶报的德福一致的状况发生。仁者希望看到的是作为好人的救助者付出而不求回报,而作为好人的受助者受到帮助而涌泉相报。如果受助者受到帮助而不作回报甚至恩将仇报;或者付出者没有好的收益,不付出者却有好的收益,这是仁者所不愿看到的。孔子所说的以直报怨与以德报怨的区别也在这个层面上进行理解。以德报怨是个体的道德境界,可以是个体自我对他人的态度。但对于公共性的正义,则一定是以直报怨。以直报怨的意思是用公正的态度以德报德,以怨报怨。他人怎么待我,我就不含私怨地怎么待他人。这种以直报怨的态度需要在国家层面上得到落实,让好人得到奖赏,坏人得到惩罚,在制度上确立起"积善之家必有余庆,积不善之家必有余殃"①的保障。一个正义的礼法制度必然导致"周有大赉,善人是富"②的状态,而不是无论好坏一律宽大处理,这样就会姑息养奸,造成社会制度的混乱、公共生活的不正义。如果说仁是自己针对自己的要求,那么礼法就是公众针对公众的要求。礼是偏软性的要求,提出你应该做什么,不应该做什么;法是硬性的要求,规定你必须不做什么。法是礼的底线,也是道德的底线,而礼是在法的基础上向上拔高的道德要求。

在法律制裁之外,比较适合娱乐圈、演艺圈的人士的是礼的约束。娱乐圈、演艺圈的人士所占据的社会资源如影视、网络、发表意见的机会等,决定了他们的"公共性"的关注度,他们需要对社会回馈正面的能量。公共人物的真正的和长远的公众影响力往往来源于他们自身的道德,他们必须对公众负责,因为他们的机会和权力是社会赋予的,因而必须担当道德责任。

公众人物的道德示范主要可以从三个方面来看。其一,公众人物不能触犯法律。其二,公众人物的行为要符合礼制,即社会普遍的道德规范。其三,公众人物的道德行为应该以自发为主。其中,从第一方面来

---

① 陈鼓应、赵建伟:《周易今注今译》,商务印书馆2005年版,第44页。
② (宋)朱熹:《四书章句集注》,中华书局1983年版,第193页。

看，法律是道德的底线，如果连法律都违背了，肯定违背了道德。（除非此法本身是不公正的恶法）从第三方面来看，道德不应依靠外在强迫，而是在个人的心灵中发生作用，所以社会舆论的道德动力或道德压力也只能看成是辅助手段。公众人物的道德示范的重点在于第二个方面，即符合社会普遍的道德规范。

娱乐圈、演艺圈人士的本职是制造文化商品。在文化商品具有高质量的前提下，获得良好的社会知名度，得到公正的普遍关注。这些关注又会形成品牌，成为艺人的无形资产，提升艺人的身价。艺人可以利用这些知名度去获取更多的公共资源，也可以获取更多的收益。一个良性发展的艺人，他的关注度主要来自两个部分，一个是不断给社会提供高质量的文化商品，一个是参加公益活动、慈善事业，给予社会以良好的正面影响。这种关注度又赋予其无形的价值，也提高了他的身价片酬。一个恶性发展的艺人，他的关注度中文化商品成分愈来愈缩水，而为了继续维持、扩大其知名度，就需要热衷于不断炒作。哪种方式最能博得大众眼球，就用哪种方式进行炒作。私人生活中的丑闻、绯闻成为自我炒作的法宝。它们给予社会的是一种负面的影响，甚至影响社会大众的主流价值观。既然这些艺人的高额收入与大众的关注度具有密切联系，那么他们在取得巨额收入的同时，也需要给公众以正面的回馈。如果他们在取得巨额收入的同时，给予公众以负面的回馈，公众就可以进行公开性的舆论批评。针对娱乐圈、演艺圈人士的舆论批评就是反对恶性炒作，抵制虚假身价，并且以文化商品质量本身为基础来评价艺人。

固然，在短期情况下，无论是正面还是负面的舆论，都可能助长艺人的关注度，但是在长期情况下，艺人如果没有真正而持续的高质量文化商品作为基础，那么这种异化的关注度只会具有短期的效应，而艺人在不久之后就会被公众遗忘。因此，从长远的发展来看，艺人最好的成长途径是保证优质的文化商品、恪守基本的商业规范、树立良好的公众形象、参与公益的社会活动。

二 娱乐文化与道德影响

知识分子依靠道德与知识来获取社会影响力，从而有意识地批评与改造社会。道德是善的力量，知识是真的力量。只要人具有追求善、追求真的意向，知识分子影响社会的力量之源就不会枯竭。以演艺圈为代表的公众人物则与知识分子不同，他们并不以追求善或者追求美来作为自己的影响力的来源，他们是美的制造与体现者。他们不曾对社会提出什么严厉的批评以及相应的改造意见，而是在那里通过自己的表现来展现出美。大众只要有追求美的意向，就会被他们所吸引，高度关注着他们的艺术创造，从而"润物潜无声"的提高自身的审美情趣。因此，与知识分子的显性的主张不同，艺术工作者以一种隐性的方式来教化民众，美化心灵。

当知识分子面临两套评价体系的尴尬时，演艺圈也遭遇到同样的问题。他们虽然创造美，但未必有知识，也未必有道德。很多明星不具备大众化的常识，如"小天王周杰伦一脸茫然地问：'雷锋是谁，他会唱歌吗？'；李玟'想请岳飞为自己写歌词'；蔡依林不知'三国演义'指的是哪三国；而素有才女之称的伊能静，竟把新歌《念奴娇》中的'羽扇纶（音guān）巾'唱成'羽扇伦（lún）巾'……"[①] 此外，娱乐圈内的"潜规则"也一度让人瞠目结舌。"有的男演员为了上角色会请导演制片人去洗桑拿，而一些女演员则是挤眉弄眼套近乎，等角色定了，或者戏拍完了，他们常变了一个人。几乎没有友情亲情可言。"[②] 演艺圈对于这些丑事不但不去谴责，反而作为宣扬的资本而用于博取大众的眼球。"近两年舆论对演艺圈的报道与监督，无论是正面还是反面，掺杂了太多的商业'炒作'佐料，加深了一些读者对娱乐报道的片面认识。更令人遗憾的是，演艺圈业内人士名人也好，想出名的人也好，在宣传作品和个

---

① 十三虎：《明星缺乏文化素养 你能容忍吗》，《中国网友报》2007 年第 34 期。
② 沙林：《演艺圈出了什么岔》，《文明与宣传》2003 年第 8 期。

人包装中都使用一种可悲的手段,新闻+绯闻或丑闻。"① 演艺圈的从业人员由于职业缘故需要具有丰富的情感体验,他们注重感性的生活态度,而对于道德理性与知识理性较难有相应的契合。大众对于他们的无知与无德并不如批判知识分子那般苛刻,仿佛演艺圈不具备知识与道德是一件非常平凡的事情,而真正德艺双馨的艺术家则是演艺圈的另类。

然而,当演艺圈炒作无知和无德为来吸引大众之时,也就预示着他们在艺术上的黔驴技穷。固然大众对于演艺圈的关注可以容忍其道德与知识上一定程度的缺憾,但他们之所以为艺术工作者则需要展示出艺术成果,给予大众以美好的审美享受。当演艺圈艺术水平出现滑坡之时,他们非但不勤于艺术的深造,反而以无知无德为卖点进行全力以赴的炒作。更有甚者,时下演艺圈、娱乐圈甚至出现了"审丑"的现象,以肉麻、恶心、装疯卖傻来获得公众的关注。这些现象无疑是演艺圈的一种病态的体现。而这些病态的做作竟然也能够得到广泛的关注并取得商业利润,这不得不进而拷问大众的审美能力。

艺术是时代精神的先锋,艺术风尚的变化反映出时代精神的变化。美固然与真和善可以产生一定程度的分离,但脱离真与善的美就显得非常单薄。它仅仅是感性本身的流动,而缺乏理性自身的贞定。当感性背后具有理性的支撑时,感性获得健康的发展动力和正确的前进方向。当感性背后缺乏理性的支撑时,感性就会随波逐流,追逐外在的事物,成为欲望文饰化的反映。

当表演具有理性的支撑时,观众所感受到的是艺术的美感;当表演仅仅是欲望的反映时,观众所感受到的是欲望的勾引与宣泄。演艺圈的表演与观众的嗜好有极大的相应性。当流于欲望的表演能够大行其道之时,大众文化的堕落也为时不远。

从演艺圈方面看,艺术不精而依靠绯闻、丑闻即能一夜成名者不在少数。这让更多的青年艺术工作者不愿意提高自己的文化素养和道德水平,甚至以将潜规则视为演艺圈成名的终南捷径。长此以往,他们也不

---

① 张琼:《小议演艺圈与娱乐新闻的效应》,《齐鲁艺苑》2000年第1期。

知道何为艺术,仅仅成为时代欲望的代言体,反而借艺术之名行低级趣味的欲望之实,并扛着艺术的口号反对知识和道德,宣扬一种自我主义、拜金主义、虚无主义的价值观。

从大众方面看,崇高的古典文化已经远离大众的日常生活,大众不知道自己需要什么样的娱乐文化。"在传统文化秩序已经解体,新的文化秩序尚未建立的境况之中,建设性的辩论所必须具有的约定俗成的批评标准根本尚未建立。"[①] 对于大众而言,在旧道德大大削弱束缚力的同时,自由主义的契约精神虽然没有真正接受,但与契约精神相联的个人权力话语却被误解为绝对自由而流为欲望的放纵。感官刺激与享受的娱乐文化正好迎合这种物质性的需求。拜金、色情、暴力等因素充斥着各种传播媒体,遍布于大众生活的各个角落。这些私人欲望膨胀的世界观、价值观对于大众具有隐性的影响,而对于儿童、青少年人格的养成更是具有潜移默化的作用。

时代精神的没落体现在大众文化的娱乐化,娱乐化的极致即沦为欲望的波动。对于一般大众而言,个体仅仅以法律为底线来规范自身在公共领域的活动,而在私人领域内有权保持着无知无德的状态。然而,演艺圈作为社会公众人物,他们的无知无德并不仅仅局限于私人领域,而是成为大众公共领域文化生活的主体,并影响着大众公共领域的整个精神面貌,其中尤以青少年为甚。

青少年缺乏成熟的理性判断能力,他们容易被表层的宣传所左右,甚至崇拜演艺圈的明星、歌星等。当整个时代都缺乏一种健康积极的道德指向时,那么他们所崇拜的明星、歌星以及影视作品中所表现出来的人生观、价值观就会更容易地影响他们。这些年轻人作为中国社会的年青一代,在若干年后将会成为社会的主流,同时他们来自于娱乐化的影视作品与歌星明星的肤浅价值观也会慢慢上升社会意识的主流。这种社会意识又培养新一代的民众与歌星、影星。这种情形循环持续下去,那

---

① 林毓生:《中国传统的创造性转化》,生活·读书·新知三联出版社 2011 年版,第 366—367 页。

么表现人类崇高精神的影视作品将在人们的视域中销声匿迹，娱乐的欲望波动代替了美的追求，而真正的美却成为陌生的邻人。

三 道德信用与法制规范

演艺圈道德衰落的负面影响启迪我们在公共领域如何保持一种积极向上的正能量。这个问题的核心是如何规定社会公众人物的权利与责任。

作为社会公众人物，他既有一般性，又有特殊性。从一般性上说，公众人物作为大众中的一员，应该享受与社会大众同等的权力与责任；从特殊性上说，公众人物又具有自己较高的社会关注度和社会影响力，于是在权力与责任方面又有新的变化。"公众人物与社会普通大众不同，主要在于他们在现实社会中具有较高的社会知名度，是广受公众关注的人物。公众人物区别于普通人的特性在于他的公众属性。他的言行举止都能在很短的时限内对普通人施加无意识的正面或负面的影响。由于公众人物在社会中所处的地位和公众对他们的普遍认可，因而在社会中产生一定的影响力和感召力；有的公众人物甚至在一定社会人群中成为偶像对象和某种价值追求的载体、符号，有的更成为某些方面的形象代言人。"[1] 这些新的变化更多的是软性的，不在法律规范的硬性规定之中。公众人物的知名度可以衍生出商业价值，并由此而获得更多的权利，而在责任方面却具有较大的弹性。

针对公众人物的社会影响力，需要避免消极影响、突显积极影响。主要措施可以分作两个方面：一个方面是针对公众人物的措施；一个方面是针对大众的教育措施。

在针对公众人物的措施上，既需要顾及公众人物作为普通人物的一般性，又要考虑到公众人物自身地位的特殊性。从公众人物的普遍性上着眼，法律需要维护公众人物的合法权益，尤其是公众人物私人领域的隐私权，同时也要惩处公众人物的违法犯罪行为。公众人物并不能因为广受关注而能够逾越于法律之上或者受到更为苛刻的限制。从公众人物

---

[1] 朱涛：《公众人物的道德责任问题刍议》，《合肥学院学报》2011年第4期。

的特殊性上着眼，公众人物在公共领域中具有较大的影响力并且也占据了较多的公共资源。因此，公众人物在公共领域的自我展现在不违背法律的前提下，固然可以有其自身特色。但由于他是在公共领域的表达，故需要受到社会舆论的检讨与谴责。

在针对大众的教育措施上，则需要引导大众积极的审美方向，给予优秀艺术作品以呈现自身的舞台。通过提高大众的辨别能力，使劣质的作品退出市场，而使真正的艺术佳作获得发展的空间。同时，演艺圈人员作为大众的一员，也需要得到文化知识的普及，以及道德情感的引导。

在法制规范上严格保证法律的底线，同时在社会生活上进行舆论批评与道德引导。由此，演艺圈、公众人物在道德的文化信用方面才能获得长足的进展。

余 论

儒家公共道德在东亚儒家文化圈的作用

东亚儒家文化圈指的是在历史上深受儒家文化影响的东亚地区，除了中国大陆之外，还包含现在的日本、韩国、新加坡、中国台湾等地区。鉴于笔者在其他文章中已经专门讨论过中国大陆的儒学传统与现代化的关系，故在此书中仅仅以日本、韩国、中国台湾、新加坡为东亚儒家文化圈的代表。

这些地区早年都秉持着儒家文化，但随着西方文化进入东亚，原有文化系统与新的异质文化产生碰撞与融合。在此百余年的进程中，东亚儒家文化圈逐渐做出新的调整，在保留既有文化的同时，又吸纳了新的西方文化，已经初步形成了具有东亚文化特征的现代文明形式以及相应的政治制度，并在经济上取得了较好的发展。

在东亚现代文明形式中，儒家文化具有什么样的作用？仅仅是旧有的落后文化残余，还是现代多元文化的要素之一，或者是现代文化的奠基性力量。笔者所要指向的结论是：儒家文化中具有开展出现代性的合理因素，而且其所揭示的价值意义是现代社会得以稳定发展的奠基性力量。这些方面促使儒家文化圈的现代化彰显出独特的东方特征。

第一节　现代化的思想渊源

东亚儒家文化圈现代化的命题包含了儒家文化与现代化两个要素。在一般理解上，我们很容易将儒家文化与旧有文化画等号，将现代文化与西方文化画等号。由于又受到社会进化论的影响，凡是旧文化都是落后的，凡是新文化都是先进的。于是儒家文化圈的现代化就等同于抛弃落后的儒家文化而去吸纳先进的西方文化。然而，这种简单地将古今之争归属于东西之争是有问题的。西方文化并非是先进文化的代名词，儒家文化也并非是落后文化的代名词。文化本身既有其根本的主旨，也有其历史性的发展，并适应时代的变动而展现出新的形式。

如果我们仔细分析西方文化，其本身也有前现代性与现代性的分别，也有从前现代文化向现代文化发展的过程。西方文化的现代化并没有抛弃其旧有的文化根源，而是仍旧继承了旧有的文化，并对之作出了创造性的发展。

西方文化的现代化可以视作两希文化的碰撞与融合。罗马帝国既继承了希腊的理性精神，也继承了希伯来的宗教精神。理性精神主要注重规范、秩序、理则等人类共有的客观形式，通过这种共同的理解方式来讨论一切事物。而宗教精神则赋予一切事物以价值与意义。前者是认知性的、存在论的普遍性，后者是体证性、价值性的普遍性。两希文化在中世纪需要进行全新的融合。这种融合大致上呈现出两种方式：一种是以希伯来文化为主导，希腊文化为辅助的融合形式，另一种是以希腊文化为主导，希伯来文化为辅助的融合形式。前者表现为哲学是神学婢女的神学研究，后者则表现为人性觉醒的启蒙运动。

在中世纪，神性高于人性，意味着人性的卑微，而某些可以作为神性媒介的人，如僧侣阶层，就掌握了指导世俗的权力。人性中包含了哲学理型与情感欲望。哲学理性是人性中最为高贵的地方，但它不能与神性相比，只能屈服于神性，为神性作论证。情感欲望是堕落的，需要被神性所压抑。启蒙运动则是人性的觉醒——神性打倒,人性提升。人性中的哲学理性成为最为尊贵者,同时也高度宣扬了人性中的情感欲望。情感欲望是个体化的,必然产生个体之间的冲突。于是,一方面要让每个人的情感欲望表现出来,另一方面又不能让某个人的情感欲望压制了其他人的情感欲望,因此需要用普遍的理性对情感欲望进行规范,于是产生了现代性的契约化的政治文化体制。

由神性来主导理性转变为由理性来规范感性,成为西方文化现代化的关键。而这种变化也是希腊理性精神的胜利,希伯来宗教精神成为一种特殊的情感而被理性规范在个人领域之中。现代性就是人的理性精神的自我觉醒,并以之来规范人的生活世界。①

自由与平等是现代文化的基本价值。如果我们不采用康德意义上的理性的观点(包含了纯粹理性和实践理性,道德属于理性分内事),而是将理性仅仅视作形式化、逻辑化的思维能力。那么,自由与平等并不包含在这样的理性精神内,而是用这样的理性精神去分析某种具体宗教信仰后的形式化产物。比如,自由是推翻了上帝的神性后的人性的伸张,其中包含了道德性的部分,但更多是个体自我情感欲望的满足。当人把上帝拉下神坛,人自己就成为了上帝。本来"上帝自由、人不自由"转变为"人的自由"。平等是现代契约社会的价值基础,但并不是理性本身的内在要求,而是上帝面前人人平等所遗留下来的共识。

如果缺乏自由与平等,纯粹以理性精神来规范世界,则世界是缺乏目的与意义的。如果缺乏理性精神的规范,而纯粹主张自由与平等,则

---

① 理性精神本身不必然包含尊重个体与维持平等的价值。发扬自我的情感欲望并不代表要尊重别人的情感欲望。有一种辩护认为:只有在一种计量下,即我若不尊重别人的情感欲望,别人也会不尊重我的情感欲望,于是我的情感欲望在被人的干涉下也将得不到满足。由此之故,我为了满足自己的情感欲望,也必然要满足他人的情感欲望。但是,这种辩护之所以能够成立,其前提是人人平等。如果前提是不平等,例如:我为主要的,他人都是次要的,我不需要考虑平衡性的妥协,我完全可以通过消灭他人的情感欲望而获得自我情感欲望的满足。因此,只有承认人人在抽象的人格意义上的平等,作为原子化的个体,每个人都有不可剥夺的满足其情感欲望的权利,于是通过个体的权利让渡而组成公权力,公权力又通过理性精神构建起保证每个个体平等发展的制度规范,现代性的制度才能得以完成。

会导致普遍性的情感欲望的泛滥，社会变成广场式民主、群氓的狂欢。因此，这些自由与平等的价值是现代文化的不可或缺的要素，但在很大程度上是来自宗教精神的遗产。我们不能说现代文化是纯粹理性精神的产物，只能说理性精神走上了前台，并从形式上整合了一部分宗教的资源。而宗教精神则隐藏在幕后，却仍旧发挥其重要的作用。

第二节　理性精神的发掘

儒家文化圈现代化不是要抛弃旧有的儒家文化，吸纳西方文化，而是要对传统的儒家文化进行现代性的转换。这种转换的核心是发展理性精神来保障人的自由与平等。我们可以在儒家思想中去寻找自由精神、平等精神与理性精神。

一　儒家的自由精神

在西方，自由与平等精神主要来自于希伯来文化。在东方，儒家文化也含有类似的精神。西方的自由主要溯源于基督教。从积极方面说，自由是道德性的，是我信仰上帝的自由意识。从消极方面说，自由是无拘束地满足自我的情感欲望。在基督教的文化中，鼓励人运用自由意识来信仰上帝，排斥人的情欲的自由。启蒙运动以后，人的自由从神性的理解中解放出来，但是仍旧有道德与情欲的分别。哲学家将前一种自由内化为人的道德主体的自由抉择，从而对治自我情感欲望的滥用。

在东方的儒家文化中，儒家的道德理论与启蒙运动后的哲学形态非常一致。在儒家理论中，人心是自由的，尤其突显了人的道德自主性。孔子说："仁远乎哉？我欲仁，斯仁至矣。"（《论语·述而》）孟子引孔子之言，说："操则存，舍则亡，出入无时，莫知其乡。惟心之谓与？"（《孟子·告子上》）同时，儒家文化也不禁止人对于情感欲望的自由选择。儒家之乐教就是通过礼乐歌赋的吟唱来发扬人的性情，感通人的志气，从情感欲望上开掘人的心性。此外，对于一些发生在家门之内的偏私的情感，儒家也主张不要完全严辨是非、惩恶扬善，而是要从伦理情感上通过恕道相互体谅来解决。如"父子互隐"（《论语·子路》），"事父母几谏"（《论语·里仁》）等。

需要指出的是，儒家文化对于完全消极地、不受任何道德规则制约的自由并不抱支持态度。儒家可以接受在道德主体主宰范围内的情感欲望，但不能赞同没有道德主体主宰的情感欲望。儒家认为完全放纵的自由不是真正的自由，反而是被情欲控制的假自由。

二 儒家的平等精神

西方文化的平等精神在于宗教的传统。人是有限的，上帝是无限的。人固然有差别，但这种差别在上帝的无限面前几乎等于零。同时，人是上帝创造的，分有了上帝的神性，故都值得尊敬。上帝又爱一切人，故人人都在上帝的关爱之下。从这些方面看，人人平等。但人与上帝之间是不平等的。当启蒙运动之后，上帝绝对的神性消失了。人的理性的普遍性得到彰显，而情感欲望则表现为各种多样性。理性在处理人与人公共关系时，将具体的人看作无差别的原子状的个体，如几何学上的点。再通过人的普遍的、平等的欲求来制定点与点之间的相互关系的连线，于是形成契约关系网。因此，从公共领域上看，人与人没有差别，在契约所形成的法律面前人人平等。其实质就是，理性面前人人平等。这些平等的理论都是从上帝面前人人平等层层转化而来。

在东方的儒家文化中，人人平等也有儒家文化的基础。即：人人皆可成尧舜，涂之人皆可成禹。儒家认为人先天地具有良知天理，这是每个人值得尊重的地方。同时，儒家又提倡仁者爱人，教导大家要通过忠恕之道来感通他人、理解他人。

儒家在处理人的具体存在关系时，仍旧会从伦常上确立差异性。但这些差异性来自于不同的道德情感，而不同的道德情感又都是来自于普遍的仁心。比如，王阳明说："以此纯乎天理之心，发之事父便是孝，发之事君便是忠，发之交友治民便是信与仁。"（《传习录上》）从根本上说，仁心所保证的仍旧是抽象的平等性的基础地位。

而且，儒家的平等精神不但表现在人格方面，也表现在具体的物质方面。比如孔子说："不患寡而患不均，不患贫而患不安。"（《论语·季氏》）甚至在大同社会"老有所终，壮有所用，幼有所长，矜、寡、孤、独、废疾者皆有所养，男有分，女有归"（《礼记·礼运》）。物质方面的平等，平均主义是低级层次，但总比贫富不均好；但平均主义并不能让人心安，而是要进一步依照每个人的具体需求，差别性的给予资源与关怀，才能使人心安。

三 儒家的理性精神

西方文化的理性精神来自于希腊传统。希腊哲学的可贵之处在于发掘了人的认识能力中的理性，一种纯粹形式的、普遍性的、公共性的、不带任何价值预设的逻辑性思维。这种思维能力可以探讨任何东西，击破各种片面的习俗与情执，并对任何事物都能予以客观性的说明。

在东方思想中，这类思维并没有获得充分的发展。中国先秦时期有名家、墨家、荀子对于这一类思维有所发挥，但后世没有继承。印度的因明学有类似的思维，但只局限在学派的争辩中，也没有产生巨大的社会效用。

在儒家文化中，类似这种理性精神的是儒家的正名思想。但正名的名，并非是纯粹的、形式化的概念，还包含了这个名上所赋予的价值意义和所承担的道德责任。儒家认为，如果讨论一个事物非常精细，但不涉及人生道德意义，则这种讨论会显得琐碎而无用。故纯粹的理性的逻辑力量并没有在传统儒家文化中具有较好的展开。尽管中国、日本、韩国等儒家学者经常发生理气心性的哲学讨论，但这些概念都不是纯粹定义下的概念，任何一个概念都不是自足的，而是必然牵涉到其他概念，在诸多概念的互动中产生其需要表达的意义。

虽然儒家文化在历史上并没有发展出完善的理性精神，但并不代表它反对发展理性精神。当儒家意识到理性精神对增进全人类福祉的积极作用时，亦可以接受理性精神，从而使其与传统儒学中对于历法、象数、考据、训诂的重视一样，获得其应有的地位。

儒家文化与希伯来文化都具有宗教性的作用，给予族群以普遍的价值与意义。儒家文化中缺乏一定的理性精神，但其本身的义理并不排斥理性精神。因此，儒家文化在现代化的功能上可以取代西方文化中希伯来文化，但仍需要学习希腊文化中的理性精神。理性精神表现人与人的关系上就是民主精神，表现在人与物的关系上就是科学精神。因此，现代化不是要打倒孔家店来迎接德先生、赛先生，而是要扩建孔家店来迎接德先生、赛先生。

第三节 公共道德的塑造

在现代民主政治中，价值意义被局限在私人领域，于是呈现出多元价值观。在这样的情况下，客观性的真理或者公共善似乎就没有坚持的必要了。但是，自由与平等作为一种形式化的价值构建了民主的制度，却没有赋予制度下的民众共同的方向指引。于是多元价值的长期并存甚至对立，完全可能影响人际交流，甚至影响到公共领域，产生撕裂社会的后果。

如果我们既要保留作为族群共同体团结一致的真理、公共善，但同时又要兼顾民主政治对于多元价值的尊重，则需要对于现代民主政治文化做出一定程度的调整。这种调整在于：儒家文化并非仅仅是现代制度下多元价值之一，而是东方儒家文化圈中作为公共性的现代制度的理论保证以及作为私人性的多元价值背后的文化基础。

在文化的现代转型中，儒家文化不能囿于为某些阶层代言。它的道德方向的指引需要开放给所有的人。这种引导性并不具有确切的步骤与具体的内容，但是却表现了和而不同、天人合一、生生不息的道德力量，体现出东方人特有的公共精神。而具体的道德内容（也包含儒家一些德目）则属于私人领域，被某些阶层和个体所秉持。它们既融合在上述的大方向之中，不会让人感到生命的被抛感与碎片化，又被限定在私人领域，不能以之来要挟他人。如此，我们将儒学的超越性保存在公共文化中，将儒学的具体德目归于私人领域，既保证了族群的向心力，又避免前现代性的以理杀人的陋习。

这种方式类似于西方的宗教改革。基督教的信仰是普遍的，但如何表现、修持这种信仰则是多样的。基督信仰的普遍性是民主社会具有族群认同感的关键，而多样性又被民众社会限制在私人领域，每个教派都具有自我诠释的自由。只是，在西方文化中，似乎仅仅认为基督教文化只是多元文化中的一支，却很少提到基督教文化对于民主制度下族群共同体的塑造作用。基督教文化对于公共领域的影响从原本显在状态转变为幕后状态，但其影响力实在不能小觑。这种文化共同体的力量在稳定发生作用时并没有获得很大的重视，但是一旦其主流价值地位遭到其他价值的对抗时，则随后产生的撕裂社会感是巨大的。现在欧洲的难民问题后面隐含的是基督教文化与伊斯兰教文化的价值意义的不协调；美国的社会问题后面隐含的白人与有色人种的价值意义的不协调，以及落魄的白人与商业精英的价值意义的不协调，正是这种撕裂感的表现。

民主政治体制的有效运转并非仅仅依靠契约性的公共制度。帕特南认为促使民主政治有效运作需要丰富的社会资本，"这里所说的社会资本是指社会组织的特征，诸如信任、规范以及网络，它们能够通过促进合作行为来提高社会的效率"①。这种社会资本并非是随意的舶来品，需要具有历史现实的、社会心理的支持。固然，基督教可以具有价值意义的作用，但它只能在西方文化中起到这样的作用，并以之为基础来包容不同的文化与信仰。在东方社会，则需要用儒家文化。儒家文化在历史上很好地融合了道家、佛家文化，并从明清之际开始，进一步对基督教文化进行了融合。在东方，只有儒家文化可以保持自身文化特征的根本地位并以之来包容其他各教，且这种包容性的思想已经深深地影响到东亚儒家文化圈的人民的深层文化心理。儒家在东方可以完全具有基督教在西方的文化地位，甚至在全球化的时代，儒家可以比基督教更具有和而

---

① ［美］罗伯特·D. 帕特南：《使民主运转起来——现代意大利的公民传统》，王列、赖海榕译，江西人民出版社 2001 年版，第 1—2 页。

不同的普世价值。因此,我们可以说,东方儒家文化圈的社会资本必然选择儒家文化。

第四节 儒家文化圈现代化的东方特征

儒家文化圈的现代化过程饱含曲折与反复。曾经在某个阶段,抛弃代表落后的儒家文化才能真正迎来现代化似乎成为儒家文化圈的共识。但是这种尝试很难彻底做到。① 直到20世纪60年代,亚洲四小龙崛起的历史事实告诉我们:儒家文化主导的地区也可以在不抛弃儒家文化的同时,发展出现代化的成就。

我们以日本、韩国、中国台湾、新加坡作为东亚儒家文化圈的代表,考察他们在现代化进程中对于儒家文化的保留以及对于理性精神的吸纳。

日本的现代化进程始于1868年的明治维新,日本"求知识于世界",在教育、经济、政治、军事等方面进行了一系列的改革。随着西学的引入,日本文化界对过度洋化产生了自觉的抵制,日本保守主义组建了日本弘道会、斯文学会来宣传儒家文化的忠孝思想。日本的现代化改革并不彻底,人人自由与平等的观念没有真正纳入政治生活之中,多种力量权衡的结果是在王权架构内来吸收西方理性主义。这种政治结构虽然在短期内取得了国富民强的后果,但也导致了以天皇为中心的中央集权。天皇具有神性,又是世俗的统治者,理性架构不能限制天皇只能服务于天皇,这种文化结构促使日本走向军国主义道路。"二战"战败后,在美国占领当局的主导下,日本真正进入现代化转型的关键期。1946年,日本政府效仿英美制定了《日本国宪法》,该宪法将政权的合法性由天皇主权改变为人民主权,天皇由实质性的元首变为象征性元

---

① 儒家文化在这些地区已经与民众的生活世界和伦常规范融合在一起,虽然百姓并不知道这些儒家的教义,但在日常生活中却遵循着这些道德法则,并以这些道德法则作出善恶是非的评判。如果要从文化上彻底清洗儒家教化的痕迹,将会对整体的生活秩序作出极大的颠覆。

首。用普选的两院议会民主制取代了天皇集权制。在此宪法的保障下，日本的政党运动活跃起来，逐渐形成现代民主政治制度。虽然日本形成了现代民主政治，但是象征性的天皇仍旧延续了日本原有的家族国家观。日本天皇的理论构建固然有日本民族独特的神道信仰因素，但也充分吸收了儒家的道德理想。这些观念对于日本民族共同体的塑造具有更为深层的意义。

韩国在李朝时期是典型的儒教国家，甚至秉持尊华攘夷的"小中华"意识。在近代西方文化的冲击下，韩国保守派的势力一度超过西化派的势力。韩国的文化变革是在1910年被日本武力吞并后被迫发生的。"二战"结束后，韩国复国，在美国的支持下进行了民主改革。这些改革并非一帆风顺，期间经历了民主与独裁政治的反复交替。李承晚、张勉先后领导的民主改革都没有成功，难以促成各个派别达到妥协。此后，军队进行军事政变，反对西方舶来品的"民主宪政"，促成了朴正熙为首的权威政府的成立。在朴正熙的领导下，政府以"经济发展第一"为宗旨，营造了韩国经济跨越性的发展，被称为"江汉奇迹"。直至1987年，韩国国会通过第六共和国宪法，才抛弃了军人干政，建立了真正民主选举的文人政府。儒学在韩国虽然已经失去其独尊的地位，但其遗产在今天仍然是韩国社会的基本组成部分，充分塑造了韩国国民的道德认知和生活方式。

中国台湾地区的儒学始盛于明郑时期，即使在荷兰与日本的殖民时期，儒学也通过书院、诗社等民间组织保留了下来，成为反抗殖民的精神支柱。在1949年后，国民党迁台，以复兴中华文化为号召，在基础教育上普及儒家为主的中国传统文化。大陆一批儒家学者也相继赴台，成立了海外新儒家的群体。台湾的新儒家群体并非完全的守旧派，而是秉持着"内圣开出新外王"的宗旨，从理论上调和儒家文化与西方传统中科学与民主的关系，认为儒家传统可以发展出科学精神与民主精神。1987年7月14日，蒋经国宣布"解严"，随后进一步开放党禁及报禁。此后，台湾的政治民主化得以快速发展，国民党与民进党通过竞选来获取执政的权力。

新加坡是1965年才成立的国家，主要由华人、马来人所组成。新加坡的现代化主要依靠李光耀的权威政治。李光耀以儒学核心价值观为治国理念，提倡"忠、孝、仁、爱、礼、义、廉、耻"的亚洲价值，通过基础教育和公益宣传向大众普及儒家文化。在政治上，李光耀以铁腕的力量排除异己势力，积极推动经济改革，在天然资源十分缺乏的情况下，推进新加坡经济腾飞，创造了现代化建设的奇迹。但是，李光耀的强权政治也遭到国内外的非议。2015年李光耀逝世后，新加坡的政治文化会逐渐走出李光耀的影响而有新的变化。

从东亚儒学文化圈现代化的历史发展来看，日本在"55年体制"下战后崛起；韩国在朴正熙执政下创造了汉江奇迹；中国台湾在两蒋后期发生了经济腾飞；新加坡在李光耀强腕政治下具有了飞速的发展。这些经济、科技上的发展，确实是现代化的重要部分，也让人民群众享受到了实在的福利。

但是，我们也可以看到，这些儒家文化圈的现代化并不彻底。从公共领域上说，当价值与意义（或神权、或圣权）高于人权（人的生存权、发展权），并对人权产生实质性的压制时，这种文化尚处于前现代性。当人权（人的生存权、发展权）高于价值与意义（或神权、或圣权），这种文化才具有现代性。在儒家传统中，儒家的天理与人情是一贯的，故儒家本身具有现代性的要素。儒家可以把逻辑理性看成是人情的重要组成部分，并将之与天理相融。但正因为如此，天理的至上性仍旧没有动摇，代表天理的人会受到尊崇。民众中还有很多的圣王情结、清官情结。这样的文化环境容易滋生卡里斯玛型的领袖人物以及相应的权威统治。上述儒家文化圈的共同的特点是近乎权威的统治和采用科学理性的管理。权威统治将理性思维作为工具，为其所用，对生产生活进行了现代化的管理。权威统治和科学管理的结合在短时期内可以产生高效的发展，将原本贫弱的国家或地区在"二战"后较短的时间内发展成为一个富强的国家或地区。这种政权模式能够解决民生问题，却无法解决民主问题。而且，这种政权模式非常依靠最高领导者个人的道德与力量。在物质财富增长之后，由于权威政权自上而下的权力体制，对于权力缺乏有效的监督机制，及其容易导致官场腐败现象、裙带关系严重，最终会影响到民生问题。所以，当"权威统治+理性管理"的模式取得一定的经济功效之后，有必要进行进一步的转型，即政治上的民主改革，将权力关进制度的笼子里。我们可以看到，日本、中国台湾、韩国伴随经济现代化，也相继逐渐开启了政治现代化。而新加坡的政治转型则有待进一步的观察。

近年来新的国际形势对民主国家的维持与发展是一个全新的考验。欧洲的难民危机、英国的公投脱欧、美国的川普当选都揭示了民主制度下多元价值的分裂问题。但这种社会族群价值撕裂的现象，在儒家文化圈的国家与地区中则较少发生或者即使发生也温和得多。

在西方所谓民主国家，价值意义属于私人领域，可以保留各自的观点和意见。但是这些观点和意见最终会通过合法的方式在公共领域中呈现出来。如果多元价值没有一个普遍性的共同的价值底色，没有一个让此族群共同享有的公共精神和奋斗方向，那么为"民主而民主"本身的政治正确，会引发族群之间的价值分裂。

儒学作为一种注重价值与意义的文化系统，为其文化哺育下的人们提供了安身立命的精神资源，是儒家文化圈共同的精神指引。在政治现代转型之后，儒家文化中的自由与平等的抽象理念被理性思维所接受，并由之而建构相应的社会关系。具体的价值意义则被限制在私人领域，从一元转变为多元。同时，儒家仁爱的底色，以及生生不息、和而不同的价值指引仍旧会成为维系共同体的公共精神而存在。日本、中国台湾、韩国的政治转型后，仍旧具有共通的儒学的心理积淀，比如：道德发自于内心，对未来报以更好的希望，注重家庭关系，不以工具化的态度对待陌生人，珍惜物件（高储蓄率）等。这就是现代化的东亚儒家文化圈与现代化的欧美文化圈相比，在文化上所呈现出来的独特面貌。

以目前的状况来看，东方儒家文化圈完全有希望发展出一套既与欧美文化接轨互通又保持着东方儒家文化独特个性的东方文化的现代模式。这种东方文化现代模式既有以儒家文化为基础多元文化并存的公共精神，又有以西方理性精神为指导的制度架构。儒家文化在文化现代转型过程中不仅仅是提供了自由与平等的观念支持，更是民主社会营造公共精神不可或缺的文化保障。甚至在未来东西方现代文化的进一步融合中，儒家文化也会起到不可低估的作用。

参考文献

一 古籍

（秦）吕不韦：《吕氏春秋》，中华书局 2009 年版。

（汉）班固：《汉书》，中华书局 1962 年版。

（晋）王弼：《老子道德经注校释》，中华书局 2008 年版。

（唐）慧能：《六祖坛经》，江苏古籍出版社 2002 年版。

（唐）韩愈：《韩愈文集汇校笺注》，中华书局 2010 年版。

（宋）程颢、程颐：《二程集》，中华书局 1981 年版。

（宋）张载：《张载集》，中华书局 1978 年版。

（宋）朱熹：《四书章句集注》，中华书局 1983 年版。

（宋）朱熹：《周易本义》，中华书局 2009 年版。

（宋）朱熹：《朱子全书》，上海古籍出版社 2002 年版。

（宋）黎靖德：《朱子语类》，中华书局 1986 年版。

（宋）姚勉：《姚勉集》，上海古籍出版社 2012 年版。

（元）黄溍：《黄溍全集》，天津古籍出版社 2008 年版。

（明）王世贞：《弇州四部稿》，载《景印文渊阁四库全书》第 1281 册，台北：商务印书馆 1986 年版。

（明）王阳明：《王阳明全集》，上海古籍出版社 1992 年版。

（明）黄宗羲：《明夷待访录》，中华书局 2011 年版。

（明）张居正：《张太岳集》，上海古籍出版社 1984 年版。

（明）李道平：《周易集解纂疏》，中华书局 1994 年版。

（明）黄宗羲：《黄宗羲全集》，浙江古籍出版社 2005 年版。

（清）王先谦：《诗三家义集疏》，中华书局 1987 年版。

（清）王先谦：《荀子集解》，中华书局 1988 年版。

（清）孙希旦：《礼记集解》，中华书局 1989 年版。

（清）孙星衍：《尚书今古文注疏》，中华书局 2004 年版。

二　专著

北京东方道德研究所编：《儒家伦理与公民道德》，中国工商联合出版社 1996 年版。

陈鼓应、赵建伟：《周易今注今译》，商务印书馆 2005 年版。

陈乔见：《公私辨——历史衍化与现代诠释》，生活·读书·新知三联书店 2013 年版。

陈荣捷：《王阳明传习录详注集评》，华东师范大学出版社 2009 年版。

陈士珂：《孔子家语疏证》，上海书店出版社 1987 年版。

陈廷敬、张玉书等：《康熙字典》，社会科学文献出版社 2008 年版。

陈寅恪：《陈寅恪集·诗集》，生活·读书·新知三联书店 2011 年版。

成中英：《成中英文集》，湖北人民出版社 2006 年版。

春杨：《晚清乡土社会民事纠纷调解制度研究》，北京大学出版社 2009 年版。

丛日云：《西方政治文化传统》，大连出版社 1996 年版。

邓艾民：《传习录注疏》，上海古籍出版社 2012 年版。

傅伟勋：《从西方哲学到禅佛教》，生活·读书·新知三联出版社 1989 年版。

高军：《青年知识分子》，中央编译出版社 2009 年版。

郭齐勇：《儒家伦理争鸣集——以"亲亲互隐"为中心》，湖北教育出版社 2004 年版。

贺麟：《文化与人生》，商务印书馆 1988 年版。

江宜桦、黄俊杰：《公私领域新探：东亚与西方观点之比较》，台湾大学出版中心 2005 年版。

李兰芬、崔绪治:《管理文化——管理哲学的新视野》,苏州大学出版社 1999 年版。

林安梧:《佛心流泉》,当代中国出版社 2011 年版。

林建初、赵春福:《伦理学教程》,中国社会科学出版社 1986 年版。

林毓生:《中国传统的创造性转化》,生活·读书·新知三联出版社 2011 年版。

刘培育:《金岳霖英文论著全译》,生活·读书·新知三联书店 2005 年版。

慕平:《尚书》,中华书局 2009 年版。

唐君毅:《人文精神之重建》,广西师范大学出版社 2005 年版。

希特:《何谓公民身份》,吉林出版集团有限责任公司 2007 年版。

徐复观:《中国思想史论集》,上海书店出版社 2004 年版。

杨伯峻:《春秋左传注》,中华书局 1990 年版。

张君劢:《新儒家思想史》,中国人民大学出版社 2006 年版。

三 译著

《马克思恩格斯全集》第 3 卷,人民出版社 1960 年版。

[美] 丹尼尔·A. 雷恩:《管理思想史》,孙健敏、黄小勇、李原译,中国人民大学出版社 2009 年版。

[美] 巴纳德:《经理人员的职能》,王永贵译,机械工业出版社 2013 年版。

[挪威] 托利弗·伯曼:《希伯来与希腊思想比较》,吴勇立译,上海书店出版社 2007 年版。

[德] 康德:《历史理性批判文集》,何兆武译,商务印书馆 1990 年版。

[美] 威尔·金里卡:《当代政治哲学》,刘莘译,上海译文出版社 2011 年版。

[美] 麦格雷戈:《企业的人性面》,韩卉译,中国人民大学出版社 2008 年版。

[瑞士] 皮亚杰:《发生认识论原理》,王宪钿等译,商务印书馆 1981

年版。

［美］罗伯特 D. 帕特南：《使民主运转起来——现代意大利的公民传统》，王列、赖海榕译，江西人民出版社 2001 年版。

［美］萨拜因：《政治学说史》，邓正来译，商务印书馆 1986 年版。

［英］德里克·希特：《何谓公民身份》，郭忠华译，吉林出版集团有限责任公司 2007 年版。

［德］马克斯·韦伯：《学术与政治》，冯克利译，生活·读书·新知三联书店 1998 年版。

［古希腊］亚里士多德：《政治学》，吴寿彭译，商务印书馆 1965 年版。

［德］卡尔·雅斯贝尔斯：《历史的起源与目标》，魏楚雄、俞新天译，华夏出版社 1989 年版。

四　期刊文章

曹瑞涛：《古典共和城邦的道德维度》，《杭州师范学院学报》2004 年第 4 期。

刁瑷辉：《围绕公民身份理论的分歧及弥合的可能性》，《理论与现代化》2011 年第 3 期。

葛荣晋：《简论中国管理哲学的对象和范围》，《哲学动态》2007 年第 2 期。

郭齐勇：《再论儒家的政治哲学及其正义论》，《孔子研究》2010 年第 6 期。

姜迎春：《契约伦理与道德责任》，《淮阴师范学院学报》1999 年第 1 期。

李兰芬、朱光磊：《全球视域下公民道德的理论省察——以道德性与公共性为维度》，《哲学动态》2013 年第 10 期。

李兰芬、朱光磊：《社会管理创新的儒学解读——儒家天下观与当今社会的会通及其现代转型》，《中国人民大学学报》2013 年第 4 期。

沙林：《演艺圈出了什么岔》，《文明与宣传》2003 年第 8 期。

十三虎：《明星缺乏文化素养　你能容忍吗》，《中国网友报》2007 年第 34 期。

王淑芹：《论法律信用与道德信用的特性》，《道德与文明》2003 年第 5 期。

谢晋宇、翁 涛：《工作生活质量运动与企业人力资源开发管理》，《外国经济与管理》1998 年第 9 期。

徐树英：《传统文化的诚信、和谐理念与企业文化构建》，《经济问题探索》2006 年第 8 期。

杨佳：《柏拉图的正义观解析》，《人民论坛》2010 年 8 月（中）总第 299 期。

叶启政：《谁才是"知识分子"》，《国外社会学》1998 年第 1 期。

张琼：《小议演艺圈与娱乐新闻的效应》，《齐鲁艺苑》2000 年第 1 期。

朱光磊：《麦格雷戈 X – Y 管理理论与儒家思想的会通》，《福建论坛》2012 年第 5 期。

朱涛：《公众人物的道德责任问题刍议》，《合肥学院学报》2011 年第 4 期。

［德］卡尔·曼海姆：《知识阶层：一个社会学课题》，《国外社会学》1998 年第 1 期。

五　转载文章

［美］J. J. 莫尔斯、J. W. 罗尔施：《超 Y 理论》，载《哈佛管理论文集》，孟光裕译，中国社会科学出版社 1985 年版。

［美］D. S. 沙文：《赢得职工献身于企业的战略》，载《哈佛管理论文集》，孟光裕译，中国社会科学出版社 1985 年版。

索　引

本体论　2，35，98

变道　16

财富　45，46，54，55，140，150，151，156，157，158，159，160，161，162，163，213

恻隐之心　21，64，84，151，154，158，194

常道　16，17，31，32

程颢　34，101

程颐　101

《大学》　33，73，128，147

道德　1，2，3，10，13，16，17，19，20，21，22，23，24，25，26，28，30，31，32，33，34，35，37，38，39，40，42，44，45，46，47，48，50，51，52，53，54，55，56，68，69，70，71，72，73，74，75，77，78，79，80，81，82，83，84，86，87，88，89，90，91，95，96，98，99，100，101，102，103，104，105，106，107，108，109，110，111，112，113，114，115，116，117，118，120，121，122，123，124，125，126，127，128，129，132，136，138，139，140，141，142，143，145，146，148，149，150，155，156，157，158，159，160，161，162，163，165，166，167，168，169，170，171，172，173，174，175，176，177，180，181，182，183，185，186，187，188，189，190，192，193，194，195，196，197，198，199，200，201，202，205，206，207，208，209，211，212，213，214

道德性　2，71，88，90，95，98，

100，107，108，112，116，
123，205，206

东方　6，62，65，103，111，
114，120，121，190，203，
206，207，208，209，210，
211，214

发展权　28，75，77，78，79，
81，123，213

非理性　1，2，6，7，8，10，11，
12，13，15，16，39，41，44，
46，155，190

感性　8，9，10，14，15，108，
110，111，199，205

格物　33，36，67

个体　1，2，16，18，22，29，
34，38，41，44，45，46，47，
50，51，52，53，54，55，56，
60，70，71，76，77，78，79，
80，81，88，89，90，96，97，
98，99，100，101，102，105，
106，108，110，111，112，
113，114，115，116，122，
123，127，129，130，131，
137，138，140，141，142，
143，145，148，149，150，
151，153，156，161，162，
163，165，167，171，172，
175，176，180，183，187，
189，190，196，200，205，
207，209

公共　1，2，3，6，7，8，10，
12，14，15，16，17，18，25，
29，30，38，39，41，43，44，
45，46，47，49，50，51，52，
53，54，55，56，69，70，71，
76，80，81，82，83，84，85，
86，87，88，89，90，91，94，
96，98，99，100，101，102，
104，105，106，107，108，
109，110，111，112，113，
114，115，116，120，123，
124，125，127，132，134，
136，137，138，139，142，
146，148，154，156，158，
159，160，161，162，163，
165，168，172，174，175，
179，180，181，182，183，
184，185，188，189，190，
191，192，193，194，195，
196，197，200，202，203，
207，209，210，214

公共精神　209，214，215

公共领域　10，15，16，30，41，
45，47，69，70，71，76，80，
88，96，98，99，100，101，
104，105，106，107，108，
109，110，111，113，114，
115，123，124，125，128，

138, 156, 165, 168, 172, 174, 175, 185, 188, 189, 190, 191, 193, 200, 201, 202, 207, 209, 210, 213, 214

公共善 1, 2, 50, 55, 70, 82, 100, 101, 102, 113, 114, 115, 116, 209

公共性 2, 6, 8, 10, 16, 18, 52, 53, 71, 82, 85, 86, 87, 88, 89, 90, 93, 95, 96, 98, 99, 102, 107, 109, 112, 114, 115, 116, 142, 158, 159, 161, 162, 163, 172, 174, 180, 191, 192, 193, 194, 196, 208, 209

公民 1, 2, 46, 53, 55, 56, 69, 70, 71, 74, 75, 76, 77, 79, 80, 81, 95, 97, 98, 99, 101, 102, 103, 104, 105, 107, 110, 111, 112, 115, 116, 117, 118, 119, 120, 121, 122, 123, 124, 125, 126, 127, 128, 137, 138, 139, 140, 192

公平 49, 96, 125, 126, 160, 186

公私空间 1, 2, 43, 44, 46, 47, 50, 52, 53, 55, 56, 81, 140

《韩非子》

韩国 203, 208, 211, 212, 213, 214

黄宗羲 55, 63, 64, 65, 66, 67, 133, 134, 147, 153, 154, 161, 179, 180, 183

孔子 11, 16, 18, 20, 28, 33, 37, 49, 54, 68, 82, 89, 91, 114, 132, 135, 136, 158, 160, 162, 178, 179, 181, 183, 184, 187, 188, 196, 206, 208

《孔子家语》 91, 135

理性 1, 2, 6, 7, 8, 9, 10, 11, 12, 13, 14, 15, 16, 18, 20, 21, 25, 27, 30, 31, 33, 35, 39, 40, 41, 42, 44, 45, 46, 50, 51, 52, 53, 54, 55, 56, 65, 68, 69, 81, 84, 90, 92, 93, 94, 104, 105, 106, 108, 109, 110, 111, 115, 116, 125, 141, 143, 145, 146, 149, 155, 168, 174, 175, 177, 178, 180, 186, 187, 188, 189, 190, 191, 199, 200, 204, 205, 206, 207, 208, 209, 211, 213, 214, 215

良知 11, 13, 15, 20, 25, 29,

32, 34, 35, 36, 37, 38, 39,
40, 41, 51, 53, 54, 67, 68,
69, 72, 80, 82, 83, 99, 100,
101, 102, 112, 122, 124,
125, 127, 130, 153, 185,
195, 207

伦理 1, 2, 3, 10, 18, 22, 24,
26, 28, 29, 30, 31, 32, 34,
39, 40, 41, 42, 47, 61, 64,
65, 98, 99, 104, 106, 120,
121, 128, 129, 133, 134,
136, 137, 138, 139, 140,
141, 143, 163, 167, 168,
169, 171, 176, 177, 178,
179, 180, 181, 182, 183,
184, 185, 190, 194, 207

伦理学 68, 69

《论语》 19, 20, 132, 158, 160

洛克 45, 106

美国 56, 144, 210, 211,
212, 214

孟子 11, 20, 22, 24, 49, 50,
62, 63, 64, 72, 73, 82, 85,
89, 92, 93, 121, 124, 130,
132, 133, 135, 137, 151,
152, 154, 155, 157, 158,
159, 160, 161, 179, 180,
181, 182, 183, 194, 206

《孟子》 49, 132, 137, 157,
159, 160

民主 18, 27, 28, 29, 30, 31,
32, 40, 42, 52, 96, 97, 98,
102, 115, 116, 117, 150,
155, 206, 209, 210, 211,
212, 213, 214, 215

牟宗三 13, 14, 15, 33, 35,
40, 76, 118, 119

内圣 33, 34, 36, 37, 39, 41,
42, 165, 212

欧洲 30, 105, 210, 214

平等 2, 29, 40, 41, 45, 46,
50, 53, 54, 86, 96, 109,
119, 123, 205, 206, 207,
208, 209, 211, 214, 215

企业 56, 57, 59, 60, 61, 65,
66, 67, 68, 69, 140, 141,
142, 143, 144, 145, 146,
148, 149, 150

契约 2, 26, 27, 28, 29, 40,
41, 45, 46, 47, 50, 53, 55,
70, 71, 75, 76, 77, 78, 81,
96, 97, 98, 99, 101, 103,
105, 106, 107, 123, 124,
125, 127, 128, 138, 163,
171, 172, 187, 189, 190,
191, 192, 193, 195, 200,
205, 207, 210

人性论 7, 45, 56, 61, 62, 63,

65，77，110，141，146

认识论 9，129

认知 8，9，10，11，12，15，31，82，110，131，188，204，212

日本 203，208，211，212，213，214

儒家 1，2，3，4，5，13，14，15，16，17，18，19，20，21，22，24，25，26，27，28，29，30，31，32，33，34，35，36，37，38，39，40，41，42，47，48，50，51，52，53，54，55，56，61，62，64，65，67，68，69，72，73，74，76，77，81，82，83，85，86，87，88，89，90，91，93，94，95，97，99，100，101，102，111，113，114，115，118，119，120，121，122，124，125，127，128，129，130，131，132，133，136，137，138，139，140，141，145，148，150，151，152，153，155，156，157，158，159，160，161，163，164，165，166，167，168，170，173，179，180，181，182，184，185，186，191，203，204，205，206，207，208，209，210，211，212，213，214，215

儒家文化圈 203，204，205，206，209，210，211，213，214

儒学 1，2，4，5，6，11，12，14，15，16，17，18，20，21，22，24，26，27，28，30，31，32，33，34，35，36，37，38，39，40，41，42，44，52，63，73，81，85，97，103，113，115，117，118，119，120，121，122，123，124，125，126，127，128，130，179，180，203，208，209，210，212，213，214

社会 1，2，16，17，18，24，26，27，28，29，30，31，33，34，38，39，41，43，44，46，47，48，49，50，51，52，53，54，55，56，58，59，69，70，71，75，76，79，80，81，82，84，85，89，90，95，96，97，98，99，103，104，105，106，107，110，111，112，114，115，116，117，118，119，120，123，124，125，126，127，128，129，131，132，133，134，136，137，138，140，141，142，143，146，

147，148，149，150，153，
154，155，156，158，159，
160，162，163，164，166，
167，168，169，170，171，
172，173，174，175，176，
177，180，181，183，184，
185，190，191，192，193，
194，195，196，197，198，
200，201，202，203，204，
205，206，208，209，210，
211，212，214，215

生存权　28，75，77，78，79，
81，213

生生不息　18，19，20，21，74，
125，128，153，165，169，
182，209，214

《诗经》　49

私人领域　15，16，30，46，47，
53，69，70，71，76，80，87，
88，90，96，98，100，101，
104，106，107，108，109，
110，111，113，114，123，
124，125，128，142，156，
171，172，173，174，175，
176，188，189，190，200，
201，209，210，214

思想　1，2，3，6，9，10，13，
15，22，28，29，30，36，38，
40，43，53，56，61，62，63，
64，65，67，68，69，71，81，
82，101，103，104，105，107，
109，110，111，112，114，
115，117，118，119，120，
126，128，129，138，141，
144，146，147，148，151，
158，160，161，164，165，
166，167，170，171，173，
177，178，179，181，183，
184，185，186，187，188，
189，190，204，206，208，
210，211

四端　11，21，64，67，82，
151，182

四书　12，13，16，33，40，49，
54，62，64，72，73，85，92，
93，101，113，114，121，124，
128，130，131，132，133，
135，136，137，147，151，
152，158，159，160，162，
182，187，194，196

唐君毅　118，119，179

天理　11，12，32，34，35，36，
37，38，40，51，53，54，67，
68，69，72，73，77，82，83，
85，86，87，89，93，97，99，
122，124，125，127，151，
152，155，166，207，213

天人合一　17，18，20，21，22，

26，31，51，52，209

挑战　4，5，11，14，17，33，38

外王　32，33，34，37，38，39，40，41，42，55，76，77，120，165，180，212

王阳明　65，83，99，121，122，147，148，152，154，179，184，188，207

西方　1，2，4，5，6，9，10，11，14，15，16，18，27，28，29，30，33，34，35，36，40，41，43，45，46，47，50，52，53，54，55，56，61，62，65，69，70，71，76，77，81，95，97，98，101，102，103，104，107，109，110，111，112，113，114，115，116，117，118，119，128，138，141，142，144，145，146，147，149，150，166，169，170，175，179，190，203，204，205，206，207，208，209，210，211，212，214，215

现代化　1，2，4，5，6，10，15，34，35，43，98，108，117，118，119，142，180，181，192，203，204，205，206，209，211，213，214

现代性　1，2，4，5，6，7，8，10，11，14，15，16，32，33，34，35，37，38，40，41，42，43，44，53，95，98，107，108，109，110，111，112，117，119，127，128，142，150，156，166，203，204，205，206，210，213

形而上学　12，39，51，107

形而上　12，18，22，31，32，56，151

形上学　26，107，114，167，171，172

性命　51，101，136

娱乐　3，140，191，192，194，196，197，198，199，200，201

渊源　204

原子化　2，29，44，45，46，47，50，51，52，53，54，138，141，167，205

源头　9，41，46，117，118，122，153

张载　76，101，113，114，154

哲学　1，2，10，12，13，14，21，33，34，35，36，37，39，41，42，46，51，56，63，67，69，76，81，107，150，151，174，175，176，178，179，204，205，206，208

正义　85，86，87，88，104，

105，116，125，126，150，151，152，153，154，155，156，158，159，160，161，162，163，196

政府　28，29，37，106，116，155，156，166，170，184，191，192，211，212

政治　2，6，21，27，29，33，34，37，38，39，40，41，42，43，47，51，54，61，65，68，69，70，81，87，88，103，104，105，106，107，110，113，114，116，119，124，125，127，150，151，154，160，163，164，165，166，170，180，183，184，191，194，203，205，209，210，211，212，213，214

知识　3，13，17，19，27，35，41，42，51，54，55，56，68，69，108，111，112，140，154，155，162，163，164，165，166，167，169，170，173，174，175，176，177，178，179，180，181，182，183，184，185，186，189，190，191，194，198，199，200，202，211

知性　41，149，204

中国　1，2，3，4，5，6，8，9，12，14，15，16，17，18，20，21，22，24，25，26，27，30，31，33，34，37，40，41，43，47，50，51，52，53，54，55，56，61，62，65，66，68，69，71，74，76，81，87，90，91，95，96，97，98，99，102，103，111，112，113，114，115，116，117，118，119，120，124，125，126，128，134，143，145，147，148，150，151，156，159，162，163，164，165，166，167，169，170，171，173，175，178，179，181，182，183，185，186，193，200，203，208，211，212，213，214

《中庸》　12，13，14，15，16，19

朱熹　12，13，16，33，36，40，49，54，62，64，72，73，85，92，93，101，113，114，121，124，128，130，131，132，133，135，136，137，147，151，152，158，159，160，162，182，187，194，196

自由　2，5，7，8，11，13，15，16，29，35，39，40，44，46，

48，50，52，53，54，70，82，90，96，97，98，100，101，104，105，106，107，109，110，111，113，114，115，116，117，118，119，122，123，141，148，149，158，167，171，172，174，176，178，180，181，186，187，188，190，191，192，200，205，206，207，209，210，211，214，215

宗教　1，2，10，11，12，13，15，21，22，30，34，36，37，39，42，46，107，126，155，179，186，187，204，205，206，207，209，210

组织理论　69，74，75，76

《左传》　136